UM PORTO NO CAPITALISMO GLOBAL

COLEÇÃO
Mundo do Trabalho

Coordenação **Ricardo Antunes**

Conselho editorial **Graça Druck, Luci Praun, Marco Aurélio Santana,
Murillo van der Laan, Ricardo Festi, Ruy Braga**

ALÉM DA FÁBRICA
Marco Aurélio Santana e José Ricardo
Ramalho (orgs.)

O ARDIL DA FLEXIBILIDADE
Sadi Dal Rosso

ATUALIDADE HISTÓRICA DA
OFENSIVA SOCIALISTA
István Mészáros

A CÂMARA ESCURA
Jesus Ranieri

O CARACOL E SUA CONCHA
Ricardo Antunes

A CLASSE TRABALHADORA
Marcelo Badaró Mattos

O CONCEITO DE DIALÉTICA
EM LUKÁCS
István Mészáros

O CONTINENTE DO LABOR
Ricardo Antunes

A CRISE ESTRUTURAL DO
CAPITAL
István Mészáros

CRÍTICA À RAZÃO INFORMAL
Manoel Luiz Malaguti

DA GRANDE NOITE À
ALTERNATIVA
Alain Bihr

DA MISÉRIA IDEOLÓGICA
À CRISE DO CAPITAL
Maria Orlanda Pinassi

A DÉCADA NEOLIBERAL E A CRISE
DOS SINDICATOS NO BRASIL
Adalberto Moreira Cardoso

A DESMEDIDA DO CAPITAL
Danièle Linhart

O DESAFIO E O FARDO
DO TEMPO HISTÓRICO
István Mészáros

DO CORPORATIVISMO AO
NEOLIBERALISMO
Angela Araújo (org.)

A EDUCAÇÃO PARA ALÉM DO
CAPITAL
István Mészáros

O EMPREGO NA GLOBALIZAÇÃO
Marcio Pochmann

O EMPREGO NO
DESENVOLVIMENTO DA NAÇÃO
Marcio Pochmann

ESTRUTURA SOCIAL E FORMAS
DE CONSCIÊNCIA, 2v
István Mészáros

FILOSOFIA, IDEOLOGIA E
CIÊNCIA SOCIAL
István Mészáros

FORÇAS DO TRABALHO
Beverly J. Silver

FORDISMO E TOYOTISMO
Thomas Gounet

GÊNERO E TRABALHO
NO BRASIL E NA FRANÇA
Alice Rangel de Paiva Abreu, Helena
Hirata e Maria Rosa Lombardi (orgs.)

HOMENS PARTIDOS
Marco Aurélio Santana

INFOPROLETÁRIOS
Ricardo Antunes e Ruy Braga (orgs.)

LINHAS DE MONTAGEM
Antonio Luigi Negro

A MÁQUINA AUTOMOTIVA EM
SUAS PARTES
Geraldo Augusto Pinto

MAIS TRABALHO!
Sadi Dal Rosso

O MISTER DE FAZER DINHEIRO
Nise Jinkings

O MITO DA GRANDE CLASSE
MÉDIA
Marcio Pochmann

A MONTANHA QUE DEVEMOS
CONQUISTAR
István Mészáros

NEOLIBERALISMO, TRABALHO
E SINDICATOS
Huw Beynon, José Ricardo Ramalho,
John McIlroy e Ricardo Antunes (orgs.)

NOVA DIVISÃO SEXUAL DO
TRABALHO?
Helena Hirata

NOVA CLASSE MÉDIA
Marcio Pochmann

O NOVO (E PRECÁRIO) MUNDO
DO TRABALHO
Giovanni Alves

A OBRA DE SARTRE
István Mészáros

PARA ALÉM DO CAPITAL
István Mészáros

A PERDA DA RAZÃO SOCIAL
DO TRABALHO
Maria da Graça Druck e Tânia Franco
(orgs.)

POBREZA E EXPLORAÇÃO DO
TRABALHO NA AMÉRICA LATINA
Pierre Salama

O PODER DA IDEOLOGIA
István Mészáros

A POLÍTICA DO PRECARIADO
Ruy Braga

O PRIVILÉGIO DA SERVIDÃO
Ricardo Antunes

A REBELDIA DO PRECARIADO
Ruy Braga

RETORNO À CONDIÇÃO
OPERÁRIA
Stéphane Beaud e Michel Pialoux

RIQUEZA E MISÉRIA DO TRABALHO
NO BRASIL, 4v
Ricardo Antunes (org.)

O ROUBO DA FALA
Adalberto Paranhos

O SÉCULO XXI
István Mészáros

SEM MAQUIAGEM
Ludmila Costhek Abílio

OS SENTIDOS DO TRABALHO
Ricardo Antunes

SHOPPING CENTER
Valquíria Padilha

A SITUAÇÃO DA CLASSE
TRABALHADORA NA INGLATERRA
Friedrich Engels

A TEORIA DA ALIENAÇÃO
EM MARX
István Mészáros

TERCEIRIZAÇÃO: (DES)
FORDIZANDO A FÁBRICA
Maria da Graça Druck

TRABALHO E DIALÉTICA
Jesus Ranieri

TRABALHO E SUBJETIVIDADE
Giovanni Alves

TRANSNACIONALIZAÇÃO DO
CAPITAL E FRAGMENTAÇÃO DOS
TRABALHADORES
João Bernardo

Guilherme Leite Gonçalves e Sérgio Costa

UM PORTO NO CAPITALISMO GLOBAL

Desvendando a acumulação
entrelaçada no Rio de Janeiro

© Boitempo, 2020
© Guilherme Leite Gonçalves e Sérgio Costa, 2020

Direção editorial
Ivana Jinkings

Edição
Tiago Ferro

Coordenação de produção
Livia Campos

Assistência editorial
Carolina Mercês e Pedro Davoglio

Preparação
Tiago Ferro

Revisão
Carmen T. S. Costa

Diagramação
Mika Matsuzake

Capa
Antonio Kehl
sobre planta do projeto de reforma do porto do Rio de Janeiro proposto, em 1903,
por Francisco de Paula Bicalho, engenheiro de obras do governo da época

Equipe de apoio Artur Renzo, Débora Rodrigues, Dharla Soares, Elaine Ramos, Frederico Indiani, Heleni Andrade, Higor Alves, Isabella Marcatti, Ivam Oliveira, Kim Doria, Luciana Capelli, Marina Valeriano, Marissol Robles, Marlene Baptista, Maurício Barbosa, Raí Alves, Talita Lima, Thais Rimkus, Tulio Candiotto

---

CIP-BRASIL. CATALOGAÇÃO NA PUBLICAÇÃO
SINDICATO NACIONAL DOS EDITORES DE LIVROS, RJ

G626p

Gonçalves, Guilherme Leite
  Um porto no capitalismo global : desvendando a acumulação entrelaçada no Rio de Janeiro / Guilherme Leite Gonçalves, Sérgio Costa. - 1. ed. - São Paulo : Boitempo, 2020.

  Inclui bibliografia
  ISBN 978-85-7559-774-3

  1. Rio de Janeiro, Porto do (Rio de Janeiro, RJ) - Condições econômicas. 2. Capitalismo - Rio de Janeiro. I. Costa, Sérgio. II. Título.

20-63946 CDD: 330.98153
  CDU: 330.342.14(815.3)

Leandra Felix da Cruz Candido - Bibliotecária - CRB-7/6135

É vedada a reprodução de qualquer parte deste livro sem a expressa autorização da editora.

1ª edição: junho de 2020

BOITEMPO
Jinkings Editores Associados Ltda.
Rua Pereira Leite, 373
05442-000 São Paulo SP
Tel.: (11) 3875-7250 / 3875-7285
editor@boitempoeditorial.com.br | www.boitempoeditorial.com.br
www.blogdaboitempo.com.br | www.facebook.com/boitempo
www.twitter.com/editoraboitempo | www.youtube.com/tvboitempo

SUMÁRIO

Introdução 7

I. Da acumulação primitiva à acumulação entrelaçada: desenvolvimentos da teoria marxista da expansão capitalista 13

II. O porto, a capital e o capital 35

III. Capitalismo e escravidão no porto do Rio de Janeiro 47

IV. Dos primeiros ensaios da industrialização à financeirização: "Pequena África" *versus* Porto Maravilha 75

V. A crise ancorada no porto 97

Considerações finais 129

Referências bibliográficas 135

Sobre os autores 149

INTRODUÇÃO

A região portuária foi uma das áreas mais afetadas pelas intervenções urbanísticas exigidas para a recepção dos Jogos Olímpicos, realizados em agosto de 2016 no Rio de Janeiro. Até os anos 1990, a área era tratada por grupos empresariais, políticos, investidores e pela opinião pública de maneira geral como um espaço desvalorizado, degradado e isolado do resto da cidade. De fato, toda a região possuía, então, baixo valor de mercado e parco interesse para investimentos imobiliários, transações comerciais e prestação de serviços. Mesmo as atividades do próprio porto eram pouco expressivas quando comparadas às de outros portos brasileiros. A região encontrava-se, assim, virtualmente fora do processo de acumulação capitalista.

Essa realidade mudou em novembro de 2009, logo depois de anunciada a escolha do Rio de Janeiro como sede dos Jogos Olímpicos, vencendo as postulações das demais finalistas: Tóquio, Madri e Chicago. A escolha do Rio de Janeiro como a primeira sede olímpica sul-americana da história provocou, à época, a desconfiança de especialistas e concorrentes sobre a idoneidade do processo. Mais de um ano depois de transcorridos os Jogos, ficou evidente que a suspeita não era infundada. Em 2017, a polícia brasileira, depois da ampla investigação conhecida como Operação Unfair Play, prendeu o presidente do Comitê Olímpico Brasileiro (COB), Carlos Nuzman, um advogado e ex-jogador de vôlei relativamente exitoso, sob a acusação de enriquecimento ilícito e de ter coordenado a transferência de fundos para a compra de votos de membros do Comitê Olímpico Internacional (COI), em favor do Rio Janeiro, nas semanas que precederam a decisão de 2009[1].

Segundo o Ministério Público, empresários, sobretudo da área da construção civil, autoridades esportivas e políticos, tendo à frente o ex-governador do Rio de Janeiro, Sérgio Cabral, hoje condenado a quase duzentos anos de prisão, organizaram-se para

---

[1] *The Guardian*, 5 out. 2017.

subornar membros da comissão responsável pela escolha da sede olímpica de 2016. Os procuradores acreditam que a aliança criminosa comemorou o êxito do plano de subornar o COI em celebração que teve lugar no seletíssimo The Travellers Clubs de Paris, em setembro de 2009, com a participação de políticos, empresários e dirigentes esportivos de diferentes países. A festa que ficou conhecida como "Farra dos Guardanapos" aconteceu na ocasião em que o então governador Sérgio Cabral estava naquela cidade para receber a condecoração mais alta do panteão francês, a *Ordre national de la Légion d'honneur* [Ordem Nacional da Legião de Honra], por serviços prestados ao estreitamento das relações entre a França e o Rio de Janeiro[2].

Cerca de um mês após o anúncio do Rio de Janeiro como sede olímpica foi lançado o projeto Porto Maravilha, um catalisador de ações e expectativas econômicas, políticas e culturais destinado à reestruturação de todo o espaço portuário da cidade com vistas à sua valorização. Triunfante, o ex-prefeito do Rio de Janeiro, Eduardo Paes, anunciava, na edição de número 18 da revista *Porto Maravilha*, os avanços do projeto de "revitalização" e "requalificação" da área de cerca de 5 milhões de metros quadrados na zona portuária. Para o prefeito, seguindo o tom geral adotado na divulgação do amplo plano de intervenção urbanística desencadeado em 2009, o projeto Porto Maravilha "recupera[va]" para o uso público "[á]rea central cidade, com imensa importância histórica" e que havia se tornado "um vazio demográfico", depois de "décadas de degradação da Região Portuária"[3].

Os moradores locais e as várias organizações civis que vêm acompanhando, criticamente, o empreendimento, bem como as pesquisas acadêmicas já disponíveis sobre o tema, mesmo quando apoiam o projeto, são unânimes em rejeitar a ideia de que a área em questão era um vazio de vida e sociabilidade. Ressaltam não só a presença de moradores como também de variadas atividades culturais já há muito desenvolvidas na região. Além de tudo, era evidente que o espaço a ser "revalorizado" sempre fora carregado de história e referências ancestrais.

Em 2011, no momento em que o subsolo foi perfurado para as obras de infraestrutura vinculadas às reformas urbanísticas da região portuária, foi encontrado verdadeiro tesouro arqueológico. Primeiro, casualmente, e depois, por meio do trabalho de equipe de arqueólogos e religiosos afro-brasileiros, foram sendo desenterrados, em diferentes camadas, vestígios do antigo porto, das diversas épocas de sua existência. Os achados vinham se juntar a outros que já haviam sido levantados nos últimos anos na região portuária. Descobriu-se não apenas restos mortais, mas também um vasto acervo de cultura vinculado a pessoas arrancadas da África e trazidas para serem vendidas como escravas no Rio de Janeiro. Naquela região havia sido instalado na virada para o século XIX um complexo de atividades e funções especializadas na venda de pessoas: o "mercado de carne", como era conhecido o local de venda das pessoas escravizadas, um lazareto, o cais de desembarque e o Cemitério dos Pretos Novos, no qual eram enterrados os corpos de africanas e africanos que

---

[2] *Folha de S.Paulo*, 21 out. 2017.
[3] Eduardo Paes, "De volta ao centro", *Porto Maravilha*, Rio de Janeiro, n. 18, 2015, p. 2.

sucumbiam aos maus-tratos durante a travessia do Atlântico ou no próprio mercado[4]. A riqueza cultural do acervo arqueológico encontrado no cais do Valongo levou a UNESCO a incluir o sítio na lista de patrimônio mundial em julho de 2017[5].

A construção material e discursiva de um vazio econômico e social que deveria ser ocupado e civilizado parecia, em pleno contexto da euforia neodesenvolvimentista que tomou conta do Brasil no começo dos anos 2010, fenômeno inédito. Era justamente o contrário: aquele era um novo cenário para uma *história que se repetia e se repete*. Em suas diversas fases, o porto do Rio de Janeiro foi atravessado por diferentes marcos da dinâmica capitalista que, conforme necessidades de acumulação, ora repelem ora atraem e integram espaços, processos e relações ao mercado. Trata-se, assim, de uma história marcada por atores, forças e pressões sociais que se alternam num movimento contínuo de mercantilização, desmercantilização e remercantilização do espaço contíguo ao porto, assim como de corpos, bens, produtos e atividades que o habitam.

Em consonância com a bibliografia recente que recupera e amplia as noções de acumulação primitiva e de expropriação desenvolvidas, inicialmente, por Karl Marx[6], este livro defende que a criação retórica de um vazio demográfico na região central do Rio de Janeiro é parte do processo que conecta territórios mercantilizados e não mercantilizados, condição para a produção de valor, no sentido capitalista. O objetivo deste livro é, no entanto, mais amplo. Busca mostrar que os processos de incorporação, desacoplamento e reincorporação da região portuária à dinâmica de acumulação acompanham, sistematicamente, a história daquele espaço desde a criação do porto no final do século XVI.

Na verdade, desde as formulações de Rosa Luxemburgo[7] consolidou-se, entre os estudiosos da economia política marxista, a compreensão de que a acumulação do capital não se limita a um processo puramente econômico entre proprietários dos meios de produção e trabalhadores nos espaços de produção do mais-valor[8]. O que de fato acontece é que, como apenas uma parte relativa do mais-valor pode ser apropriada nesse trânsito interno, o sistema necessita recorrer a um "fora" não mercantilizado para realizá-lo por completo. Para tanto, faz uso de violência explícita não econômica, por exemplo, a expansão colonial ou imperial, espoliações, roubo, leis sanguinárias. Trata-se, em outras palavras, de uma repetição da mesma lógica da acumulação primitiva, conforme descrita por Marx, ao longo de toda a história

---

[4] Tania Andrade Lima, Glaucia Malerba Sene e Marcos André Torres de Souza, "Em busca do Cais do Valongo, Rio de Janeiro, século XIX", *Anais do Museu Paulista: História e Cultura Material*, São Paulo, v. 24, n. 1, 2016, p. 299-391.
[5] Ernesto Londoño, "Brazil's gateway for slaves, now a world heritage site", *The New York Times*, 15 jul. 2017.
[6] Karl Marx, *Das Kapital: Kritik der politischen Oekonomie* (Berlim, Dietz, 2013[1890]), v. 1. [ed. bras.: *O capital: crítica da economia política*, trad Rubens Enderle, São Paulo, Boitempo, 2013].
[7] Rosa Luxemburgo, "Die Akkumulation des Kapitals", em *Gesammelte Werke* (Berlim, Institut für Marxismus-Leninismus, 1975[1913]), v. 5.
[8] Seguindo as traduções mais recentes publicadas pela Boitempo, adota-se, neste livro, a expressão mais-valor e não mais-valia, termo usualmente encontrado na literatura marxista brasileira.

do capitalismo. Essa repetição é exigida pela própria expansão capitalista que, para se materializar, precisa transformar em mercadoria relações sociais e espaços ainda não mercantilizados.

A região portuária do Rio de Janeiro representa uma espécie de lugar-síntese em que as diversas etapas históricas desse fenômeno aparecem materializadas na forma de movimentos sucessivos de incorporação e desacoplamento de tal região aos processos de transformação do espaço socialmente construído em mercadoria. Trata-se, em outras palavras, de uma miniatura das metamorfoses da expansão capitalista. Dado o lugar privilegiado da região como porta de entrada de mercadorias e espaço de prestação de serviços diversos, o porto se torna um lugar-chave para a reprodução dos processos de integração do Brasil ao capitalismo global em suas diferentes etapas.

No primeiro capítulo deste livro, reconstruímos, de maneira sumária, os desenvolvimentos mais recentes na teoria marxista da expansão capitalista, os quais indicam que mecanismos similares ao que Marx descreveu como acumulação primitiva ou originária continuam sendo centrais para a reprodução do capitalismo. A partir do conceito de acumulação entrelaçada, buscamos articular e expandir esses desenvolvimentos teóricos. O segundo capítulo explora as relações entre o porto e a cidade, com o intuito de revelar os diferentes processos e mecanismos que associam ambos à dinâmica da acumulação capitalista. Os capítulos 3 e 4 retomam diferentes fases da história da zona portuária do Rio de Janeiro indicando os movimentos mais importantes no padrão de acumulação ali observados, considerando diferentes fases da vida do porto e da cidade: a acumulação mercantil, o embrião do processo de industrialização e a recente financeirização. Para delimitar minimamente o vasto material relevante para a análise aqui desenvolvida, estabelecemos como marco orientador mudanças cruciais na legislação para viabilizar as variações do padrão de acumulação verificadas em cada período.

A crise econômica e política, na qual o Brasil está imerso desde 2014, gerou efeitos devastadores para o projeto Porto Maravilha. Planejado em um período de euforia econômica, o projeto depende de crescente interesse de investidores em pagar pelo direito de construir na área portuária. A crise, contudo, tem levado à diminuição das expectativas de lucro e à suspensão dos investimentos. Mais uma vez, esse processo só consegue ser revertido por meio de novas expropriações – de recursos estatais, fundos dos trabalhadores – que representam novamente a remercantilização de campos que se desacoplaram dos circuitos de acumulação de capital. O atual momento de crise e a reinvenção da acumulação financeira são discutidos no capítulo 5. Por fim, a seção conclusiva sintetiza os vínculos entre os desenvolvimentos teóricos e o caso estudado, e indica questões que permanecem em aberto como uma possível agenda para pesquisas futuras.

O livro que a leitora e o leitor têm em mãos ou em sua tela nasceu de tentativa muito despretensiosa e singela de usar o projeto Porto Maravilha para ilustrar um *paper* de umas pouco mais de quinze páginas sobre a continuidade da acumulação primitiva, apresentado em congresso da Latin American Studies Association que teve lugar em San Juan, Puerto Rico, em maio de 2015. Desde então, o ensaio foi crescendo, de algum modo por suas próprias forças, transformando-se em artigo acadêmico e contribuições para a imprensa crítica. Mesmo que o argumento central desenvolvido neste livro não seja nada imodesto, o trabalho mantém, em sua forma, e na extensão da literatura que logra cobrir, a despretensão do primeiro esboço. Se o livro tem algum mérito, este certamente não é o de apresentar uma contribuição inédita e original ao debate contemporâneo, já muito denso e diverso, sobre a noção de expropriação capitalista e sobre a tese da continuidade da acumulação primitiva. O interesse também não é, certamente, historiográfico. O uso que se faz no livro da bibliografia sobre a história do porto e da cidade do Rio de Janeiro, tão volumosa como sofisticada, é pontual e seletivo, destacando-se apenas alguns dos aspectos e debates que permitem elucidar o argumento desenvolvido.

A contribuição que o livro procura prestar é de outra natureza. Trata-se de recusar os orientalismos e ocidentalismos vigentes mesmo entre autores críticos que recuperam o conceito de acumulação primitiva para estudar as mazelas do neoliberalismo. Ao não refletir sobre seus pressupostos eurocêntricos, esses autores incorrem no erro de acreditar na existência de um antes europeu e um depois periférico na história do capitalismo. Os vínculos entre o Rio de Janeiro e seu porto com a acumulação capitalista, em suas diferentes fases, mostram-nos com clareza desconcertante que, desde janeiro de 1502, quando o navegante português Gaspar de Lemos avistou a baía de Guanabara acreditando ter chegado à foz de um grande rio, aquele pedaço do mundo foi integrado de forma irreversível à (pré)história da modernidade e do capitalismo. Com efeito, desde o século XVI, o porto e a cidade se tornaram um dos nós da teia de relações e fluxos de mercadorias e pessoas que, para a sorte de uns poucos e o infortúnio de muitos, aproximou e entrelaçou, irremediavelmente, a Europa, as Américas, a África e até mesmo a Ásia. É essa a mensagem principal que este livro deseja transmitir.

Como qualquer pesquisa acadêmica, o presente ensaio, ainda que assinado por dois autores, é produto do diálogo e da interlocução com muitos outros colegas. Agradecemos às pessoas presentes naquele encontro de San Juan e, especialmente, a Lena Lavinas, que, com a generosidade e o brilhantismo que lhe são próprios, debateu o *paper* fornecendo-nos pistas inestimáveis para aprofundar nossa reflexão. Tal agradecimento deve ser estendido aos colegas que participaram do colóquio "Marxsche Theorie und kritische Soziologie", na Friedrich-Schiller-Universität Jena, em janeiro de 2017, quando recebemos valiosas críticas e comentários, em particular de Klaus Dörre, cuja contribuição e obra foram fundamentais para a construção de nosso argumento. O mesmo é válido aos participantes da conferência "Marx and the Global South", realizada em Bremen, em maio de 2018. Também gostaríamos de registrar nossa gratidão a Virginia Fontes pela leitura e observações a uma de nossas versões à imprensa crítica; sua teoria da expropriação é outro marco essencial de nossa formulação.

Agradecemos, ainda, a Rafael Cardoso, cuja crítica competente e referências acuradas nos permitiram corrigir imprecisões contidas na primeira versão do ensaio; a Krista Lillemets e Fernando Baldraia, pelos comentários, como sempre, muito pertinentes; e a Paulo Fontes, que foi um porto seguro de indicações para navegarmos na literatura historiográfica. Gostaríamos, por fim, de manifestar um agradecimento especial a Ricardo Antunes. A generosa acolhida e o entusiasmo com que ele recebeu nosso projeto e apresentou à Editora Boitempo foram para nós motivo de redobrada alegria.

A ajuda desprendida dos colegas certamente não os faz cúmplices de possíveis erros que o livro contenha. Estes são de responsabilidade exclusiva dos autores. O livro foi escrito simultaneamente em duas línguas, português e inglês. Além disso, fez amplo uso de citações em língua alemã. Todos os trechos em idioma estrangeiro foram vertidos livremente por nós para o português. Por fim, gostaríamos de ressaltar que a presente pesquisa foi, em suas diferentes fases, apoiada pela Rede *desiguALdades.net*, financiada pelo Bundesministerium für Bildung und Forschung, pela Alexander von Humboldt-Stiftung, pelo Kolleg Postwachstumsgesellschaften, da Friedrich-Schiller--Universität Jena, e pela Universität Kassel.

Desejamos a vocês uma boa leitura e esperamos receber críticas e comentários que nos permitam seguir reconstruindo e recontando, de forma mais acurada, as histórias da acumulação entrelaçada que se repetem e que o capitalismo e o nacionalismo insistem em ocultar.

Rio de Janeiro e Berlim, abril de 2020.

I

DA ACUMULAÇÃO PRIMITIVA À ACUMULAÇÃO ENTRELAÇADA: DESENVOLVIMENTOS DA TEORIA MARXISTA DA EXPANSÃO CAPITALISTA

O processo contínuo de expansão capitalista, ainda que empiricamente evidente, não é trivial do ponto de vista analítico. Entendê-lo, em toda sua abrangência e complexidade, exige reconstruir alguns conceitos básicos da economia política marxista. É o que busca o presente capítulo. Inicialmente, apresentam-se as variações e reformulações pelas quais passa o conceito de acumulação primitiva desde que Marx buscou refletir sobre ele. A seguir, discute-se um aspecto menos explorado no campo da economia política marxista: o papel dos instrumentos regulatórios na construção das condições necessárias à acumulação capitalista. Os diferentes argumentos desenvolvidos cristalizam-se, ao final do capítulo, em torno do conceito de acumulação entrelaçada.

Percurso conceitual da noção de acumulação primitiva

Em Marx[1], a acumulação primitiva é tratada como um ato originário, anterior ao movimento que é a marca central do capitalismo: o circuito ininterrupto no âmbito do qual dinheiro é transformado em capital e que, por meio deste, se faz mais-valor e vice-versa. De acordo com o autor, existe, portanto, uma acumulação prévia que é o ponto de partida para o modo de produção capitalista[2]. Como o pressuposto para a produção capitalista é a transformação de bens materiais ou imateriais em valor e isto

---

[1] Karl Marx, *Das Kapital: Kritik der politischen Oekonomie* (Berlim, Dietz, 2013[1890]), v. 1 [ed. bras.: *O capital: crítica da economia política*, Livro I, trad. Rubens Enderle, São Paulo, Boitempo, 2013], p. 741.
[2] Idem.

só é possível pelo "divórcio entre os trabalhadores e a propriedade das condições de desenvolvimento do trabalho", Marx[3] conclui que a acumulação primitiva é o "processo histórico de separação entre o produtor e os meios de produção".

A acumulação primitiva é um ato de expropriação em dois níveis: nos espaços de acumulação na Europa, onde o capitalismo industrial emergiu originalmente, imensas populações foram privadas dos meios utilizados para garantir sua reprodução física e social. A consequência imediata foi a criação de uma massa de trabalhadores "livres" para vender sua força de trabalho. Juntamente com a separação dos produtores e dos meios de produção na Europa, a expansão capitalista foi alimentada pelo colonialismo e pela concentração do capital mercantil. Para Marx[4], ambos os processos não são exatamente uma libertação idílica, como descrito, muitas vezes, pelos clássicos da economia política, sobretudo Adam Smith. Envolve conquistas imperiais, colonizações, pilhagem, assassinatos, roubo e intervenções regulatórias, isto é, "violência diretamente não econômica". Como resultado, obtém-se a monopolização da propriedade dos meios de produção por um pequeno grupo, apto a comprar a força de trabalho que se encontra disponível no mercado e, portanto, em condições de desencadear o processo de criação de valor.

Baseando-se no conceito de acumulação prévia (*previous accumulation*) cunhado por Smith, Marx[5] refere-se a esse processo como "a assim chamada acumulação primitiva" para iluminar tanto o caráter violento da acumulação, quanto sua persistência na história do capitalismo. No transcurso dessa história, a expropriação do trabalhador tem sido o pressuposto da "lei natural da produção", de modo que os expropriados são permanentemente reproduzidos como trabalhadores, isto é, vendedores de sua força de trabalho, enquanto os donos dos meios de produção são alçados à condição de apropriadores do mais-valor.

Embora a lógica dessa lei econômica exija a violência dissimulada do fetichismo da mercadoria, Marx[6] afirma, todavia, que, mesmo na normalidade capitalista, a "violência direta não econômica continua a ser usada, ainda que apenas como exceção". Essa excepcionalidade é, porém, qualitativa, e não quantitativa. Nesse sentido, Marx[7] conclui que, quando a produção capitalista já está estabelecida, a expropriação não cessa, mas passa a se reproduzir em escala progressivamente maior, conforme se desenvolvem cada vez mais formas específicas de concentração do capital e da propriedade privada. Portanto, repete-se a lógica da acumulação violenta originária e primitiva, agora como uma expropriação contínua, condição para que a acumulação do capital leve à permanente concentração da riqueza.

Luxemburgo identifica esse fenômeno como fator determinante da dinâmica do desenvolvimento do capitalismo. Ela sustenta que apenas uma parte do movimento da acumulação realiza-se a partir de um processo puramente econômico entre

---

[3] Ibidem, p. 742.
[4] Idem.
[5] Ibidem, p. 741.
[6] Ibidem, p. 765.
[7] Ibidem, p. 789 ss.

capitalistas e trabalhadores nos espaços de produção do mais-valor[8]. Nesse âmbito, conforme suas palavras, "domina a paz, a propriedade e a igualdade como formas", isto é, "a apropriação da propriedade alheia transforma-se em direito de propriedade; a exploração, em troca de mercadorias; e a dominação de classes, em igualdade"[9].

No entanto, como apenas uma parte relativa e limitada do mais-valor pode ser apropriada nesse trânsito interno, ou seja, no local de sua produção, Luxemburgo[10] sustenta que o sistema sempre necessita recorrer a um "fora" não capitalista para realizá-lo por completo. Essa outra dimensão da acumulação opera no cenário mundial e não se verifica por meio das formas sociais da dissimulação. A autora afirma que, no fluxo entre o capital e os espaços não capitalistas, os métodos empregados não dispensam a violência explícita como "a política colonial, o sistema de empréstimos internacionais, a política de interesses privados e a guerra"[11].

A partir das considerações de Luxemburgo, Harvey[12] desenvolve o argumento que a acumulação baseada na violência não é uma "etapa originária" ou um ato passado, mas um processo que se repete permanentemente no curso do capitalismo. Por essa razão, ele passou a denominá-la "acumulação por despossessão". Harvey[13] sustenta que "a sobreacumulação em um sistema territorial específico" é resultado tanto do excedente de trabalho, na forma de desemprego, como do excedente de capital, conforme materializado na abundância de mercadorias que não podem ser vendidas sem perdas, na inutilização da potencialidade produtiva e no excesso de capital desprovido de possibilidades de se tornar rentável. De acordo com o autor, esse excedente pode ser absorvido, quer por ajustes temporais ("investimentos de capital em projetos de longo prazo"), quer por ajustes espaciais ("abertura de novos mercados, capacidades produtivas, possibilidades de recursos e trabalhos em outros lugares"), quer por uma combinação de ambos[14]. Quando esses ajustes temporal-espaciais não se dão por meio da "reprodução ampliada sobre uma base sustentável", Harvey[15] afirma que a acumulação passa a recorrer a outros meios, a acumulação por despossessão.

Trata-se de um "capitalismo de rapina" que, conforme Harvey[16], retoma as práticas predatórias e a violência política da acumulação primitiva. Dörre[17] mostra que, implicitamente, Harvey não reduz a acumulação por despossessão exclusivamente às

---

[8] Rosa Luxemburgo, "Die Akkumulation des Kapitals", em *Gesammelte Werke* (Berlim, Institut für Marxismus-Leninismus, 1975[1913]), v. 5, p. 315.
[9] Ibidem, p. 397.
[10] Ibidem, p. 315-6.
[11] Ibidem, p. 397-8.
[12] David Harvey, "The 'new imperialism': accumulation by dispossession", *Socialist Register*, v. 40, 2009, p. 74 ss.
[13] Ibidem, p. 64.
[14] Idem.
[15] Ibidem, p. 63-4.
[16] Ibidem, p. 72.
[17] Klaus Dörre, "Die neue Landnahme. Dynamiken und Grenzen des Finanzmarktkapitalismus", em Klaus Dörre et al. (orgs.), *Soziologie - Kapitalismus - Kritik: eine Debatte* (Frankfurt, Suhrkamp, 2012), p. 44.

práticas "canibalescas", "fraudulentas" ou "de rapinagem", como descrito por Marx e Luxemburgo. Essas práticas podem ou não se realizar nas formas contemporâneas da expansão capitalista. O fator decisivo e específico é que a acumulação do capital sempre se dá por meio de diferentes estratégias de intervenções estatais.

Esse é precisamente o ponto de partida para os estudos de Dörre sobre o teorema da expropriação capitalista do espaço (*kapitalistische Landnahme*)[18]. Sua premissa é que o capitalismo é "uma economia de mercado que se autonega continuamente"[19]. Para Dörre[20], o pensamento econômico liberal, baseado na ideia de concorrência e eficiência como ausência de coação e regulação, mascara tanto a dinâmica capitalista quanto a dimensão político-estatal de seu próprio projeto. Se é verdade que o liberalismo ortodoxo contesta a ideia do Estado como fórum que determina as regras do jogo e como árbitro que vela por sua aplicação, também é certo que os atores de mercado operam com base em mecanismos de cooperação (opostos à concorrência) e dependem de previsibilidade e experiências com estabilidades sociais elementares para se desenvolver.

Por essa razão, Dörre[21] sustenta que a tese da economia pura de mercado desempenha funções *ideológicas*, ao ocultar as relações de poder e política que permeiam as relações de troca, e *estratégicas*, na medida em que, em situações de crise, pode-se sempre atribuir a culpa da crise aos erros da regulação existente e clamar por ondas de desregulamentação, que são necessariamente movimentos de regulamentação em outros termos. Desse modo, a intervenção político-regulatória, seja ela desencadeada em nome da regulação, ou paradoxalmente em nome da desregulamentação, é uma constante no desenvolvimento do capitalismo[22].

Na esteira de Harvey, o modelo da *expropriação capitalista* desenvolvido por Dörre entende que a acumulação do capital sempre encontra barreiras temporal-espaciais que precisam ser superadas para sua continuidade. A ideia de impossibilidade de realização completa do mais-valor em seu lugar de produção e de limites na capacidade de absorver

---

[18] O termo alemão *Landnahme* significa literalmente "tomada da terra". Sua origem teórica encontra-se em Luxemburgo que compreendeu a expansão capitalista como vetor da colonização dos países não europeus. Conforme aplicado por Dörre, essa noção adquire um sentido mais amplo. É a invasão, tomada e ocupação de um espaço ou esfera social com o fim de mercantilizá-lo. Ressalte-se que o conceito de *Landnahme* não pode ser reduzido à expressão inglesa *land grabbing* que, bastante difundida no debate contemporâneo, possui um sentido técnico mais preciso: aquisição legal ou ilegal de grandes porções de terras por companhias transnacionais, governos estrangeiros ou pessoas privadas para produzir alimentos ou biocombustíveis em alta escala ou com mero fim especulativo (Saturnino M. Borras Jr. et al., "Land grabbing and global capitalista accumulation: key features in Latin América", *Canadian Journal of Development Studies/Revue canadienne d'études du développement*, v. 33, n. 4, 2012, p. 402-16). O leque e o objetivo teórico do termo *Landnahme* são muito maiores. Trata-se de um conceito macrossociológico, isto é, reflete diferentes processos de expropriação de um espaço físico e social, bem como de modos de vida. Não se resume, portanto, a um território geográfico, mas inclui também relações sociais, com o ânimo de incorporá-las à acumulação capitalista.

[19] Klaus Dörre, "Die neue Landnahme", cit., p. 30 ss.
[20] Ibidem, p. 28.
[21] Ibidem, p. 30.
[22] Ibidem, p. 34-5.

a demanda e a oferta em um determinado espaço é retomada para demonstrar que a acumulação do capital exige, para sua perpetuação, novos territórios não mercantilizados que "poderão prover novos recursos, matérias-primas e mercados de trabalho"[23]. Dörre assume o argumento de Harvey segundo o qual os espaços não mercantilizados não se resumem a territórios ou modos de produção já existentes, o que tornaria o processo de expansão do capital um fenômeno irreversível e que tenderia, portanto, a se esgotar. Diferentemente, a necessidade constante de superar as fronteiras da acumulação leva o capitalismo a *produzir* espaços não mercantilizados, que ele, posteriormente, expropriará. Com isso, indica o autor, "a cadeia de *expropriações* torna-se, em princípio, infinita"[24].

A compreensão de que a acumulação capitalista se sustenta num movimento contínuo de criação e expropriação permanentes de espaços não mercantilizados encontra sua inspiração empírica no estudo da passagem do fordismo para o capitalismo financeiro, e tem como axioma uma interpretação positiva do período do pós-Segunda Guerra até os anos 1970 – os *Trinta Gloriosos* – na Europa Ocidental, Japão e nos Estados Unidos. Harvey[25] mostra que o fordismo construiu, por meio de investimentos em infraestrutura, em qualificação da força de trabalho e também em fábricas e máquinas, condições para a exploração econômica em um determinado espaço. Esses investimentos só puderam ser amortizados a longo prazo, o que fez do Estado peça-chave para os movimentos do capital, já que este, ao absorver excedentes por meio de investimentos em bens públicos, em ciclos longos, criou uma estratégia de desarme do dispositivo da sobreacumulação[26].

Dörre[27] interpreta os investimentos do Estado na produção de bens públicos como a formação de um "fora" que, apesar de contribuir para o desempenho das atividades econômicas, é, num primeiro momento, "inacessível à acumulação privada". Com isso, são construídas as condições para uma nova expropriação capitalista. Isto é, depois que os investimentos públicos – em estradas, aeroportos, oferta de energia, telecomunicações, assistência à saúde etc. – são amortizados, tornando-se um obstáculo para a valorização do capital, a produção desses bens e serviços vai passando, paulatinamente, às mãos de atores privados do mercado. Desse modo, quando o controle de bens e serviços que antes eram produzidos pelo Estado migram para empresas privadas, abrem-se novos campos para o investimento de capitais excedentes que podem então ser convertidos em meios para produzir valor. Isso só é possível, no entanto, porque as relações de propriedade mudaram e, consequentemente, os então produtores de serviços públicos, quais sejam, os atores e agências estatais, foram separados dos meios de produção que passaram, via privatização, às mãos de empresas privadas.

---

[23] Ibidem, p. 40.
[24] Ibidem, p. 42.
[25] David Harvey, *Der neue Imperialismus* (Hamburgo, VSA, 2005), p. 147 ss.
[26] Klaus Dörre, "Die neue Landnahme", cit., p. 43.
[27] Idem.

Juntamente com as privatizações, Harvey[28] considera a financeirização um dos mecanismos centrais dos processos contemporâneos de acumulação por despossessão no âmbito do capitalismo neoliberal[29]. A financeirização, entendida por Harvey como o aumento exponencial das transações financeiras desde os anos 1980, cria novos instrumentos de despossessão de famílias e indivíduos, promovendo uma redistribuição da riqueza de baixo para cima na pirâmide social. O caso mais evidente é o das bolhas imobiliárias, como as ocorridas no final dos anos 2000 nos Estados Unidos e na Espanha, e que levaram a uma transferência sem precedentes da poupança das famílias de renda média e baixa para instituições financeiras; além do comprometimento da renda futura dessas famílias pelos juros das dívidas contraídas e que continuaram existindo mesmo depois da entrega ao sistema financeiro dos bens financiados e hipotecados. Caso semelhante vem ocorrendo com muitos fundos de pensão que, depois de perdas sucessivas em suas aplicações financeiras, já não são mais capazes de garantir a aposentadoria de quem contribuiu durante toda a vida profissional para a formação do respectivo fundo. Da mesma forma, a manipulação recorrente que se verifica nas transações baseadas em cálculos de preços e avaliações do valor de ações e títulos são mecanismos que, no âmbito do processo de financeirização, "trazem imensa riqueza para poucos à custa de muitos"[30].

Dörre[31] também se dedica ao estudo da financeirização, tratando-a como uma nova formação capitalista caracterizada pelas políticas neoliberais de austeridade e pela produção da precarização do trabalho. Pode-se dizer que o mérito de seu trabalho é conferir feições macrossociológicas à tese desenvolvida por Harvey no âmbito da economia política. Ou seja, apoiando-se no postulado de que o capitalismo compreende a expansão permanente da acumulação do capital pela expropriação de espaços não mercantilizados, sejam eles previamente existentes ou produzidos ativamente, Dörre[32] deduz que o capitalismo funciona com base em uma dialética dentro-fora, segundo a qual os limites de sua capacidade interna de acumulação exigem a expropriação permanente de um "fora" ainda não mercantilizado – áreas, terrenos ou ambientes sociais que ainda não produzem primariamente valor.

O principal problema dos modelos de Harvey e Dörre é o risco de apresentar a expropriação ou despossessão como uma externalidade, isto é, um processo que opera

---

[28] David Harvey, *Der neue Imperialismus*, cit., p. 147 ss.
[29] O debate sobre financeirização é sabidamente amplo. Tratá-lo adequadamente extrapolaria muito os limites do presente trabalho. Para algumas referências, ver, entre outros: François Chesnais, *Finance capital today: corporations and banks in the lasting global slump* (Leiden/Boston, Brill, 2016); Costas Lapavitsas, *Profiting without producing: how finance exploits us all* (Londres/New York, Verso, 2014); Lena Lavinas, *The takeover of social policy by financialization: the Brazilian paradox* (Hampshire, Palgrave Macmillan, 2017); e Ben Fine, "Locating financialisation", *Historical Materialism*, v. 18, n. 2, 2010, p. 97-116.
[30] David Harvey, "Neoliberalism as creative destruction", *Geografiska Annaler*, Serie B, v. 88, n. 2, 2006, p. 154.
[31] Klaus Dörre, "Die neue Landnahme", cit., p. 44 ss.
[32] Ibidem, p. 42.

fora do núcleo da acumulação capitalista[33]. Na verdade, como já vimos em Marx, a concentração e centralização do próprio capital exigem violências permanentes contra o trabalho vivo. Nesse sentido, a expropriação não pode ser vista como uma dinâmica distinta, mas como parte constitutiva da própria acumulação baseada na exploração do trabalho assalariado e na apropriação do mais-valor. Pradella[34] mostra que essa incorporação da acumulação primitiva ao desenvolvimento do capitalismo está relacionada com a concentração de capital em todo o mundo. Ao mesmo tempo que esse processo contribuiu para a constituição da indústria britânica, transformou as relações globais de produção. Se, de um ponto de vista teórico, isto significa que Marx já tinha incluído a acumulação primitiva no seu conceito de capital, de um ponto de vista empírico, é possível assumir que as expropriações, assim como o trabalho não livre, continuam desempenhando papel essencial na expansão capitalista em escala global[35].

O pressuposto de que as expropriações fazem parte da acumulação do capital é importante para compreender em profundidade a violência da financeirização. Como visto, a principal característica desse estágio avançado do capitalismo reside no fato de que a acumulação dá preferência aos imperativos de propriedade, cada vez mais associados à reprodução do capital fictício, em detrimento da revalorização produtiva direta. O capitalismo torna-se, assim, essencialmente rentista. Nessas condições, os proprietários de ações reivindicam seu direito sobre a renda derivado da propriedade de seus títulos e, assim, apropriam-se de parcela crescente dos lucros retirados da produção.

Simultaneamente, por causa da tendência de concentração de capitais, os capitalistas estão se configurando cada vez mais como grupos de investimento associados a fundos e *trusts*. Distanciados das atividades produtivas, aguardam confortavelmente seus ganhos, capturando parte do mais-valor criado na economia. Se delegam a exploração do trabalho assalariado a terceiros, não abrem mão dos excedentes que serão apropriados como renda. O resultado é bem conhecido desde a década de 1980: diminuição da participação dos salários na renda nacional da maioria dos países e ataques aos direitos dos trabalhadores[36].

A financeirização libera os capitalistas da necessidade de lidar concretamente com os inconvenientes da acumulação produtiva: extrair mais-valor da força de trabalho viva. Ao mesmo tempo, em razão da concorrência entre capitais consorciados, o capitalismo precisa ampliar essa extração para remunerar tamanha quantidade de capital concentrado. Assim, não apenas se extrai o mais-valor dos trabalhadores, eles são expropriados de seus meios de subsistência. Se agora há algo de novo, é apenas o ritmo e escala da expropriação.

---

[33] Alex Callinicos, *Imperialism and global political economy* (Cambridge, Polity, 2009).
[34] Lucia Pradella, *Globalization and the critique of political economy: new insights from Marx's writings* (Londres, Routledge, 2014).
[35] Idem, "Marx and the global south: connecting history and value theory", *Sociology*, v. 51, n. 1, 2017, p. 146-61.
[36] Alfredo Saad Filho, "Crisis *in* neoliberalism or crisis *of* neoliberalism", *Socialist Register*, v. 47, 2011, p. 242-59.

Ainda que iluminadoras para entender, sob uma lente clássica, mas renovada, dinâmicas contemporâneas do capitalismo, sobretudo no hemisfério Norte, a dialética dentro-fora da acumulação capitalista que emerge da combinação de postulados desenvolvidos por Harvey e Dörre necessita ser ampliada e complementada para a compreensão de diferentes feixes de processos e relações que vão conformando, historicamente, o capitalismo global desde a época colonial.

Como visto, para Marx, o ponto de partida da acumulação capitalista implicou a necessidade de separação entre produtores e meios de produção. Além dessa expansão capitalista interna, Marx[37] refere-se ao fato de que a acumulação primitiva também dependeu de uma expansão externa, cuja principal força propulsora foi o colonialismo. Em suas palavras:

> A descoberta de terras com ouro e prata na América, a dizimação, escravização e soterramento da população nativa nas minas, a exploração inicial e o saqueamento das Índias Ocidentais, a transformação da África numa área comercial de caça aos de pele negra caracterizam a aurora da era capitalista de produção. Estes processos *idílicos* são elementos centrais da acumulação primitiva.[38]

Marx parece entender que, paralelamente à transição do feudalismo para o trabalho assalariado na Europa Ocidental e com o impulso industrializante, a acumulação primitiva se desloca gradativamente da Europa para as colônias. Afinal, pelo colonialismo abriam-se espaços até então inimagináveis para a expansão e anexação capitalista de territórios não capitalistas que, fisicamente, eram muito maiores que aqueles primeiros espaços de expansão do capitalismo no interior da própria Europa.

Atualmente há um acirrado debate entre teóricos da acumulação primitiva a respeito da compreensão de Marx sobre o papel do colonialismo no capitalismo e sobre a forma mais adequada de interpretar o lugar das colônias na expansão da acumulação. Para alguns, o colonialismo pode ser tratado como parte do processo de acumulação de capital, mas não como acumulação capitalista, na medida em que, no âmbito do colonialismo, aquilo que é distintivo do capitalismo, a extração do mais-valor, não teve lugar. Para outros, a acumulação capitalista fundada na extração do mais-valor também podia acontecer nas colônias[39].

Em que pese sua relevância, esse debate parece passar ao largo do essencial: a indiscutível interpenetração entre os processos de acumulação de capital – chamemos de capitalista ou não – que se davam no bojo do colonialismo e a expansão do capitalismo industrial na Europa. Como já se encontra fartamente documentado,

---

[37] Karl Marx, *Das Kapital*, cit., p. 779 ss.
[38] Ibidem, p. 779.
[39] Para um resumo do debate, ver: William Clare Roberts, "What was primitive accumulation? Reconstructing the origin of a critical concept", *European Journal of Political Theory*, 11 out. 2017. Disponível em: <https://doi. org/10.1177/1474885117735961>. Acesso em: 30 ago. 2019.

pelo menos desde o trabalho pioneiro de Williams[40], o capital acumulado na exploração colonial e no tráfico de pessoas escravizadas[41] financiou não apenas a construção de bibliotecas, óperas e outras joias do Iluminismo europeu, mas também o desenvolvimento de inventos como a máquina a vapor[42]. Em muitos casos, em uma única viagem, navios alimentavam o comércio trilateral, levando mercadorias manufaturadas das fábricas inglesas para serem trocadas por pessoas escravizadas na costa africana, que eram por sua vez trocadas nas Américas por commodities tropicais, as quais eram depois vendidas na Europa ou mesmo processadas nas mesmas fábricas inglesas. Da mesma forma, os acordos comerciais leoninos para as colônias e, dependendo do caso, para os impérios coloniais fragilizados, como foi o caso do tratado de 1810 entre Inglaterra e Portugal, no momento em que este último era acossado pelas guerras napoleônicas, estabeleciam uma divisão de trabalho global que garantia a acumulação industrial inglesa e transferia capital das colônias e dos países europeus mais débeis para a Inglaterra[43].

A inseparabilidade dos processos de acumulação observados nas colônias e na Europa Ocidental foi objeto de vasta discussão entre os teóricos da dependência ao longo dos anos 1970, e encontra no trabalho de André Gunder Frank[44] uma formulação particularmente bem sistematizada. O autor parte da noção de superexploração como desenvolvida por Marx[45] e retomada por Marini[46] para se referir à conversão do mínimo necessário à subsistência do trabalhador em fundo de acumulação do capital.

Para Frank, a superexploração pode acontecer tanto no âmbito do trabalho assalariado quanto no de outras ralações de produção, ou ainda, no da conexão entre essas duas esferas. Na esfera do trabalho assalariado, isso implica o pagamento de salário abaixo do valor da reprodução da força de trabalho. No de outras relações de produção, trata-se do roubo de parte dos fundos de consumo dos produtores pela acumulação do capital. Finalmente, no âmbito da conexão entre trabalho assalariado e não assalariado, significa compreender que esse roubo em uma produção não

---

[40] Eric Williams, *Capitalism and slavery* (Londres, Andre Deutsch, 1983[1944]).
[41] Ao longo do presente livro aludiremos também, seguindo a bibliografia de referência e por razão de simplificação, a escravas e escravos para referirmo-nos a pessoas escravizadas. A simplificação não implica obviamente qualquer tentativa de ontologizar ou naturalizar a condição social e legal de quem foi submetido ao regime de expropriação e terror característico da escravidão moderna.
[42] Robin Blackburn, *The overthrow of colonial slavery, 1776-1848* (Londres, Verso, 1988).
[43] O Tratado de Comércio e Navegação entre Inglaterra e Portugal de 1810 garantia vantagens alfandegárias sem precedentes para os produtos ingleses entrarem nos territórios metropolitano e coloniais portugueses, sem a correspondente reciprocidade inglesa para os produtos provindos de Portugal e suas colônias. Criava-se, virtualmente, uma reserva de mercado para produtos industriais ingleses comprados com as receitas obtidas com a venda de escravos e das commodities produzidas por escravos nas colônias (Jorge Caldeira, "O processo econômico", em Alberto da Costa e Silva (org.), *Crise colonial e independência 1808-1830* (Madri, Fundación Mapfre/Rio de Janeiro, Objetiva, 2011), p. 186 ss).
[44] André Gunder Frank, *World accumulation, 1492-1789* (Basingstoke, Palgrave Macmillan, 1978).
[45] Karl Marx, *Das Kapital*, cit., p. 626.
[46] Ruy Mauro Marini, *Subdesarrollo y revolución* (México, Siglo XXI, 1969), p. 129 ss.

capitalista está diretamente vinculado ao fundo de consumo e reprodução da força de trabalho do trabalhador assalariado, sendo, portanto, fator de criação de mais-valor extra[47].

A questão-chave aqui é, portanto, identificar qual a contribuição que processos de superexploração em relações não capitalistas de produção oferecem para a dinâmica capitalista da acumulação. Para isso, Frank[48] recupera o conceito de acumulação primitiva, compreendendo-o como a "acumulação com base na produção com relações de produção não capitalistas". Note-se, portanto, que, para o autor, a acumulação primitiva é, na verdade, uma acumulação não capitalista do capital. A partir disso, Frank diferencia três tipos de acumulação primitiva: a pré-capitalista, a não capitalista contemporânea à acumulação capitalista e a pós-capitalista. A primeira corresponde ao "estágio pré-histórico do capital" e se refere, portanto, à acumulação originária que ocorreu dentro ou fora da Europa nos três ou mais séculos anteriores à Revolução Industrial. Essa modalidade de acumulação implicou, segundo Frank, o acúmulo de grande massa de capital por meio de relações pré-capitalistas de produção, entre elas, o colonialismo, a escravidão e a servidão[49].

O segundo tipo relaciona-se com a ideia de uma acumulação primitiva permanente, a qual Frank[50] denominou acumulação primária, justamente para distingui-la da produção e acumulação primitiva pré-capitalista. Ela acompanha constantemente o processo capitalista de acumulação do capital, criando superexploração do trabalho assalariado ao vincular o fundo de consumo deste último a uma relação não capitalista de produção. Por fim, a acumulação pós-capitalista diz respeito às economias socialistas do século XX. Segundo Frank[51], elas também possibilitariam a acumulação capitalista ao assegurarem a realização do lucro pela transferência de parte do valor gerado pelo trabalho das economias planificadas por meio do comércio de mercadorias e matérias-primas entre países socialistas e capitalistas[52].

Frank enfatiza, sobretudo, o papel da acumulação primitiva pré-capitalista e da acumulação primária na formação e desenvolvimento das relações capitalistas de produção. O autor defende, com base na afirmação de Marx[53] de que "a escravidão velada do trabalhador assalariado na Europa precisava, em seu pedestal, da escravidão sem rodeios e direta no Novo Mundo", que o caráter de exploração extrema das formações sociais não capitalistas em seu estágio pré-industrial, que se

---

[47] André Gunder Frank, *World accumulation*, cit., p. 240 ss.
[48] Ibidem, p. 241.
[49] Ibidem, p. 242-3.
[50] Ibidem, p. 243 ss.
[51] Ibidem, p. 247-8.
[52] Caso particularmente ilustrativo da acumulação pós-capitalista é a antiga Alemanha Oriental que usava sua população carcerária para a produção de insumos a baixo custo para gigantes capitalistas da área química e farmacêutica como BASF e Bayer ou a cadeia de lojas de móveis e utensílios Ikea (Christian Sachse, "Verschleierte Zwangsarbeit für westliche Firmen", *Bundesstiftung für politische Bildung*, 7 out. 2016. Disponível em: <https://www.bpb.de/geschichte/deutsche-geschichte/stasi/234183/zwangsarbeit>. Acesso em: 30 ago. 2019).
[53] Karl Marx, *Das Kapital*, cit., p. 787.

materializa na forma do roubo violento dos fundos de consumo necessário à reprodução do trabalhador, é pressuposto fundamental da acumulação capitalista. O grau de exaustão dos trabalhadores provocados por essa superexploração pode ser observado, por exemplo,

> nos sete anos "úteis" da vida de um escravo em muitas partes do Novo Mundo, [no] declínio da população indígena no México de 25 milhões para 1,1 milhão (e no aumento dos custos de mão de obra para a mineração) em pouco mais de um século depois da conquista.[54]

A partir do conceito de acumulação primária, Frank afirma que muitas dessas relações de produção permaneceram e permanecem fundamentais para o desenvolvimento capitalista. Não se trata, no entanto, apenas de reconhecer que elas servem de base para tal desenvolvimento. Frank[55] vai além ao sustentar que a acumulação primária é elemento constitutivo do processo de acumulação capitalista, na medida em que a separação dos produtores dos meios de produção contribui para a concentração do capital, produzindo mais-valor. Aqui mais uma vez a dimensão da superexploração desempenha papel fundamental, pois ela assegura que as relações não capitalistas de produção permaneçam impregnadas no desenvolvimento do próprio trabalho assalariado. Elas continuam, portanto, "apesar da separação entre produtores e seus meios de produção"[56]. De que forma? Pelo pagamento do trabalho assalariado a níveis mais baixos que o necessário à reprodução de sua força de trabalho e pela manutenção de um constante exército industrial de reserva[57].

Cada um a seu modo, Harvey, Dörre e Frank seguem, em comum, as pistas deixadas por Luxemburgo. Não obstante, alguns estudiosos contemporâneos, por exemplo, Roberts[58], têm apontado um outro percurso semântico para o conceito de acumulação primitiva. Trata-se de defender Marx em relação a possíveis insuficiências apontadas pela tradição que retoma Luxemburgo. Para Roberts, Marx identificou claramente a acumulação primitiva como um moto contínuo do desenvolvimento do capitalismo e não apenas como um momento original da separação de trabalhadores dos meios de produção. Em sua investigação sobre a noção de exploração, Fontes[59] segue linha de argumentação semelhante, ao buscar no próprio Marx as bases para a crítica à reformulação do conceito de acumulação primitiva a partir das pistas deixadas por Luxemburgo.

---

[54] André Gunder Frank, *World accumulation*, cit., p. 243.
[55] Ibidem, p. 244.
[56] Idem.
[57] Ibidem, p. 246.
[58] William Clare Roberts, "What was primitive accumulation? Reconstructing the origin of a critical concept", cit.
[59] Virgínia Fontes, *O Brasil e o capital-imperialismo: teoria e história* (Rio de Janeiro, Editora UFRJ, 2010); idem, "David Harvey: Dispossession or expropriation? Does capital have an 'outside'?", *Revista Direito e Práxis*, v. 8, n. 3, 2017, p. 2199-2211.

A autora considera que, embora atenta a aspectos relevantes do início do século XX, a tese de Luxemburgo, segundo a qual o capitalismo necessita de um *lado de fora* não capitalista para seu desenvolvimento, é problemática na medida em que ofusca a compreensão do funcionamento da própria dinâmica *interna* da expansão capitalista enquanto processo que agrava as condições de sua própria base social[60]. Essa dificuldade teria, inclusive, se exacerbado no transcorrer do século XX, quando a expansão imperialista do capitalismo reduziu significativamente as chamadas fronteiras externas da acumulação.

Para Fontes[61], diante dessa transformação, a ideia da continuação da acumulação primitiva, principalmente na maneira como Harvey a reformula, recai em pelo menos três problemas: (a) falta de plausibilidade empírica em razão da criação de um mercado mundial e da mundialização do capitalismo; (b) reducionismo dualista entre um capitalismo normalizado e um capitalismo predatório; e (c) o ônus de carregar uma teleologia da modernização que, contida na construção conceitual do "fora", reproduz a dicotomia entre países capitalistas (normalizados) e não capitalistas (primitivos). O principal problema da tese da externalidade seria, assim, a atribuição de caráter dual à acumulação capitalista, cuja consequência se resumia a incutir "qualidade" diferente entre as (supostas) duas formas de acumulação: de um lado, a coação econômica ampliada (mais avançada) que, embora sujeita a crises, teria como base os trabalhadores "livres"; de outro, a violência aberta e arcaica da acumulação primitiva[62].

Fontes[63], diferentemente, sustenta que a expansão do capitalismo jamais se deu na forma de uma acumulação plenamente normalizada e sempre se apoiou em especulação, pilhagem, fraude e roubo aberto. Em outras palavras: a acumulação produtiva e estabilizada sob a forma do contrato legal entre capital e trabalho sempre foi acompanhada de expropriações. Essa imbricação pode ser vista, por exemplo, na

> colonização brutal da Ásia conduzida pelo capital industrial no século XIX; [na coexistência entre] os chamados "anos gloriosos" do Welfare State [e] na imposição de ditaduras ferozes nos mais distantes pontos do planeta.[64]

Ainda de acordo com Fontes[65], a fraude e o roubo, inerentes à expansão capitalista, mas historicamente praticados de forma mais frequente e escancarada nas colônias e pós-colônias, só se tornam evidentes para os que observam o desenvolvimento recente do capitalismo nas sociedades pioneiramente industrializadas do Norte global, quando as formas mais predatórias de capitalismo se generalizaram também

---

[60] Idem, "David Harvey", cit., p. 2205 e 2208.
[61] Ibidem, p. 2201 ss.
[62] Ibidem, p. 2205.
[63] Ibidem, p. 2202 ss.
[64] Ibidem, p. 2202.
[65] Ibidem, p. 2203.

nessas sociedades. É como se a autora dissesse aos colegas marxistas do Norte global: Bem-vindos ao verdadeiro capitalismo global como nós, no Sul global, o conhecemos desde a expansão colonial!

Para demonstrar que o capitalismo não possui uma forma econômica normalizada separada da violência explícita, Fontes recorre ao Livro III de *O capital*, diferentemente dos autores já citados que enfatizam o capítulo 24 do Livro I. Ela afirma que Marx já havia compreendido que, ao se generalizarem, as relações capitalistas de produção se apoiam em expropriações[66]. Fontes[67] sustenta que essas expropriações não são, todavia, a tomada ou mercantilização de um "fora" não capitalista, mas a "expansão das condições que exasperam a disponibilidade de trabalhadores para o capital". Essa expansão acompanha a escala de concentração de capitais. Assim, a cada momento histórico, desenvolvem-se formas de conexões específicas, nas quais as forças capitalistas dominantes intensificam meios de subalternização de situações sociais díspares e populações já incorporadas ao capitalismo sob relações desiguais[68].

Para a autora, essas múltiplas expropriações se diferenciam em dois tipos: expropriações primárias e secundárias[69]. As primeiras se referem à perda de propriedade direta dos meios de produção, principalmente a terra. Trata-se, portanto, da expropriação de grandes massas campesinas ou agrárias. As expropriações secundárias se referem à concentração contemporânea de capitais e se materializam na privatização da oferta de bens e serviços públicos e na suspensão de direitos dos trabalhadores. Essas expropriações podem incidir ainda sobre os recursos naturais, por exemplo, a conversão da água, florestas etc., em propriedade monopolizada. Para Fontes, a faceta mais inquietante das expropriações secundárias é a apropriação privada da própria vida biológica, natural e humana, por meio, entre outros, do registro de patentes.

Ao enfatizar a expropriação da natureza, Fontes retoma, de modo implícito, discussões desenvolvidas por feministas marxistas desde os anos 1970 e que encontram na chamada Escola de Bielefeld importante referência[70]. Essa escola busca oferecer

---

[66] De acordo com Virgínia Fontes, *O Brasil e o capital-imperialismo: teoria e história*, cit., p. 22 ss, os processos contemporâneos de financeirização do capitalismo seriam demonstração clara da expropriação capitalista, na medida em que empréstimos implicam acelerar a extração de mais-valor, de modo a remunerar tanto o capitalista industrial ou ofertante de serviços como também o detentor do capital financeiro que foi emprestado. Ainda que plausível, a tese de Fontes, neste ponto, não nos parece considerar dimensões importantes da financeirização como o endividamento de pessoas e famílias, as formas de rendimento financeiro pela manipulação das expectativas de ganho e não pela cobrança de juros, o papel dos hedge fonds, entre outras. Por essa razão nos orientamos, nesse particular, pela lógica da financeirização como despossessão nos termos descritos por Harvey e resumidos acima.

[67] Virgínia Fontes, *O Brasil e o capital-imperialismo*, cit., p. 44.

[68] Idem, "David Harvey", cit., p. 2202.

[69] Idem, *O Brasil e o capital-imperialismo*, cit., p. 44 ss.

[70] A Escola de Bielefeld, também chamada abordagem da subsistência (*Subsistenzansatz*), foi um movimento teórico de inspiração feminista e marxista, constituído no final dos anos 1970 e amplamente difundido nos anos 1980, composto, entre outras, por Maria Mies, Veronika Bennholdt-Thomsen e Claudia von Werlhof. Ainda que existam outras perspectivas marxistas-feministas, inclusive mais difundidas no debate contemporâneo, por exemplo, a teoria da reprodução social, menciona-se, aqui,

uma teoria da repressão e da exploração das chamadas "três colônias" – mulheres, natureza e Terceiro Mundo – na acumulação capitalista. Em outras palavras: busca compreender por que a violenta opressão capitalista se dirige a essas três esferas e qual a importância do trabalho reprodutivo e da produção de subsistência informal para o desenvolvimento do capitalismo[71].

Há ainda um campo profícuo para o estudo contemporâneo daquilo que, dentre as categorias de Fontes, poderia facilmente ser classificado como forma de expropriação secundária, a saber, as redes sociais virtuais. Essa expropriação se dá tanto na chamada economia compartilhada (*sharing economy*) quanto na expropriação do trabalho e dos dados dos usuários.

No caso de grandes empresas como Uber ou Airbnb, que exploram a *sharing economy*, o traço mais marcante, conforme mostra o estudo elucidativo de Fairweather[72], é que a extração do mais-valor se dá sem que ocorra a separação entre trabalhadores e meios de produção: a conservação da propriedade ou ao menos do direito de usar o automóvel que transporta os passageiros ou os imóveis alugados por temporada é condição necessária para que o motorista ou o prestador de serviços de hospedagem possa produzir mais-valor para as gigantes Uber ou Airbnb. Ainda conforme o autor, se é verdade que essas empresas têm escritórios com equipamento e pessoal empregado, na forma do "paradigma convencional do trabalho assalariado"[73], e também controlam o software que conecta prestadores a usuários dos serviços, parece óbvio que o grosso do mais-valor apropriado por elas não advém de seus próprios empregados, mas dos ofertantes "autônomos" de serviços de transporte e hospedagem.

No caso das empresas que vendem informações dos usuários de redes sociais, máquinas de busca, portais de música e vídeo, como Google, Facebook ou Youtube, a expropriação dos "prod*users*" (híbrido de produtor e usuário de conteúdos), como esclarece Ekman[74], se dá em diversos níveis. Mais evidente é a expropriação, ou seja, o não pagamento do trabalho inerente a qualquer atividade on-line dos prod*users*, já que essas atividades são monitoradas e transformadas em grandes bancos de dados sobre usuários e suas preferências, os quais são vendidos a outras empresas ou utilizados como referência para a alocação de anúncios pagos. Igualmente expropriadas são todas as informações de arquivos pessoais e familiares que os prod*users* montam

---

a Escola de Bielefeld por seu diálogo e referência direta à teoria da repetição da acumulação primitiva de Luxemburgo. Para um panorama dessa Escola, ver: Tine Haubner, "Der Proletarier ist tot, es lebe die Hausfrau?", *Marxistischer Feminismus*, n. 34, 2015. Disponível em: <http://kritisch-lesen.de/c/1241>. Acesso em: 11 abr. 2016.

[71] Tine Haubner, "Der Proletarier ist tot, es lebe die Hausfrau?", cit., p. 2.
[72] Chris Fairweather, "The sharing economy as primitive accumulation: locating the political-economic position of the capital-extractive sharing economy", *HPS: The Journal of History & Political Science*, v. 5, 2017, p. 51-63.
[73] Ibidem, p. 54.
[74] Mattias Ekman, "Understanding accumulation: the relevance of Marx's theory of primitive accumulation in media and communication studies", *Triple C, Communication, Capitalism & Critique*, v. 10, n. 2, 2012, p. 156-70.

em plataformas como Facebook ou Instagram e que as empresas também monitoram, vendem ou usam como referência para criar suas próprias ofertas. Também relevante do ponto de vista da acumulação é a integração de empresas às redes virtuais pessoais na medida em que *seguidores* ou *likes* representam não apenas a possibilidade da comunicação direta e focalizada de empresas com potenciais clientes, senão porque *likes* e *seguidores* agregam valor ao patrimônio de empresas e marcas.

Tanto as empresas de *sharing economy* quanto as que transformam as informações de seus usuários on-line em mercadoria têm sido capazes de incorporar um conjunto de atividades, recursos e relações sociais, antes situado fora do circuito da acumulação capitalista, como o quarto de hóspedes de uma família, as fotos de uma viagem de lua de mel ou a lista de canções preferidas de dois amigos, à dinâmica da produção do mais-valor. Ainda que para o estudo da acumulação no porto do Rio de Janeiro esse tipo de atividade não represente (ainda) relevância econômica, nos pareceu importante registrar essa forma de expropriação por uma razão simples. O valor comercial que tais empresas adquiriram, num intervalo muito curto de tempo, a ponto de transformarem-se nas empresas mais valiosas do capitalismo contemporâneo em todo o mundo, reforça, como poucos outros casos, a plausibilidade da teoria da expropriação capitalista.

Intervenções político-regulatórias na acumulação primitiva e na expropriação capitalista: leis sanguinárias e parcerias público-privadas

Como visto, o processo de acumulação primitiva só pode ser concretizado por meio do uso de violência não econômica, exercida, historicamente, pelo Estado com suas expropriações e intervenções político-regulatórias. No contexto colonial português, além do Estado, também a Igreja católica e, mais especificamente, as irmandades, congregações e confrarias desempenharam papel fundamental no processo de regular e restringir acesso sobretudo ao uso direto e à propriedade comum da terra. A Igreja garantia assim que, mesmo num país escassamente povoado como o Brasil dos séculos XVI ao XVIII, a população não nobre pudesse se manter separada do meio de subsistência mais importante, a terra[75]. Nesse sentido, no âmbito do colonialismo português, a relação com a Igreja católica operou de maneira diferente ao que aconteceu na acumulação primitiva (interna) na Inglaterra, quando, com a reforma anglicana, a supressão da propriedade feudal católica – de conventos, por exemplo – enxotou camponeses--habitantes de suas terras que passaram a engrossar o proletariado[76]. No Brasil, a Igreja católica já participava com o Estado colonial dos processos de acumulação primitiva, não sendo apenas objeto de expropriação. Retomaremos esse ponto mais à frente, ao discutir a história do porto do Rio de Janeiro.

---

[75] Fania Fridman, *Donos do Rio em Nome do Rei: uma história fundiária da cidade do Rio de Janeiro* (Rio de Janeiro, Zahar/Garamond, 1999).
[76] Karl Marx, *Das Kapital*, cit., p. 749 ss.

Antes, porém, é preciso acentuar que foi e é pela força das intervenções regulatórias que os espaços não mercantilizados puderam e podem ser incorporados na dinâmica da acumulação capitalista[77]. Ressalte-se que esse aspecto não é novo na discussão sobre acumulação primitiva e já se encontrava amplamente desenvolvido na obra de Marx[78], que destacou com ênfase específica o papel do Estado na expropriação promovida no âmbito do colonialismo, quando "os Estados da Europa saquearam o resto do mundo, roubando meios de produção e força de trabalho em escala maciça"[79].

Tanto Harvey[80] quanto Dörre[81], mesmo reconhecendo a pertinência das afirmações de Marx sobre o papel do Estado na acumulação primitiva, fazem uma ressalva importante quando se trata de entender a acumulação por despossessão ou a expropriação capitalista. Diferentemente de Marx, ambos entendem que as intervenções regulatórias do Estado não são necessariamente marcadas pelo caráter de usurpação ou brutalidade e não reproduzem, portanto, integralmente as características daquele processo original de separação entre trabalhadores e meios de produção descritos por Marx. Isso não chega mesmo a surpreender considerando o modelo de Estado que Marx conheceu no século XIX em comparação com o Estado democrático e em muitos casos de bem estar observados por Dörre e Harvey, contemporaneamente. Nesse contexto, Dörre[82] considera que a violência política não deve ser buscada apenas em prescrições autoritárias, mas na utilização de uma "forma da precariedade produzida politicamente" capaz "de disciplinar a força de trabalho livre para atividades" no novo espaço, objeto da integração à acumulação. Cabe, contudo, perguntar: em que consiste essa forma de precariedade produzida politicamente? Uma combinação de legislações voltadas para o controle social e para a privatização e mercatilização de atividades e bens antes oferecidos pelo Estado.

Para entender essa combinação no âmbito da economia política marxista é necessário voltar a Marx. Quando apresenta sua análise sobre a acumulação primitiva, Marx elaborou um quadro bastante complexo de diferentes e contraditórios usos da regulação estatal. Não é o caso de reconstruir todo esse modelo no presente trabalho. Para o nosso argumento, o que chama a atenção, no entanto, é o destaque que o autor atribuiu ao direito penal. Quando tratou da usurpação violenta da propriedade comum na Inglaterra, Marx identificou duas fases histórico-jurídicas distintas no que se refere à regulação dos direitos à terra. A primeira diz respeito ao período entre o final do século XV e o XVII, quando a respectiva usurpação foi praticada ilegalmente e contra legislações que buscavam freá-la. A segunda verificou-se a partir do século XVIII,

---

[77] Klaus Dörre, "Die neue Landnahme", cit., p. 44. Para um debate sobre a relação entre regulações estatais e expropriação capitalista, ver o trabalho de Guilherme Leite Gonçalves, "Kapitalistische Landnahme: Eine Erweiterung der kritischen Rechtssoziologie", Working Paper der *DFG -Kollegforscher_innengruppe Postwachstumsgesellschaften*, n. 4, 2017, p. 1-35.
[78] Ver, por exemplo, o livro de Karl Marx, *Das Kapital*, cit., p. 741.
[79] William Clare Roberts, "What was primitive accumulation?", cit., p. 12.
[80] David Harvey, *Der neue Imperialismus*, cit., p. 147.
[81] Klaus Dörre, "Die neue Landnahme", cit., p. 38.
[82] Idem.

momento em que a usurpação passou a ser legal e a própria lei se tornou "o veículo do roubo"[83].

Ambos os momentos, no entanto, foram marcados pela presença daqueles elementos do direito penal que Marx denominou de "legislação sanguinária". Essas leis operavam paralelamente à expropriação dos camponeses de suas terras. À medida que eram expulsos, eles se tornavam completamente "livres" para vender sua força de trabalho ao capitalista, mas não conseguiam ser automaticamente absorvidos pela economia industrial. De um lado, as manufaturas não cresciam na mesma proporção do número elevado de camponeses expropriados; de outro, esses camponeses, socializados em práticas diferentes, não correspondiam aos novos padrões de trabalho e modos de vida exigidos. Formava-se, assim, uma massa ainda não economicamente absorvida, que necessitava ser "ajustada à disciplina da nova situação"[84]. É dessa perspectiva que Marx[85] explicou o surgimento na Inglaterra e na França de diversas leis sanguinárias contra a vagabundagem e a pauperização desde o século XV. Em suas palavras:

> o camponês expropriado violentamente da terra, expulso e transformado em vagabundo foi torturado, marcado e chicoteado por leis terroristas e grotescas com vistas à disciplina necessária ao sistema de trabalho assalariado.

Paralelamente ao trânsito interno da acumulação – na Inglaterra e na França –, Marx sublinha, como visto, o papel do colonialismo. Enquanto trânsito externo, implicou a subjugação, o saque, a espoliação e a escravização de nações e grupos humanos não europeus. Portanto, para Marx, da mesma maneira que a expropriação dos camponeses na Europa, a colonização implicou alto grau de violência e intervenção política. O direito penal em um sentido bastante amplo cumpriu um papel de disciplinamento da força de trabalho e tomada de espaços e bens ainda não mercantilizados durante o processo de acumulação primitiva na Europa. Nos processos de colonização, ainda que Marx não explore esse aspecto mais detidamente, é mister reconhecer o papel nodal ocupado pelo direito internacional, na medida em que garantia a partilha do mundo não europeu entre os poderes coloniais europeus e dava sustentação a classificações raciais que viabilizaram a escravização de africanas, africanos e seus descendentes[86].

---

[83] Karl Marx, *Das Kapital*, cit., p. 709.
[84] Ibidem, p. 762.
[85] Ibidem, p. 765.
[86] Manuel Góngora-Mera, "Transregional articulations of law and race in Latin America: a legal genealogy of inequality", em Elizabeth Jelin, Renata Motta e Sérgio Costa (orgs.), *Global entangled inequalities. Conceptual debates and evidence from Latin America* (Abingdon, Routledge, 2017), p. 42-58; Robert Knox, "Race, war and international law", *Cambridge Review of International Affairs*, v. 26, n. 1, 2013, p. 111-32.

No âmbito das relações entre colônias e metrópoles, o Estado colonial conformou os pilares de sustentação da espoliação das colônias e escravização de pessoas. O repertório regulatório é vasto e envolve desde regimes de taxação leoninos e a proibição do desenvolvimento de atividades nas colônias que pudessem concorrer com as prioridades metropolitanas, passando pelo direito de propriedade que garantia aos senhores o direito de dispor sobre o trabalho e o corpo de escravas e escravos, até o direito penal sanguinário com o qual se buscava reprimir fugas e rebeliões escravas[87].

Nos debates das últimas décadas sobre privatização, vêm sendo destacados outros instrumentos jurídicos relevantes para a expropriação capitalista mais estreitamente vinculados ao papel da regulação estatal no atual regime de acumulação financeira. Nesta, todas as ações orientadas para privatizar o mercado de bens e serviços até então produzidos pelo Estado foram desenvolvidas por meio de intervenções regulatórias e reformas legais. Esses mecanismos viabilizaram a expropriação pela via das privatizações e, ao mesmo tempo, a formação de uma massa de precarizados pela modificação das legislações trabalhistas – ampliação da terceirização da mão de obra, "flexibilização" dos contratos de trabalho temporários etc.[88]. Efetivamente, a incorporação à dinâmica da acumulação privada daqueles setores de produção de bens que até os anos 1980 estavam nas mãos do Estado exigiu a criação de uma ampla arquitetura institucional e novos instrumentos regulatórios com destaque, conforme salientou Harvey[89], para as parcerias público-privadas.

Para o autor, essas parcerias são consideradas a característica central do novo modelo social de empresariamento. Elas foram capazes de remodelar as condições de acumulação previamente existentes e que haviam se transformado em barreiras para a expansão capitalista. Se, durante o fordismo, ainda conforme Harvey, o modelo de gerenciamento baseava-se no repasse de recursos e no envolvimento direto de atores públicos com atividades produtivas e de investimentos, as transformações macroinstitucionais a partir dos anos 1970 construíram um novo ambiente econômico que passou a ser dependente da negociação direta com o mercado financeiro e da reconstrução de uma paisagem física e social que viabilizasse a competição por recursos e empregos. Esse empresariamento tornou-se possível por meio das parcerias público-privadas, que são contratos entre a administração pública e grupos privados, nos quais estes últimos fornecem, por meio de contraprestação remunerada, infraestrutura, serviços e equipamentos urbanos. A partir do objetivo de transformação da paisagem de modo a orientá-la ao mercado, as parcerias público-privadas se converteram no instrumento jurídico de mercantilização do espaço no âmbito do

---

[87] Laura de Mello e Souza, *Norma e conflito: aspectos da história de Minas no século XVIII* (Belo Horizonte, Ed. UFMG, 1999). O papel do Estado na exploração colonial não se limitava, obviamente, à regulação. O Estado era, em muitos casos, o coempreendedor e financiador da empresa colonial como nos lembra William Clare Roberts, "What was primitive accumulation?", cit., p. 12, em sua releitura dos trabalhos de Marx: "Expedições coloniais e guerras comerciais foram financiadas pela venda de títulos públicos".

[88] Klaus Dörre, "Die neue Landnahme", cit., p. 63-8.

[89] David Harvey, "From managerialism to entrepreneurialism: the transformation in urban governance in late capitalism", *Geografiska Annaler*, v. 71, n. 1, 1989, p. 7.

capitalismo contemporâneo. Ou seja, essas parcerias tornaram-se essenciais para as espoliações, esbulhos e usurpações, que reajustam as condições temporal-espaciais necessárias à acumulação do capital financeiro.

Se, nos fenômenos de expropriação observados por Marx, o direito penal exerce o papel central no sentido de assegurar a separação entre produtores e meios de produção, a reestruturação dos espaços para a acumulação depende agora também da reconfiguração de outras esferas regulatórias para se concretizar. Além do direito civil e da legislação específica sobre parcerias público-privadas, a adequação do direito urbanístico e das leis de uso e ocupação do solo, redefinindo condutas e formas usualmente aceitas e puníveis em cada zona, ocupa também lugar de relevância.

Em tese, parcerias público-privadas podem ser concretizadas com plena observância das leis vigentes e sem gerar vantagens ilícitas, sejam econômicas ou de outra natureza, para os envolvidos nesse tipo de negociação. Não obstante, a recorrência com que escândalos de corrupção acompanham a formação dessas parcerias nos obriga a reconhecer que sua execução, dado o grau de articulação entre decisões políticas e vantagens econômicas envolvidas, cria um ambiente particularmente favorável à venda ilícita das respectivas decisões. Parece-nos, por isso, apropriado incluir a corrupção – entendida como a compra e venda ilícita de decisões políticas ou de ações de agentes do Estado – como mecanismo sistemático da dinâmica de expropriação feita em espaços não mercantilizados – no caso, bens comuns ou públicos –, de modo a facultar a expansão dos circuitos de produção do mais-valor. Assim, quando uma construtora suborna, por exemplo, um ministro para conseguir um contrato superfaturado, ela está ao mesmo tempo expropriando o Estado e criando condições para explorar mais-valor com os serviços vendidos ao Estado por meio do contrato obtido ilicitamente.

Junto ao papel político-regulatório, um outro aspecto importante dos processos contemporâneos de expropriação, que pode ser retomado em um exame histórico e que não havia sido ainda adequadamente explorado nos trabalhos de Harvey e Dörre, é sua dimensão linguístico-discursiva, como mostra a oportuna pesquisa de Backhouse[90]. Ao estudar a chamada "expropriação verde" (*Grüne Landnahme*), possibilitada pela introdução da legislação de proteção ambiental no estado do Pará, a autora mostra que a construção da figura retórica "terras degradadas" – remanescentes de desmatamento – foi fundamental para transferir a propriedade fundiária de pequenos produtores rurais para grandes empresas como a Vale. Na medida em que dispõem dos recursos técnicos e materiais para atender a todos os requisitos estabelecidos pelo programa de incentivo à recuperação de "terras degradadas" promovido na região, empresas desse tipo adquirem vantagens comparativas para cultivar a respectiva área. Dessa forma, incorporam paulatinamente a seus domínios as terras "degradadas" antes ocupadas por posseiros e pequenos proprietários.

---

[90] Maria Backhouse, *Grüne Landnahme - Palmölexpansion und Landkonflikte in Amazonien* (Münster, Westfälisches Dampfboot, 2015).

Acumulação entrelaçada

Os diferentes desenvolvimentos da discussão marxista sobre acumulação primitiva e do conceito de expropriação reconstruídos brevemente aqui, na medida em que focalizam momentos e processos distintos no âmbito da expansão capitalista, podem ser fundidos numa categoria mais abrangente, que denominamos acumulação entrelaçada. A expressão é inspirada pela ideia de modernidade entrelaçada, cunhada por Conrad e Randeria[91], e por sua incorporação ao estudo das desigualdades sociais globais conforme expresso no conceito de desigualdades entrelaçadas[92].

O conceito de modernidade entrelaçada mostra que, apesar de representada de forma separada e isolada nas historiografias nacionais, a modernidade é, desde sua origem, global, pois vincula e entrelaça diferentes regiões do mundo. Na noção de desigualdade entrelaçada, destacam-se ao menos três níveis de interpenetração e interdependência de desigualdades sociais: i) desigualdades sociais encontradas nas diferentes regiões do mundo são sempre inter-relacionadas; ii) desigualdades observadas em diferentes épocas históricas são, necessariamente, interconectadas; e iii) desigualdades expressas por meio de diferentes sistemas de estratificação – classe, raça, gênero – são mutuamente condicionadas.

De maneira análoga, a acumulação capitalista entrelaçada implica a interconexão e interpenetração não só das diferentes regiões do mundo, mas também de diferentes épocas históricas e distintas dimensões da expansão capitalista. De forma sistemática, ainda que não exaustiva, podem ser identificados ao menos cinco níveis de interpenetração inerentes à acumulação entrelaçada:

i) A incorporação de novos espaços não mercantilizados ao processo de acumulação – por mais locais que esses espaços possam parecer – refletem sempre dinâmicas globais, caracterizando o que Luxemburgo[93] qualificava como desaparecimento do local. Isso não implica por óbvio a completa absorção a um desenvolvimento mundial único de processos de acumulação observados em âmbitos particulares. Ainda que relacionadas e inter-relacionadas, as múltiplas escalas da acumulação apresentam mecanismos expropriatórios com algum grau de autonomia. Como será descrito em detalhe nos próximos capítulos deste livro, isso implica que, em determinados momentos da história, as transformações no porto do Rio de Janeiro e em seu entorno eram completamente interdependentes com a dinâmica da acumulação capitalista global. Isso ocorreu nos períodos em que o porto funcionou como mercado de pessoas escravizadas e porta de saída de açúcar, ouro e depois café. Quando, a partir das últimas décadas

---

[91] Sebastian Conrad e Shalini Randeria, "Einleitung. Geteilte Geschichten. Europa in einer postkolonialen Welt", em *Jenseits des Eurozentrismus. Postkoloniale Perspektiven in den Geschichts- und Kulturwissenschaften* (Frankfurt am Main, Campus, 2002), p. 9-49.

[92] Sérgio Costa, "Desigualdades, interdependências e afrodescendentes na América Latina", *Tempo Social*, v. 24, n. 2, 2012, p. 123-45. Disponível em: <https://doi.org/10.1590/S0103-20702012000200007>. Acesso em: 30 ago. 2019.

[93] Rosa Luxemburgo, "Die Akkumulation des Kapitals", cit., p. 300-2.

do século XIX, o porto já não mais desempenha essas funções, a região portuária se desconecta, em grande medida, da dinâmica global de acumulação. Mesmo constituindo um espaço pouco relevante para a acumulação global, reformas urbanas buscaram, com algum êxito, reintegrar a área à dinâmica local de acumulação. É verdade que essas reformas apresentam vínculos com a Europa e o resto do mundo, seja por sua inspiração e concepção, seja por seu financiamento. Não obstante, as dinâmicas de acumulação entrelaçada induzidas por essas reformas são predominantemente de alcance local.

ii) Os distintos padrões de acumulação descritos até aqui, a separação a qual se referia Marx entre trabalhadores e meios de produção, a acumulação por despossessão nos termos descritos por Harvey, a expropriação financeira de Dörre, a superexploração nos termos formulados por Frank e as expropriações secundárias ou da natureza e da vida destacadas por Fontes não têm uma cronologia rígida e fixa nem são, historicamente, exclusivos. Isto é, essas diferentes formas de acumulação podem coexistir numa mesma época e num mesmo espaço geográfico. E podem também voltar a surgir depois de haver desaparecido em uma fase precedente.

iii) Disso decorre que distintos mecanismos associados à acumulação capitalista, incluindo a mobilização do direito, do Estado e da política, da cultura ou da corrupção, bem como a produção discursiva nos termos elucidados por Backhouse, também coexistem no espaço e no tempo.

iv) Ao mesmo tempo que requer intervenções regulatórias estatais, a acumulação capitalista, vista da perspectiva global e não apenas no âmbito de um Estado nacional específico, tende a apagar as fronteiras entre Estado e mercado e, até mesmo, entre legalidade e ilegalidade. Isso pode ser constatado, de forma mais óbvia, nos casos sistemáticos e recorrentes de favorecimento e corrupção que acompanham as concessões públicas de serviços, processos de privatização e mesmo a formulação de leis e políticas públicas para os diferentes setores econômicos. Também a ação de governos em favor de empresas nacionais por meio de sua política externa e da atuação em órgãos multilaterais como a Organização Mundial do Comércio (OMC) indica a fluidez das fronteiras entre Estado e empresas privadas no processo de expansão da acumulação capitalista.

v) Ao longo dos diversos ciclos da acumulação, as categorizações sociais relativas à classe, etnicidade, raça e gênero, vão se interpenetrando, de modo que as hierarquias socioeconômicas tomam cada vez mais a forma de desigualdades entrelaçadas, conforme já descrito. No caso das transformações observáveis na região portuária, constata-se, por exemplo, que, no momento de chegada e comercialização dos primeiros contingentes de pessoas raptadas e traficadas da costa africana para o porto do Rio de Janeiro, as classificações raciais constituem a hierarquia mais visível naquele espaço. Certamente, hierarquias de classe e de gênero estavam também ali presentes e podiam ser auferidas nas diferenças sociais entre homens livres, meros prestadores de serviços e proprietários de bens e escravos, ou na completa ausência de mulheres livres, confinadas em suas casas. Nesse momento, contudo, essas diferentes ordens hierárquicas têm, em grande medida, seu âmbito autônomo de ação, qual seja, por mais pobre, por exemplo, que fosse um homem livre, seu status não se confundia com o de um escravo. Com a diversificação dos regimes de trabalho na sociedade escravocrata e, ainda com mais ênfase, depois da abolição da escravidão, essas ordens passaram a se interpenetrar fazendo com que posições assumidas por uma pessoa específica na estrutura social sejam sempre a resultante da interpenetração de hierarquias sociais de gênero, raça, etnicidade, classe etc.

Como visto até aqui, a acumulação entrelaçada não se baseia apenas na tomada de ambientes capitalistas preexistentes, o que implicaria seu esgotamento uma vez completada a expansão geográfica do capitalismo por todo o globo. Trata-se mais propriamente da capacidade permanente de produção de novos espaços capitalistas, sempre que a acumulação se depara com uma barreira para sua expansão. Deve-se entender essa produção também como a reconfiguração completa das características físicas, legais e sociais de ambiente já ocupado em função de variações nos tipos de tecnologia, capital e força de trabalho empregados. Nesse âmbito, as relações, formas e padrões anteriores de produção, consumo, regulação, cultura e vida são modificados por diversos fatores como novas edificações, desenhos urbanos, fluxos migratórios, regras de organização e controle, que podem manter ou introduzir assimetrias e descontinuidades socioespaciais.

II

O PORTO, A CAPITAL E O CAPITAL

Nos modelos geográficos clássicos, intercruzamentos entre portos e núcleos urbanos são, em geral, descritos pela noção de "trajetória simbiótica", segundo a qual haveria uma "fecundação recíproca", de modo que portos funcionam como fator de atração e influência no sistema urbano[1]. Essa literatura parte da tese de que o comércio marítimo deu origem a uma série de assentamentos – por diversas razões. De um lado, o comércio depende do florescimento de empresas e empregos, necessários para a vazão comercial dos bens, incluindo as atividades de manejo físico das cargas e os negócios de expedição, financiamento, seguros, despachantes etc., e também a construção e manutenção técnica dos navios[2]. De outro, a movimentação de cargas atrai produtores e consumidores para o entorno dos portos.

A noção de "trajetória simbiótica cidade-porto" não é, no entanto, capaz de explicar disfunções que surgem nas relações entre o porto e a cidade. Cabe, por isso, recuperar a crítica de Norcliffe, Basset e Hoare[3] que consideram tal noção como expressão do "senso comum geográfico", segundo o qual os portos são celebrados como o motor de assentamentos baseados em setores produtivos, que estimulam "o

---

[1] César Ducruet, "Dynamiques scalaires et temporelles des villes-ports: typologie mondiale de 330 trajectoires urbano-portuaires, 1990-2000", *Actes des Rencontres de Theoquant*, 2006, p. 2-3; James Bird, *The geography of the Porto of London* (Londres, Hutchinson University library, 1957), p. 178 ss.

[2] Michael Witherick, "Port developments, port-city linkages and prospects for maritime industry: a case study of Southampton", em Brian Stuart Hoyle e David A. Pinder (orgs.), *Cityport industrialization and regional development* (Oxford, Pergamon, 1981), p. 113-32; David Hilling, "Socio-economic change in the maritime quarter: the demise of sailortown", em Brian Stuart Hoyle, David A. Pinder e M. Sohail Husain (orgs.), *Revitalising the waterfront: international dimensions of dockland redevelopment* (Londres, Belhaven Press, 1988).

[3] Glen Norcliffe, Keith Basset e Tony Hoare, "The emergence of postmodernism on the urban waterfront. Geographical perspectives on changing relationships", *Journal of Transport Geography*, v. 4, n. 2, 1996, p. 124.

crescimento da cultura urbana próspera e oportunidades de riquezas e estilos de vida oferecidos pelo comércio". Contra esse "senso comum", a geografia contemporânea sustenta que, na fase da "trajetória simbiótica", já existem pontos de dissociação ou disjunções entre o porto e a cidade[4]. Ao se basear em negócios "sujos" e "perigosos", do ponto de vista social e ambiental, os setores produtivos portuários dariam lugar apenas a habitações para estivadores e a espaços de diversão a marinheiros e navegadores, tornando o porto a parte menos valorizada do solo e do tecido urbano. Em função disso, as classes comerciantes e outros setores das elites locais tendem a alocar suas moradias e escritórios em pontos afastados da região portuária, o que geraria não apenas uma separação física com a cidade, mas a constituição das áreas portuárias como um mundo social, estético e político à parte[5].

A partir da lógica da acumulação entrelaçada, é possível reinterpretar esses pontos de dissociação ou disjunções como tendências ao desacoplamento da dinâmica de produção de valor ocorridas no interior do processo de ocupação capitalista do espaço. Esses desacoplamentos transitórios são necessários para a construção de um novo "fora" exigido para manter a acumulação. Isto é, um novo espaço não mercantilizado que, quando se generaliza, dá origem a uma nova dinâmica de reincorporação ao processo de acumulação.

Assim, sem descuidar das contribuições da geografia contemporânea crítica à noção de "trajetória simbiótica cidade-porto", é preciso observar o aspecto da integração entre desenvolvimento do porto e da cidade a partir das contradições inerentes a todo processo de acumulação do capital, o que, por sua vez, significa enfatizar as interconexões de diferentes tipos de desigualdades que marcam os contextos analisados.

Para discutir a acumulação entrelaçada na região portuária do Rio de Janeiro, partiremos de três formas diferentes de inserção do porto na dinâmica capitalista. A primeira diz respeito ao porto em suas *funções-fim*, ou seja, permitir a entrada e saída de mercadorias e pessoas na cidade e no país. Esse fluxo de bens assegura a integração brasileira, desde a época colonial, à dinâmica da acumulação global. A segunda forma de acumulação se dá no espaço específico do porto. Trata-se aqui de sua *atividade- -meio*, a geração de valor através de serviços ali prestados no embarque, desembarque e armazenamento de mercadorias. A terceira forma se refere à *interação* entre o porto, suas adjacências e o conjunto da cidade. No âmbito dessa trama de relações, a ocupação e construção do espaço físico da zona portuária se inserem nas dinâmicas expropriatórias da acumulação capitalista entrelaçada. Esses três modos de integração da área portuária à dinâmica da acumulação variam ao longo do tempo, modificando com eles as formas dominantes de incorporação de espaços não mercantilizados em cada época.

---

[4] César Ducruet, "Dynamiques scalaires et temporelles des villes-ports", cit., p. 4.
[5] Glen Norcliffe, Keith Basset e Tony Hoare, "The emergence of postmodernism on the urban waterfront", cit., p. 125.

Breve panorama histórico-espacial do porto e da cidade do Rio de Janeiro

Não é fácil precisar a data que marca a existência de um porto no Rio de Janeiro. Em janeiro de 1502, menos de dois anos após o primeiro desembarque dos portugueses na costa do hoje estado da Bahia, o navegador português Gaspar de Lemos "descobriu" a baía onde se constituiria, em 1565, o primeiro assentamento criado pelos jesuítas ao pé do conhecido morro do Pão de Açúcar. Lemos acreditou que a baía era a foz de um rio, daí o nome que a cidade carrega até hoje. Antes de se instalarem na região, os portugueses tiveram que se aliar aos indígenas temininós para vencer os franceses que, aliados à Confederação dos Tamoios – liga de povos indígenas que resistia à colonização portuguesa –, controlavam a baía a partir de um forte erguido na ilha de Sergipe[6].

A povoação portuguesa definitiva e estável só se daria com a ocupação e a construção de pequena cidade fortificada no morro do Castelo, a partir de 1567, na região que corresponde hoje ao centro do Rio de Janeiro. Ocupado o respectivo morro, passou-se às partes baixas, entre os morros São Bento, Santo Antônio e Conceição, de modo a constituir na região um núcleo urbano já em fins do século XVI[7].

É precisamente no "sopé do morro do Castelo (hoje rua da Misericórdia), onde o ancoradouro era favorável", que começaram as atividades portuárias regulares que já apresentavam nas primeiras décadas do século XVII importância significativa[8]. Ressalve-se que as possibilidades de ancorar naquele porto estavam restritas a embarcações de menor calado. Cargas e pessoas transportadas pelas naus das travessias transatlânticas, que ficavam aportadas no mar para evitar o encalhamento nas águas pouco profundas junto à costa, precisavam ser reembarcadas em embarcações menores e transportadas até o porto. A criação de um cais de maiores proporções só aconteceria depois da chegada da família real portuguesa em 1808. A despeito das limitações existentes, desde fins do século XVII, o Rio de Janeiro com suas atividades portuárias vai se firmando como núcleo fundamental das malhas comerciais globais:

> Com efeito, o Rio colonial emergia como uma cidade global, ligada à Europa, Ásia e África, por meio da circulação de pessoas, bens e ideias que viajavam de navio. A cidade serviu como entreposto para uma série de commodities cobiçadas nos mercados regionais e globais: vinhos e aguardentes de cana, produtos comestíveis, gemas e metais preciosos, especiarias valiosas e trabalhadores escravizados.[9]

---

[6] Daryle Williams, Amy Chazkel e Paulo Knauss de Mendonça (orgs.), *The Rio de Janeiro reader: history, culture, politics* (Durham/Londres, Duke University Press, 2016), p. 9 ss.
[7] Fania Fridman, *Donos do Rio em Nome do Rei: uma história fundiária da cidade do Rio de Janeiro*, (Rio de Janeiro, Zahar/Garamond, 1999), p. 88.
[8] Sérgio Tadeu de Niemeyer Lamarão, *Dos trapiches ao porto: um estudo sobre a área portuária do Rio de Janeiro* (2. ed., Rio de Janeiro, Secretaria Municipal das Culturas, 2006), p. 22.
[9] Daryle Williams, Amy Chazkel e Paulo Knauss de Mendonça (orgs.), *The Rio de Janeiro reader*, cit., p. 12.

Historicamente, a primeira função exercida pelo porto foi a de integrar o Brasil como colônia portuguesa à economia global. O porto funcionava como elo entre o espaço colonial da acumulação primitiva e o epicentro do advento do capitalismo na Europa. Isto é, o porto se origina dos interesses do colonizador português em escoar, nos séculos XVI e XVII, o pau-brasil e o açúcar, mais tarde, a partir dos primeiros anos do século XVIII, o ouro saqueado de Minas Gerais. O porto era igualmente importante como entreposto do comércio de bens e escravos e desempenhava também função-chave como interligação ao porto de Buenos Aires, inscrevendo-se, assim, nas rotas comerciais que vinculavam Europa, África e domínios coloniais espanhóis e portugueses nas Américas. Também era importante a função do porto para estabelecer a ligação com as regiões interioranas da colônia brasileira de onde chegavam, por via fluvial ou por caminhos terrestres rudimentares, matérias-primas exportadas durante a colonização portuguesa no Brasil. Por fim, o porto constituía o local de armazenamento de bens raros que chegavam da metrópole e de processamento básico para o transporte marítimo dos produtos primários advindos da atividade agrícola ou mineradora[10].

A crescente importância do Rio de Janeiro e de seu porto na geopolítica colonial faz com que, a partir de 1763, o Rio assuma o posto de capital da colônia brasileira, desbancando Salvador, a primeira capital. Cabe destacar o papel da Igreja na ocupação da região em torno da primeira localização do porto, próximo ao morro do Castelo, e não só ali mas de toda a cidade, em seus primeiros séculos de existência. No período, as ordens e irmandades religiosas eram as grandes proprietárias fundiárias. Construíam e alugavam moradias, controlavam hospitais, farmácias, e até mesmo o abastecimento por meio da produção de alimentos em suas hortas e engenhos[11]. E, na medida em que as hierarquias entre as diferentes irmandades religiosas estavam associadas às hierarquias sociais existentes na sociedade local, a ocupação e o uso social do espaço urbano, já nos primeiros séculos de existência da cidade, seguiram a lógica da segmentação e segregação, como mostra a aguda análise de Fridman[12]:

> [...] cada ordem ou confraria dominou uma parcela do território. As que congregavam os mais abastados estavam no *coração* da cidade, servido por benfeitorias como os colégios, os hospitais, o porto, os chafarizes, o escoamento das águas pluviais, os mercados ou marcos

---

[10] Claudio Figueiredo, *O porto e a cidade: o Rio de Janeiro entre 1565 e 1910* (Rio de Janeiro, Casa da Palavra, 2005), p. 24-5. Ver também: Eliana Miranda Araújo da Silva Soares e Fernando Diniz Moreira, "Preservação do patrimônio cultural e reabilitação urbana: o caso da zona portuária da cidade do Rio de Janeiro", *Da Vinci*, Curitiba, v. 4, n. 1, 2007, p. 104; Cláudio de Paula Honorato, *Valongo: o mercado de escravos do Rio de Janeiro, 1758-1831* (Dissertação de Mestrado em História, Rio de Janeiro, ICHF/Universidade Federal Fluminense, 2008), p. 31; Roberto Moura, *Tia Ciata e a Pequena África no Rio de Janeiro* (Rio de Janeiro, Secretaria Municipal de Cultura, 1995), p. 64; e Reinaldo Bernardes Tavares, *Cemitério dos Pretos Novos, Rio de Janeiro, século XIX: uma tentativa de delimitação espacial* (Dissertação de Mestrado em Arquitetura, Rio de Janeiro, Universidade Federal do Rio de Janeiro/ Museu Nacional, 2012), p. 48 ss.

[11] Fania Fridman, *Donos do Rio em Nome do Rei*, cit., p. 14.

[12] Ibidem, p. 49.

simbólicos como igrejas, cemitérios e locais de passagem de procissões. As irmandades mais pobres estabeleceram-se no rossio que, por sua localização, expressaram um novo desterro. Foram reflexo e condição para a divisão existente na própria sociedade, discriminadora a tal ponto de existirem irmandades para pardos, mulatos, negros e brancos que não se assimilavam. Nesse sentido, as propriedades representaram um mecanismo pelo qual o espaço das cidades, que se estruturava, viesse a ser diferenciado como consequência das práticas sociais nela mantidas.

O porto e a cidade do Rio de Janeiro tornam-se ainda mais relevantes quando a Coroa portuguesa, fugindo da expansão napoleônica na Europa, se transfere em 1808 para o Brasil e traz consigo um corpo significativo de burocratas, artistas e intelectuais[13]. A Coroa decide também, na mesma época, abrir os portos brasileiros para navios das "nações amigas", abolindo a legislação até então existente que restringia o acesso apenas aos navios portugueses.

Na virada para o século XIX, as atividades portuárias mais importantes vão sendo transferidas de lugar, deslocando-se para região um pouco mais afastada do centro, onde se instalaria o complexo vinculado ao comércio de pessoas escravizadas, compreendendo um lazareto, cemitério e locais de venda e preparação para a exposição pública dessas pessoas. A preparação implicava técnicas de engorda e aplicação de óleo de baleia à pele e até mesmo ministrar estimulantes para ocultar dos compradores doenças, feridas cutâneas, além do trauma e da apatia advindos do sequestro na África e da travessia transatlântica, conforme registrado em diversos relatos de viagens de europeus que visitaram o porto no período[14]. Em 1843, o porto é completamente remodelado e em parte aterrado por ordem direta do imperador brasileiro dom Pedro II para receber "a princesa das Duas Sicílias, Tereza Cristina Maria de Bourbon, com quem ele se casara por procuração e que agora chegava da Itália para ser a imperatriz do Brasil"[15].

É verdade que a proibição definitiva do tráfico de escravos em 1850, o qual havia sobrevivido como a própria instituição da escravidão à Independência do Brasil em 1822, retira do porto do Rio de Janeiro uma de suas funções fundamentais.

---

[13] A eminente invasão napoleônica foi a razão imediata para a concretização da ideia de transferir a capital do Império português para o Brasil, projeto que já circulava em Portugal havia muito tempo, como mostra, entre outros, Gerstenberger: "Na verdade, a ideia de deslocar a capital portuguesa para o Novo Mundo da América, a fim de alcançar uma melhor posição geopolítica, surgiu no final do século XVI, quando Portugal foi anexado por Castela (a 'União' Ibérica durou sessenta anos, de 1580 a 1640). Desde então, clérigos e políticos recomendaram repetidamente o estabelecimento da capital do Império Português no Novo Mundo" (Debora Gerstenberger, "Europe in the tropics? The transfer of the Portuguese Royal Court to Brazil (1807/08) and the adaptation of European ideals in the new imperial capital", *Comparativ*, v. 25, n. 3-4, 2015, p. 38).

[14] Ver Maria Graham, *Journal of a Voyage to Brazil, and Residence There During Parts of the Years 1821, 1822, 1823* (Cambridge, Cambridge University Press, 2010 [1824]).

[15] Tania Andrade Lima, Glaucia Malerba Sene e Marcos André Torres de Souza, "Em busca do Cais do Valongo, Rio de Janeiro, século XIX", *Anais do Museu Paulista: História e Cultura Material*, São Paulo, v. 24, n. 1, 2016, p. 300-1.

Ainda assim, a expansão concomitante do comércio internacional e o crescimento continuado da exportação do café produzido no vale do Paraíba mantinham a vitalidade das atividades portuárias.

A proibição do tráfico e a absorção dos escravos remanescentes pela atividade cafeeira são acompanhadas da disseminação de relações de trabalho assalariado no Rio de Janeiro, cidade que "era cada vez mais transfigurada pela nova trama de relações sociais que ia se constituindo no espaço urbano"[16]. De fato, a capital do Império apresentava nas últimas décadas do século XIX uma estrutura social complexa. De acordo com o censo de 1870, a cidade tinha, numa população total urbana de 192.002 habitantes – 235.381 habitantes, se incluídas também as paróquias rurais –, uma maioria de homens livres (81% do total). Cerca de um terço da população total era constituído de estrangeiros[17].

Os transportes urbanos implementados na segunda metade do século XIX desempenharam um papel fundamental na estruturação do traçado urbano do Rio de Janeiro. Entregues a empresas privadas e "operando numa área de privilégios concedidos pelo Estado", as linhas de bonde partiam do centro para os bairros residenciais da Zona Norte e da Zona Sul, permitindo a ligação entre os locais de moradia, sobretudo da população um pouco mais abastada, e a "área central febril, multiforme, superpopulosa e insalubre", dominada pelos cortiços nos quais viviam pobres e miseráveis[18].

A abolição da escravidão em 1888, a proclamação da República em 1889 e o coetâneo declínio das lavouras cafeeiras no vale do Paraíba acompanham mudanças importantes para o Rio de Janeiro. Ao lado da explosão populacional – entre 1870 e 1890, a população da cidade duplica, passando para 522.651 habitantes, 24% dos quais estrangeiros –, várias unidades industriais são instaladas nessa ocasião na capital federal, produzindo bens de consumo como tecidos, alimentos e calçados para um crescente mercado interno que se expandia rapidamente[19].

Entre os novos habitantes da cidade há um contingente importante de pessoas vindas de Salvador, a maior parte delas ex-escravos:

> Ao chegar ao Rio, eles se estabeleceram a princípio na Saúde, o antigo Valongo, onde a moradia era barata e o porto oferecia oportunidade de trabalho braçal. Em comum, tinham uma identidade mais definida: negros de origem sudanesa, eles chegavam de Salvador trazendo uma ampla experiência tanto cultural, com sua participação em grupos festeiros, como religiosa, nos candomblés.[20]

---

[16] Jaime Larry Benchimol, *Pereira Passos: um Haussmann tropical* (Rio de Janeiro, Prefeitura da Cidade do Rio de Janeiro, 1992), p. 44.
[17] Ibidem, p. 79.
[18] Ibidem, p. 96.
[19] Ibidem, p. 172-4.
[20] Claudio Figueiredo, *O porto e a cidade*, cit., p. 185.

Esse é o contexto mais geral no qual se inserem os diferentes projetos de reforma urbana e portuária desenvolvidos na virada para o século XX. Expressivas são aqui, sobretudo, as obras desencadeadas por Rodrigues Alves, que assume a Presidência do país em 1902. Contrariando sua alcunha, o Soneca, Rodrigues Alves dedica-se com fervor à tarefa de modernizar a capital federal. Manda ampliar as áreas de circulação viária na região central e promove uma ampla reforma do porto do Rio de Janeiro. As obras são financiadas por meio de um vultoso empréstimo da Casa Rothschild e por capital nacional, "captado mediante a emissão de apólices especiais"[21]. O ciclo de modernização urbana dos primeiros anos do século XX é completado pelas ações do prefeito Pereira Passos, que governou a cidade entre 1902 e 1906.

Em sua atividade-fim, ou seja, permitir a entrada e saída de mercadorias, o porto mantém sua relevância até a Segunda Guerra Mundial, quando cede sua participação para outros portos brasileiros. Desde então, a região portuária se torna, em todos os três âmbitos destacados anteriormente, quais sejam como elo entre a economia brasileira com a economia mundial, como espaço de produção de valor pela prestação de serviços portuários e como espaço físico da região portuária, pouco relevante para a acumulação de capital. Consequentemente, os imóveis da região, ainda que centrais, apresentavam baixo valor de mercado, tornando-se, em comparação com a zona – cada vez mais valorizada – de expansão ao longo da costa em direção ao sul e mesmo em comparação com as novas oportunidades de negócios surgidas com o adensamento dos subúrbios da Zona Norte, um território pouco interessante para a inversão e acumulação capitalista. Pesam, no processo, a expansão viária na área central e, sobretudo, a inauguração, em 1944, de avenida idealizada pelo então ditador brasileiro Getúlio Vargas e batizada com seu nome. Com a construção da avenida Presidente Vargas, a região portuária foi "separada da parte vital do Centro por uma via expressa de 16 pistas de difícil travessia"[22].

Em virtude da mudança da capital federal, em 1960, para Brasília, e o crescente esvaziamento político e econômico do Rio de Janeiro, agrava-se o abandono da zona portuária, que não é alvo de nenhum dos grandes investimentos em infraestrutura e renovação urbana, dirigidos para outras regiões da cidade durante os governos militares do período de 1964 a 1985. É interessante notar que, juntamente com o elevado da Perimetral, construído em 1950 e que permitia veículos trafegarem pela região por uma ponte elevada, outros projetos viários geograficamente instalados na região portuária e suas adjacências são, todos eles, medidas que desvalorizam ainda mais o solo urbano daquela área. Isto é, todas essas obras viárias visavam

---

[21] Ibidem, p. 175.
[22] Rafael Cardoso, "Do Valongo à favela: a primeira periferia do Brasil", em Clarissa Diniz e Rafael Cardoso (orgs.), *Do Valongo à favela: imaginário e periferia* (Rio de Janeiro, Instituto Odeon, 2015), p. 33. O caso da avenida Presidente Vargas, que separa no lugar de integrar as diversas regiões da cidade, entre muitas outras intervenções urbanas desastradas de que é palco a cidade do Rio de Janeiro, bem como as reações a essas intervenções, cobre de razão Rafael Cardoso (idem), quando afirma: "Na história do Rio de Janeiro, as boas intenções dos governantes têm pavimentado o caminho do inferno; e o melhor modo de sobreviver às reformas urbanas tem sido manter a invisibilidade".

ligar polos estratégicos do ponto de vista econômico e político: a área centro-sul e o novo aeroporto internacional criado em 1952, a saída para estados vizinhos, o vínculo entre a Zona Norte, onde vive o grosso da população trabalhadora, e os locais de trabalho e prestação de serviço na Zona Sul etc. Nessas ligações, a zona portuária é mera área de passagem, paisagem esvaziada de sentido e conteúdo para quem trafega e quer chegar o mais rápido possível a seu destino.

Esse quadro só começa a se reconfigurar nos anos 1980 quando a Associação Comercial do Rio de Janeiro propõe demolir várias edificações da região para construir um centro comercial, aproveitando as possibilidades de embarque e desembarque oferecidas pelo porto. Trata-se, claramente, de uma tentativa de acumulação entrelaçada, no sentido descrito anteriormente, na medida em que buscava incorporar um espaço debilmente integrado à dinâmica de acumulação por meio de um plano de retomada do dinamismo do desenvolvimento capitalista no Rio de Janeiro capitaneado pela Associação Comercial. O projeto esbarra na resistência da população local que se organiza e logra obter o tombamento como patrimônio histórico de 1.100 edificações da zona portuária, conforme mostra a cuidadosa reconstrução de Vassallo[23]. Além disso, o intento da Associação Comercial de modificar as formas de ocupação da área se insere no âmbito de outras propostas surgidas no mesmo período, todas frustradas, conforme afirmam Andreatta e Herce[24], porque "foram pouco realistas, na medida em que não contavam com a anuência prévia nem do proprietário do porto (o Governo Federal) nem do operador-concessionário (Docas-Rio)".

Os planos de reformar, urbanisticamente, a área portuária são retomados pelos prefeitos César Maia (1993-1996 e 2001-2008) e Luiz Paulo Conde (1997-2000) que começam a modificar a legislação de uso e ocupação do solo urbano, de modo a criar as condições legais para a realização de intervenções desejadas na zona portuária. É, contudo, na administração do prefeito Eduardo Paes (2009-2016), como mostraremos no capítulo 4, que serão feitas as alterações legais e institucionais mais relevantes para viabilizar uma ampla reforma urbanística na região portuária com o intuito de reintegrar as áreas contíguas ao porto à acumulação capitalista.

As mudanças na localização física das atividades portuárias do Rio de Janeiro exigem explicitar a referência feita neste livro à área ou zona portuária. As atividades portuárias que, desde o século XVI, ocorreram junto à faixa litorânea próxima ao morro de São Bento transferem-se entre o fim do século XVIII e início do XIX para o cais do Valongo, mais ao norte, na região onde, hoje, se situam os bairros da Saúde e Gamboa. Em fins do século XX, as atividades se deslocam ainda mais ao

---

[23] Simone Pondé Vassallo, "Culturas em disputa: a criação do programa Porto Maravilha Cultural no projeto de revitalização da região portuária do Rio de Janeiro", em Geraldo Pontes Jr., Mauricio B. de Castro e Myrian Sepúlveda dos Santos (orgs.), *Diálogos interdisciplinares: literatura e políticas culturais* (Rio de Janeiro, Ed. UERJ, 2015), p. 64.

[24] Verena Andreatta e Manuel Herce Vallejo, "Rio de Janeiro y las olimpiadas de 2016: la revitalización del centro urbano sobre la conjugación de los proyectos 'Porto Maravilha' y 'Porto Olímpico'", *Cuaderno Urbano*, v. 10, n. 10, 2011, p. 127-55.

norte para a região do Caju[25]. Cabe destacar ainda que, até sua regulação mais estrita a partir do século XVII, diversos pontos da faixa litorânea próxima ao núcleo urbano instalado no interior da baía eram usados como ancoradouro, sobretudo para embarcações menores. Igualmente importantes para o escoamento da produção vinda do interior eram os portos fluviais situados próximos às desembocaduras dos 33 rios que desaguavam na baía de Guanabara[26].

A rigor, caberia estudar as dinâmicas de conexão, desconexão e reconexão à acumulação capitalista de cada uma das regiões contíguas às diferentes localizações das atividades portuárias. Particularmente sugestivas das histórias que se repetem no âmbito da acumulação capitalista são as transformações observadas no morro do Castelo, depois da transferência do porto para o cais do Valongo. Já na segunda metade do século XIX, surgem vozes que pedem a simples derrubada do morro, sob a justificativa de que os casarões antigos haviam se transformado em cortiços degradados e que era necessário remover as "prostitutas, lavadeiras, e os 'pais de santo' do centro" e "incorporar esse mesmo território da cidade sob uma nova ordem"[27]. Muitos se opunham, pois acreditavam que era possível recuperar e reurbanizar a área sem necessidade de remoção. Finalmente, em 1922, no âmbito das comemorações do centenário da Independência brasileira, o prefeito Carlos Sampaio – o mesmo que, como empresário e engenheiro, havia criado, em 1891, a Companhia do Arrasamento do Morro do Castelo – realiza a remoção do morro e o transporte da terra para zonas alagadas e obras de aterramento na cidade.

Não obstante o caráter ilustrativo do morro do Castelo e das transformações na área do porto depois que este foi transferido para a região do Valongo e da Prainha, acompanhar essas transformações ao longo da história extrapolaria os limites do presente livro. Por isso, restringimo-nos a mencionar, brevemente, as disputas pelo entorno do primeiro porto situado junto ao morro do Castelo, somente no período que vai até o final do século XVIII, quando era o principal porto da cidade. A partir de então, a atenção do presente livro se dirige para a área contígua à segunda localização do porto do Rio de Janeiro, na zona da Prainha e do Valongo, onde as atividades portuárias são desenvolvidas desde fins do século XVIII até finais do XX. É nessa região carregada de referências históricas e culturais que tem lugar o projeto recente de remodelação urbana chamado de Porto Maravilha. Interessa-nos, particularmente, as transformações observadas na área em forma de trapézio contornada pela avenida Francisco Bicalho, avenida Presidente Vargas, avenida Rio Branco e a faixa litorânea, compreendendo os bairros Saúde, Santo Cristo e a faixa que tangencia a Cidade Nova, incluindo, ainda, os morros Providência, Pinto e Gamboa.

---

[25] Rafael Cardoso, "Do Valongo à favela", cit., p. 33.
[26] Fania Fridman, *Donos do Rio em Nome do Rei*, cit., p. 87.
[27] Lúcia Silva, *História do urbanismo no Rio de Janeiro: administração municipal, engenharia e arquitetura dos anos 1920 à ditadura Vargas* (Rio de Janeiro, E-Papers Serviços Editoriais Ltda., 2003), p. 47.

A análise das transformações da nova localidade para a qual se transferem as atividades portuárias a partir dos últimos anos do século XX, o bairro do Caju, não é contemplada neste livro.

Considerações finais

A atividade econômica do porto do Rio de Janeiro foi fundamental para a inclusão do Brasil no regime de acumulação global. Uma vez que, nos termos de Luxemburgo[28], a expansão do capitalismo exige a incorporação dos espaços que ainda não produziam de forma capitalista, isto é, as colônias na América Latina, Ásia e África, a dinamização do porto do Rio permitiu, de um lado, a absorção, no Brasil, de bens de consumo como tecidos e manufaturas europeias, e mesmo artigos como porcelana e adornos advindos sobretudo da Índia e da China. Num período posterior, entram pelo porto os bens de produção como a provisão de material para a construção das estradas de ferro, fabricados nas indústrias europeias. Por outro lado, o porto era a porta de saída dos metais e minerais preciosos e commodities produzidas na colônia, como açúcar, café, arroz, madeiras tropicais, entre outras[29]. Dessa perspectiva, o papel econômico do porto do Rio deve ser visto no âmbito da revolução marítima tecnológica e da diminuição permanente nos custos do transporte a partir do século XVIII que, conforme O'Rourke e Williamson[30], proporcionou a integração do mercado de commodities na economia do Atlântico.

Enquanto *hub* para a entrada e saída de produtos, o porto do Rio precisava ser eficiente, daí a demanda permanente pelo melhoramento das instalações, de modo a permitir que o porto funcionasse como um dos elos centrais da cadeia que articulava a acumulação nas Américas, África, Europa e até Ásia. Traduzindo esses processos nos termos de Luxemburgo[31], o que se verifica é que o porto propiciava o aumento do consumo do setor II (bens de consumo) por parte de grupos sociais no Brasil, ainda não integrados diretamente no circuito de acumulação por produção de mais-valor. Esse incremento da venda de bens de consumo favorecia o florescimento do setor I (meios de produção) nos países europeus, pois a produção de meios de consumo exigia maquinaria; do mesmo modo, ao proporcionar a ampliação do consumo dos produtos do setor I impulsionava também o setor II no país europeu de produção capitalista, que aumentava sua produção. Com isso, aquecia a economia e o mercado consumidor do respectivo país europeu, criando mais capacidade produtiva e possibilidades de trabalho tanto no setor I quanto no II.

Igualmente significativo na forma de expansão colonial do capitalismo foi o tráfico de pessoas escravizadas da África para as Américas e, em menor medida, para a

---

[28] Rosa Luxemburgo, "Die Akkumulation des Kapitals", em *Gesammelte Werke* (Berlin, Institut für Marxismus-Leninismus, 1975[1913]), v. 5, p. 300-2.
[29] Fania Fridman, *Donos do Rio em Nome do Rei*, cit., p. 107.
[30] Kevin H. O'Rourke e Jeffrey G. Williamson, *Globalization and history: the evolution of a nineteenth--century Atlantic economy* (Cambridge, MIT Press, 1999), p. 33.
[31] Rosa Luxemburgo, "Die Akkumulation des Kapitals", cit., p. 300-2.

Europa. Como se mostrará a seguir, a troca de escravos nos portos africanos por artigos manufaturados, como têxteis e armas, produzidos na Europa, além de outras commodities das Américas e da Ásia, permitia a expansão dos setores I e II na Europa, além de fazer crescer a acumulação de capital mercantil e a consequente oferta de capitais para investimento na nascente indústria europeia. Nesse contexto, zonas portuárias extensas e dinâmicas, como a do Rio de Janeiro, em territórios coloniais não capitalistas, entendendo-se que a acumulação ali não se dava fundamentalmente pela extração de mais-valor, tornaram-se uma alternativa e uma necessidade no processo de expansão do capitalismo global. Fica evidente o caráter entrelaçado da acumulação observada, na medida em que as relações econômicas estabelecidas promovem a interpenetração de espaços capitalistas e não capitalistas em diferentes regiões do mundo, bem como a co-constituição de padrões distintos de acumulação: expropriações primárias e secundárias, acumulação por despossessão e por extração de mais-valor, acumulação mercantil, industrial e financeira.

Nos próximos três capítulos, será apresentado de maneira mais detalhada como diferentes processos e formas de acumulação se entrelaçam no espaço do porto do Rio de Janeiro em três fases históricas distintas: (i) no âmbito de predominância da economia mercantil-escravista; (ii) no âmbito da expansão da acumulação capitalista industrial; e (iii) no atual processo de financeirização.

III

CAPITALISMO E ESCRAVIDÃO NO PORTO DO RIO DE JANEIRO

Desde os primeiros usos como atracadouro de embarcações, ainda no século XVI, e até fins do XIX, o porto do Rio de Janeiro se encontra inserido nos padrões clássicos da acumulação primitiva ao viabilizar a incorporação do Brasil ao capitalismo mundial, de modo a proporcionar o trânsito entre exportações de produtos primários e importação de bens manufaturados e o comércio de centenas de milhares de africanas e africanos escravizados. Trata-se do porto que mais recebeu escravos advindos da África em toda América e do maior mercado de seres humanos que a história conheceu. Estima-se que, apenas durante o século XVIII, cerca de 850 mil e, no século XIX, em torno de 700 mil pessoas escravizadas desembarcaram no porto do Rio de Janeiro que, além das próprias necessidades da cidade e das *plantations* da região, funcionava como entreposto da revenda de pessoas às demais províncias do Sudeste e do Sul do Brasil[1].

A explicação da "opção" do colonizador português pelo trabalho escravo é tema que mobiliza, desde muito, a atenção de historiadores e especialistas brasileiros em economia política, como Caio Prado Júnior[2], Celso Furtado[3], Maria Sylvia de Carvalho Franco[4] e Jacob Gorender[5], para citar apenas alguns dos estudiosos proeminentes que se dedicaram ao tema. Está longe de haver consenso no assunto. Mesmo sem poder reconstruir, no âmbito do presente livro, os elementos centrais desse complexo debate,

---

[1] Manolo Florentino, *Em costas negras: uma história do tráfico de escravos entre a África e o Rio de Janeiro (séculos XVIII e XIX)* (São Paulo, Editora Unesp, 2014), p. 43 e 50; Tania Andrade Lima, Glaucia Malerba Sene e Marcos André Torres de Souza, "Em busca do Cais do Valongo, Rio de Janeiro, século XIX", *Anais do Museu Paulista: História e Cultura Material*, São Paulo, v. 24, n. 1, 2016, p. 309.
[2] Caio Prado Júnior, *História econômica do Brasil* (33. ed., São Paulo, Brasiliense, 1986[1945]).
[3] Celso Furtado, *Formação econômica do Brasil* (7. ed., São Paulo, Cia. Ed. Nacional, 1967[1959]).
[4] Maria Sylvia de Carvalho Franco, *Homens livres na ordem escravocrata* (São Paulo, Editora Unesp, 1999[1969]).
[5] Jacob Gorender, *O escravismo colonial* (São Paulo, Ática, 1978).

cabe retomar aqui argumento trazido por Florentino[6], ao introduzir uma perspectiva nova na respectiva discussão e, para nossos propósitos, de grande relevância, qual seja, a explicação para a oferta tão grande e tão barata de pessoas escravizadas.

Para tanto, Florentino estuda o processo de "produção do escravo" na África, já que, descontados casos excepcionais, não foi o colonizador ou o mercador de escravos que, diretamente, aprisionou e transformou pessoas livres em escravos durante os quase quatrocentos anos que durou o tráfico de pessoas escravizadas da África para o trabalho compulsório na Europa e nas Américas. O principal meio de produção de escravos eram as guerras internas no continente africano, tanto guerras religiosas entre muçulmanos e não muçulmanos quanto guerras entre clãs, tribos e Estados. As pessoas escravizadas eram, via de regra, o botim pago aos vencedores que, por sua vez, usavam os escravizados como pagamento de mercadorias compradas da Europa, boa parte delas composta de artigos bélicos que, por sua vez, retroalimentavam a capacidade de os *senhores da guerra* produzirem mais escravos na África[7].

Pode-se dizer, assim, que o comércio trilateral entre África, Europa e América constituía um circuito de polos que se alimentavam reciprocamente, permitindo a expansão continuada da acumulação capitalista. Ou seja, na medida em que aumentava a produção de commodities nas Américas para atender a demanda crescente de alimentos e matérias-primas da Europa que se industrializava, aumentava também a necessidade de importação de mais escravos. A aquisição de escravos, por sua vez, criava novas oportunidades à exportação de bens de consumo e armas europeias que alimentavam as guerras internas na África, as quais forneciam os escravos demandados nas Américas. Assim, a combinação entre colonialismo e escravidão beneficiava o nascente capitalismo europeu de diferentes maneiras: através da expansão dos mercados de exportação, da oferta de matérias-primas baratas obtidas pela espoliação das colônias e expropriação dos escravos, bem como pela geração de lucros e capitais investidos em inovação tecnológica e nas indústrias europeias.

Particularmente relevante para nossos interesses analíticos é a função do Estado nesse ciclo da acumulação primitiva. Sem a formação dos Estados na África não teria sido possível, de acordo com Florentino[8], administrar, submeter e manter o controle sobre um número de escravos na escala que demandava o comércio tricontinental:

> [...] a viabilização de uma produção maciça e continuamente renovável de escravos estava vinculada não somente à existência de relações desiguais de poder entre os próprios africanos, mas sobretudo ao fortalecimento do Estado, único meio produtor de cativo em grande escala. Não causa surpresa, portanto, que durante o auge do tráfico a maior parte

---

[6] Manolo Florentino, *Em costas negras*, cit.
[7] Também valorizadas e utilizadas na troca por escravos, em menor escala, eram mercadorias embarcadas nos portos da Índia e Sudoeste Asiático controlados pelos portugueses (Manolo Florentino, *Em costas negras*, cit.).
[8] Ibidem, p. 104.

das sociedades africanas sem Estado estivessem situadas fora dos principais eixos do comércio negreiro [...].

Cabe destacar também a ampla análise desenvolvida por Florentino da rentabilidade do comércio de pessoas escravizadas, descortinando dimensões ainda pouco exploradas dos processos de acumulação primitiva inerentes ao tráfico humano. Como esclarece o autor, o tráfico era atividade marcada por grandes riscos para os empresários que a praticavam, visto que a "mercadoria" estava permanentemente sujeita a adoecer e a morrer. Com base em literatura secundária, o autor estima em até 50% as mortes de pessoas escravizadas no trajeto entre o apresamento no interior da África, o transporte até o porto, a espera pelo embarque, a partida para a viagem transatlântica e, ao final, o desembarque no destino. No porto de origem e, mais ainda, durante a travessia, eram frequentes os casos de roubo da "mercadoria", particularmente por piratas, sendo a maioria franceses. Mortes e doenças em alto-mar eram frequentes. Florentino[9] observa que as mortes dos escravos transportados para o porto do Rio de Janeiro declinaram no período estudado por ele (1790-1830), caindo de cerca de 9% para aproximadamente 5%, a partir de 1820, quanto aos escravizados embarcados na costa congo-angolana; e de cerca de 23% para 13% para os embarcados na costa africana do oceano Índico. A diferença se explica pelo tempo de viagem, 33 a 40 dias no primeiro caso, e até 76 dias no segundo.

Os investimentos exigidos para o negócio eram expressivos, envolvendo "a compra ou o aluguel dos navios, sua equipagem com pessoal especializado – mestres, contramestres, cirurgiões e marinheiros, estes últimos quase sempre escravos –, com instrumentos também especializados e, o mais importante, produtos tais quais tecidos, pólvora, armas de fogo, tabaco e aguardente, tudo isso tornava as expedições negreiras altamente vultosas"[10]. Por sua complexidade, a empreitada envolvia uma grande rede de pessoas e empresas, como estaleiros, fornecedores de produtos para serem trocados, empresas de seguro e intermediários. Implicava também uma longa cadeia transnacional de relações e funções, desde o apresamento no interior da África até a venda dos escravizados no porto do Rio de Janeiro. Diante de todos esses riscos e imponderabilidades e do grande número de agentes a serem remunerados, cabe perguntar: como o negócio com escravos podia ser tão lucrativo, e mais, de que forma o preço final do escravizado no Rio de Janeiro era baixo o suficiente para que mesmo as pessoas livres menos abastadas no Brasil lograssem ser proprietárias de escravos?

A convincente explicação de Florentino baseia-se na violência, ou nos nossos termos, na expropriação como fator primordial para garantir a lucratividade. O objeto dessa expropriação eram, nesse caso, as próprias vidas das pessoas escravizadas. Vidas roubadas no interior da África e integradas ao circuito da acumulação mercantil e capitalista global. O pagamento representado pelas mercadorias trocadas pelos escravizados nos portos africanos correspondia ao trabalho dos aprisionadores (que haviam

---

[9] Ibidem, p. 154 ss.
[10] Idem.

transformado vidas humanas na mercadoria escravo), mas não ao bem em si que fora espoliado. Isto é: o preço do escravo não remunerava as vidas mesmas que foram arrancadas daqueles que as possuíam com o nascimento para serem transformadas em mercadoria com enorme valor de uso e entregues, aos vencedores das guerras, sem nenhum custo para estes, além dos custos bélicos. Como se sabe, nem o titular, nem sua família ou comunidade recebiam uma compensação pela conversão da vida e do corpo humanos na mercadoria escravo. Isso permitia que os escravizados fossem repassados aos mercadores de escravos africanos a baixo custo e que a sua aquisição pelos traficantes internacionais no porto africano pudesse ser feita em troca de mercadorias que cobriam, com alguma margem, apenas os custos da escravização, mas não os da produção biológica e social da pessoa escravizada, transformada em mercadoria. Ou nos termos de Florentino[11]:

> Da perspectiva do traficante carioca, a fórmula desse circuito se desdobrava em D-M (dinheiro X mercadoria), M-M (mercadoria X mercadoria), M-D' (mercadoria X mais dinheiro que o inicialmente investido) [...][sendo] que a troca M-M não era, em si mesma, uma troca equivalente (em horas-trabalho), pois a violência, e portanto o trabalho social não restituído, constituía a forma primária de "produção" do cativo.[12]

Em estudo minucioso das fortunas, investimentos e negócios com escravos, Florentino conclui que o comércio de escravos era o setor mais dinâmico da economia do Rio de Janeiro e, possivelmente, de toda a economia da colônia e, depois, do Império brasileiro no período de 1790 a 1830. Por decorrência, os grandes traficantes de escravos constituíam o grupo de maior poder da elite do Rio de Janeiro naquela época. O dinamismo da cidade devia muito aos investimentos deles no mercado imobiliário, nas atividades de crédito para outros setores econômicos e em suas demais atividades comerciais, como as casas de comércio e a navegação de cabotagem. Os traficantes, sobretudo os mais relevantes, tinham também posição política destacada, ocupando postos de relevo na administração pública.

O estudo dos inventários das pessoas e famílias de traficantes de escravos de maior peso mostra que a diversificação dos seus negócios instalados na praça do Rio de Janeiro não estava restrita ao Brasil ou à América do Sul. Havia exemplos de traficantes cujas relações comerciais e financeiras "abarcavam desde o próprio Rio de Janeiro até Santa Catarina, Bahia e Pernambuco, no Brasil, passando por grandes centros mercantis internacionais como Lisboa, Porto, Londres, Hamburgo, Amsterdã, Goa, Luanda, Benguela e Moçambique"[13].

---

[11] Ibidem, p. 164.
[12] A transação D-M se refere aos gastos de preparação da viagem e a aquisição de bens para serem trocados por escravos, a operação M-M se refere à troca de mercadorias por escravos no porto africano e a transação M-D' se refere à venda dos escravos no Porto do Rio de Janeiro por um valor acima daquele investido inicialmente na preparação da viagem.
[13] Manolo Florentino, *Em costas negras*, cit., p. 203.

Os vínculos financeiros internacionais dos traficantes de escravos não cessam após a proibição do tráfico. Ao contrário, pagamentos feitos por meio de títulos resgatáveis no exterior pareciam um caminho seguro para comprar, ilegalmente, novos escravos:

> Considerando-se apenas os anos 1841-1850, constata-se que cerca de 335 mil africanos haviam sido ilegalmente importados no Império, representando um valor equivalente a 28% do total de importações legais efetuadas pelo país na mesma época. Os pagamentos desse contrabando negreiro corriam por fora. Em letras de câmbio emitidas pelos comissários dos fazendeiros para serem sacadas, em favor dos traficantes, nas grandes casas importadoras de produtos brasileiros em Lisboa, Porto, Nova York e Londres.[14]

O comércio de escravizados representava também um importante motor da economia doméstica brasileira. Na virada para o século XIX, o Brasil já apresentava um mercado interno considerável, de modo que 85% da produção total de bens da colônia brasileira destinava-se ao consumo interno. A principal rota comercial terrestre era a ligação entre o Rio de Janeiro e a capitania de Minas Gerais que, mesmo depois da exaustão das minas de ouro, ainda no século XVIII, continuou sendo a região econômica mais robusta da colônia, produzindo basicamente para o mercado interno Os principais traficantes internacionais de escravos instalados no Rio de Janeiro, como em outras cidades portuárias brasileiras, controlavam "toda a cadeia de negócios no mercado interno", na medida em que forneciam escravos, as chamadas "peças d'África", "de longe, a mercadoria central nas trocas", aos atacadistas locais, "isto é, [aos] comerciantes locais capazes de pagar grandes lotes com dinheiro ou mercadorias de alta liquidez, aceitas pelos traficantes, e [capazes de] revender os escravos com lucros no interior"[15]. No âmbito desse comércio interno movimentado pelas tropas de burros, florescia uma pequena burguesia comercial, conforme descreve Caldeira[16]:

> A ligação física entre os grandes traficantes e os atacadistas locais era feita pelos tropeiros, regatões ou maçoneiros – as figuras que chefiavam as caravanas comerciais que levavam a produção de um local para outro, compravam e vendiam sertão afora. Para comandá-las, era preciso capital suficiente para bancar a carga e seu giro. Distribuíam escravos e bens [importados], na ida, para voltar com a produção agrícola, artesanal ou pecuária – produção essa que deveria ter valor suficiente para dar lucros para eles mesmos e ao fornecedor de escravos, no retorno das caravanas ao ponto de partida.

---

[14] Luiz Felipe de Alencastro (org.), "Vida privada e ordem privada no Império", em *História da vida privada no Brasil* (São Paulo, Companhia das Letras, 1997), v. 2, p. 36.
[15] Jorge Caldeira, "O processo econômico", em Alberto da Costa e Silva (org.), *Crise colonial e independência 1808-1830* (Madri, Fundación Mapfre/Rio de Janeiro, Objetiva, 2011), p. 178.
[16] Ibidem, p. 179.

A seguir analisaremos algumas das decisões políticas e regulamentações que criaram as condições para que o porto do Rio de Janeiro pudesse adquirir função nodal no tráfico mundial de pessoas entre os séculos XVII e XIX.

Ponto de partida: a ordem legal do governador Rui Vaz Pinto de 1618 e as disputas pela tomada dos terrenos da região portuária

Desde seus primórdios, o espaço físico do porto esteve integrado a formas diversas de acumulação e é marcado pela conexão estreita entre a intensificação da atividade portuária e o desenvolvimento da cidade[17]. Já no início do século XVII é possível constatar um aumento significativo do movimento no porto do Rio, basicamente dando vazão à madeira e ao açúcar produzido nos engenhos do recôncavo da baía de Guanabara e recebendo pessoas escravizadas e bens importados. Tal movimento levou o governador Rui Vaz Pinto a editar, em 1618, uma ordem legal que determinava o emprego de escravos negros[18] na carga e descarga dos navios[19].

Tratava-se claramente de um mecanismo de tomada do espaço para a acumulação do capital na medida em que o carregamento de mercadorias no porto ficava restrito a proprietários de escravos e, como se verá, a um deles em particular. Ao mesmo tempo, essa ordem não apenas confirmava a presença de escravos negros no trabalho urbano, mas os assentava na região portuária que, até então, servira apenas como porta de ingresso dos escravos recém-chegados da África. A ordem representou, ainda, o início dos serviços regulares de estiva e estabeleceu seu regime jurídico: o privilégio ou o monopólio, uma vez que o direito de execução do serviço foi delegado a um concessionário privado, o irmão do governador[20]. Note-se que, nesse tipo de expropriação, o Estado opera como um agente da reserva de mercado com o intuito de beneficiar um indivíduo específico.

Em paralelo à regulação dos serviços e das atividades portuárias, toda a área foi objeto de conflitos entre moradores, oficiais da Câmara e funcionários régios ao longo do século XVII e na primeira metade do XVIII, como mostra o estudo de

---

[17] Sebastian Hilf, *Unternehmerische Stadtpolitik in Rio de Janeiro – untersucht am Beispiel des Hafenrevitalisierungsprojekts Porto Maravilha* (Viena, Universidade de Viena, 2012), p. 58 ss.
[18] A expressão era utilizada para distinguir dos escravos indígenas, também existentes na época. A transformação de indígenas em escravos dos portugueses se dava tanto pela estímulo e instrumentalização das guerras internas entre as diversas tribos, como verificado no caso da escravização dos africanos, quanto pela suposta escravização no âmbito dos territórios sob jurisdição dos jesuítas, quanto ainda pela caça e aprisionamento de expedições ao interior do país. A legislação colonial manteve-se ambivalente a esse respeito e, na mesma medida que recomendava a liberdade dos indígenas, aceitava a escravização nos casos em que estes "fossem subjugados por intermédio de uma *guerra justa*" (Carlos Henrique Gileno, "A legislação indígena: ambiguidades na formação do Estado-nação no Brasil", *Caderno CRH*, v. 20, n. 49, 2007, p. 124).
[19] Sérgio Tadeu de Niemeyer Lamarão, *Dos trapiches ao porto: um estudo sobre a área portuária do Rio de Janeiro*, (2. ed., Rio de Janeiro, Secretaria Municipal das Culturas, 2006), p. 22-3.
[20] Ibidem, p. 22.

Bicalho[21]. Segundo a autora, esses conflitos foram basicamente desencadeados em razão da existência de três grupos de interesse sobre a região: a Câmara Municipal, os proprietários dos terrenos da zona portuária e a Coroa. Em primeiro lugar, os aforamentos e laudêmios pagos no momento de venda dos terrenos da zona portuária eram a maior base de arrecadação da Câmara Municipal. Além disso, o lugar estratégico da região para transações mercantis oferecia aos seus novos proprietários condições econômicas privilegiadas, permitindo controlar o comércio marítimo legal e ilegal. Por fim, a Coroa notou que a invasão dos terrenos, bem como a construção de edificações pelos novos moradores, implicava perdas ao erário e dificultava a defesa da cidade, pois poderia bloquear tanto a arrecadação alfandegária (pela facilitação do escoamento de mercadorias por negociações privadas clandestinas) quanto a circulação de pessoal e transporte militar (criando obstáculos com construções particulares).

O primeiro registro dessas disputas foi um acórdão redigido pela Câmara Municipal em meados do século XVII, que autorizou a venda dos terrenos da Marinha, com o fim de arrecadar recursos para a construção de um forte. Em 1646, essa venda, que também permitia aos novos proprietários construir suas casas, não encontrou nenhum tipo de oposição por parte dos oficiais régios. A oposição apareceu somente em 1698, quando, por meio de carta, o governador-geral da Bahia (capital da colônia à época) estabeleceu que somente ele tinha o poder de conceder terrenos da Marinha e que qualquer ato de venda não ordenado por ele seria considerado nulo[22].

Em 1725, o conflito se acirrou ainda mais. O provedor da Fazenda Real do Rio de Janeiro relatou a dom João V, então rei de Portugal, que as casas e outras edificações construídas avançavam sobre as praias, o que impedia o atracamento de embarcações, dificultava os serviços da alfândega e dos quartéis e diminuía consideravelmente o espaço dos armazéns reais e dos depósitos de munição. Ao final de sua carta, o provedor solicitava uma ordem real que determinasse a derrubada das construções entre o mar e os prédios públicos da Coroa e que suspendesse as doações da Câmara. Diante da disputa, o rei solicitou um parecer ao governador-geral do Rio de Janeiro, que não apenas corroborou os argumentos do provedor, como enfatizou os enormes prejuízos que essas edificações causavam para o comércio intercontinental por prejudicar os serviços portuários[23].

Chamados pelo rei a contestar, os oficiais da Câmara defenderam as edificações por causa da já citada importância das vendas como fonte de seus próprios recursos e do respeito aos direitos adquiridos dos moradores sobre os terrenos[24]. Nas alegações oferecidas pela Câmara, nota-se o recurso a uma noção de justiça baseada em uma espécie de princípio da compensação. De acordo com esses argumentos, os moradores, por seus próprios esforços, tiveram o mérito de transformar uma área

---

[21] Maria Fernanda Bicalho, *O Rio de Janeiro: uma capital entre dois impérios* (Rio de Janeiro, Arquivo Geral da Cidade do Rio de Janeiro, 2007).
[22] Ibidem, p. 8-9.
[23] Ibidem, p. 9-10.
[24] Ibidem, p. 10.

vazia e alagadiça em um espaço urbano, que veio a ser fundamental para o desenvolvimento das atividades portuárias.

A contenda, bem como a ordem legal do governador Rui Vaz Pinto, revelam a rede complexa de relações entre atores públicos e privados que conformam o processo de acumulação. Durante todo o século XVII, o favorecimento do irmão do citado governador na execução dos serviços de estiva, o emprego de mão de obra de escravos negros e a aliança entre oficiais da Câmara e proprietários dos terrenos portuários indicavam áreas de sinergia entre o público e o privado que viabilizavam a acumulação em diversas dimensões: uso de trabalho escravo nas atividades portuárias, arrecadação de recursos pecuniários, ocupação e transformação do espaço. Houve, nesse sentido, uma parceria público-privada em *sentido lato*, que viabilizou a tomada capitalista da região[25].

Além disso, como se pode ainda depreender das justificativas dos oficiais da Câmara, a ação fez amplo uso da figura retórica das "terras vazias", no mesmo sentido já apontado anteriormente. O caráter violento dessa retórica no processo de expropriação da terra ficou ainda mais explícito, uma vez que, como demonstrado por recentes pesquisas arqueológicas, a região portuária, durante o século XVII, estava ocupada por grupos indígenas[26]. Assim, enquanto recurso linguístico, o emprego da expressão "terra vazia" desempenhou um papel fundamental no exercício da violência colonial presente na acumulação primitiva: criou arbitrariamente títulos e transferências de direitos de propriedade – entre oficiais da Câmara e moradores – que, no entanto, servem à expropriação da população local, ao seu despojo e remoção.

Como visto, somente a partir do final do século XVII, mais especificamente a partir de 1698, surgem ruídos no interior da sinergia público-privada, sobretudo por causa dos questionamentos às edificações privadas na região portuária pelos funcionários régios. Esses ruídos são simultâneos à preocupação da Coroa portuguesa em regular as marinhas das cidades-portos da América[27] e em promover o comércio intercontinental. O início do século XVIII é marcado, assim, pela política de aprofundamento da integração do porto do Rio de Janeiro à economia mercantil. Para essa política, as condições anteriores de acumulação – favorecimento pessoal nos serviços de estiva, venda de propriedades e edificações particulares – eram insuficientes e tornavam-se barreiras para a continuidade da acumulação.

---

[25] É óbvio que a generalização do papel das parcerias público-privadas para regimes que não correspondem ao capitalismo financeiro poderia incorrer em evidente risco de anacronismo, o que vedaria qualquer comparação de relações jurídicas anteriores com categorias contemporâneas do direito econômico e administrativo. Todavia, se pensarmos que as parcerias público-privadas indicam o entrelaçamento entre atores públicos e privados voltado para a criação de espaço adequado à acumulação do capital, então *nesse sentido lato* torna-se possível empregar essa noção para compreender outras fases históricas de desenvolvimento do capitalismo, como pode ser notado no estudo do porto do Rio de Janeiro.

[26] Reinaldo Bernardes Tavares, *Cemitério dos Pretos Novos, Rio de Janeiro, século XIX: uma tentativa de delimitação espacial* (Dissertação de Mestrado em Arquitetura, Rio de Janeiro, Universidade Federal do Rio de Janeiro/ Museu Nacional, 2012), p. 124-5.

[27] Maria Fernanda Bicalho, *O Rio de Janeiro*, cit., p. 8-10.

A nova fase de expansão capitalista não implicou, todavia, renúncia à estratégia de parcerias público-privadas. Ao contrário, a solução da contenda entre moradores, oficiais da Câmara e funcionários régios proporcionada por dom João V indicava a necessidade de reconciliação entre atores públicos e privados. Assim, no final de 1726, o rei decidiu favoravelmente aos argumentos da Câmara relativos à manutenção das edificações existentes, contrariando os interesses do provedor da Fazenda Real. No dia 10 de dezembro do mesmo ano, no entanto, atendeu a parte das solicitações do provedor e expediu uma carta régia, cujo conteúdo prescrevia que "daqui em diante [...] ninguém se possa alargar um só palmo para o mar, nem edificar casas nas praias até a ponta do Valongo"[28]. A continuidade da acumulação exigia, assim, não o rompimento, mas outro padrão de relações público-privadas. Isso estava vinculado à inauguração de uma outra etapa de expansão do capitalismo mercantil, baseado em um novo quadro de intervenções regulatórias nos processos de mercantilização do espaço portuário.

Expansão do movimento portuário e a transferência da capital para o Rio de Janeiro: o ofício de 8 de junho de 1763

Durante a primeira metade do século XVIII, a descoberta de vultosas reservas de ouro e, mais tarde, diamantes, em Minas Gerais, aumentou a importância do porto e da cidade do Rio de Janeiro. Em razão da maior proximidade (em relação ao porto de Salvador) e da existência prévia de conexões com a região mineradora (pelos Caminhos Velho e Novo), passou a existir um fluxo regular entre o Rio de Janeiro e essa região[29]. Isso levou ao aumento significativo, no porto, da presença de navios metropolitanos que levavam o ouro para a Europa e traziam alimentos, tecidos e escravos para o Brasil[30]. Enquanto o porto do Rio se tornava o principal entroncamento comercial com a metrópole, a cidade se expandia econômica, física e demograficamente, tornando-se em poucas décadas, para o Império colonial português, uma espécie de "centro político, administrativo e militar para o Atlântico Sul"[31].

A circulação de riqueza na região do porto e da cidade do Rio criava novas possibilidades para atividades comerciais ilegais na região. Entre elas, destacou-se, ainda nos primeiros anos do século XVIII, o roubo e a pirataria. Os navios piratas franceses constituíam ameaça frequente à população da cidade e das fazendas e engenhos de açúcar localizados na costa do Rio de Janeiro. Duas incursões são parti-

---

[28] Ibidem, p. 10.
[29] Cláudio de Paula Honorato, *Valongo: o mercado de escravos do Rio de Janeiro, 1758-1831* (Dissertação de Mestrado em História, Rio de Janeiro, ICHF/Universidade Federal Fluminense, 2008), p. 31.
[30] Idem.
[31] Ernst Pijning, "Contrabando, ilegalidade e medidas políticas no Rio de Janeiro do século XVII", *Revista Brasileira de História*, São Paulo, v. 21, n. 42, 2001, p. 397. Ver também: Sérgio Tadeu de Niemeyer Lamarão, *Dos trapiches ao porto*, cit., p. 25-6; e Sebastian Hilf, *Unternehmerische Stadtpolitik in Rio de Janeiro*, cit., p. 59.

cularmente dignas de nota pelo grau de organização dos ataques. Em 1710, o pirata francês Jean-François Duclerc, comandando uma esquadra de seis navios e 1.200 homens, depois de saquear fazendas e engenhos da região costeira, invadiu a cidade por terra, mas acabou repelido e vencido pelos habitantes e militares a serviço da Coroa portuguesa. Duclerc terminou preso e assassinado, mesmo sob custódia dos portugueses.

A represália ao assassinato de Duclerc viria um ano mais tarde com a ação exitosa liderada pelo pirata francês Duguay-Trouin. Em 1711, comandando uma esquadra de dezoito embarcações e mais de 5 mil homens, iniciativa "financiada por diferentes armadores e acionistas franceses"[32], o pirata entrou pela baía de Guanabara, invadiu e ocupou a cidade do Rio de Janeiro por cinquenta dias. Os invasores saquearam tudo o que conseguiram e só deixaram a cidade depois de receber um monumental resgate:

> Seguiu-se uma pilhagem. Uma vez que os invasores asseguraram o controle do Rio, Dugay-Trouin abriu negociações sobre um resgate para libertar a cidade. As demandas incluíam estoques de ouro e moedas mantidos em reservas locais, bem como provisões de açúcar e gado. Por fim, quase toda a riqueza da cidade foi esgotada. Para finalizar o insulto, os franceses ofereceram aos comerciantes da cidade a oportunidade de comprar de volta a mercadoria saqueada.[33]

Em seu regresso à França, o pirata foi festejado como herói nacional e recompensado, por sua empresa bem-sucedida, com o posto de tenente-general da Marinha francesa[34].

Ao lado dessas ações espetaculares pontuais, o contrabando e o comércio ilegal eram elemento constitutivo das atividades comerciais desenvolvidas no porto. Como elucida Pijning[35], a fronteira entre atividades legais, ilegais e toleradas manteve-se bastante tênue durante todo o século XVIII. A própria Coroa portuguesa era ambivalente, já que, ao mesmo tempo que condenava o comércio ilegal em sua colônia por lhe furtar os impostos leoninos devidos, tolerava e estimulava-o com as colônias espanholas, de onde vinham os estoques de prata.

A proibição às embarcações de bandeira não portuguesas de ancorar nos portos brasileiros, vigente até 1808, era aplicada também de forma dúbia. Ainda conforme Pijning[36], as autoridades portuguesas eram particularmente tolerantes com as embarcações inglesas e holandesas dada a proteção militar oferecida pelos dois países a Portugal, particularmente na questão das disputas com Espanha e França. Na prática,

---

[32] Claudio Figueiredo, *O porto e a cidade: o Rio de Janeiro entre 1965 e 1910* (Rio de Janeiro, Casa da Palavra, 2005), p. 44.

[33] Daryle Williams, Amy Chazkel e Paulo Knauss de Mendonça (orgs.), *The Rio de Janeiro reader: history, culture, politics* (Durham/Londres, Duke University Press, 2016), p. 30.

[34] Idem.

[35] Ernst Pijning, "Contrabando, ilegalidade e medidas políticas no Rio de Janeiro do século XVII", cit.

[36] Idem.

as proibições existentes, em vez de criar impedimentos inarredáveis para as atividades comerciais, geravam novas oportunidades de negócios para funcionários portuários e autoridades coloniais de diversos níveis estabelecidos no Rio de Janeiro, que usavam seu poder discricionário para extrair vantagens pessoais dos contatos com comerciantes estrangeiros. O mesmo se dava com as atividades comerciais locais que tinham o porto como palco:

> O governador, os militares, os oficiais da alfândega e os conselheiros municipais possuíam jurisdição sobre diferentes áreas, designadas segundo o comércio realizado. A área mais disputada era o cais sobre o qual todos os quatro grupos buscavam controle. Naquele espaço, ambulantes, mercadores, pescadores, soldados, marinheiros de naus costeiras, marinheiros estrangeiros e oficiais buscavam sua parcela na economia ilegal. O controle exercido por um administrador sobre esse ambiente podia ser facilmente convertido em uma renda extra. Por exemplo, os pescadores que chegavam às praias do Rio de Janeiro com o fruto de sua pesca deveriam pagar uma décima parte a quem os contratava, cobrança esta que cabia à guarda local.[37]

A decisão de mudança da capital foi estabelecida por ofício do Marquês de Pombal, de 8 de junho de 1763, que, além de informar o decreto do rei José I, de 11 de maio do mesmo ano, que nomeava o conde da Cunha como novo vice-rei do Brasil, determinava também que sua residência fosse a cidade do Rio de Janeiro[38]. Esse entrelaçamento entre porto e cidade estimulou durante todo o século XVIII e XIX importantes mudanças na região portuária, como a abertura de novas vias, ocupações e edificações de novos cais, arsenais etc., favorecendo o desenvolvimento urbano do Rio de Janeiro[39].

De forma sumária, pode-se afirmar que, do fim do século XVII até fins do XVIII, o porto do Rio de Janeiro, instalado em sua primeira localização próximo ao morro do Castelo, é palco da realização da acumulação entrelaçada no âmbito de todas as três funções desempenhadas pelo porto, conforme já descrito, a saber, em sua função-fim (facilitação da integração de Minas Gerais à economia mercantil), no próprio espaço do porto (otimização dos serviços portuários) e na relação entre o porto e a cidade (ocupação do entorno). No âmbito da acumulação mercantil, há uma articulação entre essas três dimensões, na medida em que a integração brasileira à dinâmica de acumulação global faz crescer os ganhos na exploração dos serviços portuários e estimula ocupações sucessivas no perímetro do porto – tanto a tomada de áreas externas ainda não urbanizadas quanto a retomada de um "exterior" que se descapitalizou por não atender as alterações do fluxo do movimento portuário. Na

---

[37] Ibidem, p. 404.
[38] Daniel Afonso da Silva, *O enigma da capital: a mudança do vice-reinado para o Rio de Janeiro em 1763* (Tese de Doutorado em História Social, São Paulo, FFLCH/USP, 2012), p. 55.
[39] Elizabeth Dezouzart et al., *História dos bairros: Saúde, Gamboa, Santo Cristo* (Rio de Janeiro, Index, 1987), p. 27.

região do porto, isso representou uma mudança das relações de propriedade em diversas freguesias, onde chácaras eram convertidas em moradias, transferindo a força de trabalho escrava da atividade agrícola para o trabalho urbano[40].

As ordens legais do segundo marquês do Lavradio (1769-1779): mercado e disciplinamento de escravos no porto do Rio de Janeiro

Desde que o Rio de Janeiro se tornou o principal entroncamento comercial do Brasil, a relação porto-cidade é apresentada como convergente e profícua, capaz de combinar aumento do movimento de navios, intensificação de fluxos comerciais, desenvolvimento tecnológico e expansão da urbanização[41]. Na zona portuária, essa trajetória simbiótica significou valorização do capital pela tomada do espaço por meio da construção de edificações – de habitações e escritórios a armazéns –, abertura de ruas, adensamento populacional e crescimento do comércio local[42]. Entre essas transformações geradas pela confluência porto-cidade do Rio de Janeiro, a mais importante foi, no entanto, a ordem do segundo marquês do Lavradio (vice-rei do Brasil entre 1769 e 1779), de 12 de abril de 1774, que referendou o edital da Câmara de 1758, determinando a mudança do mercado de escravos da rua Direita para o Valongo[43]. Com isso, todos os negociantes de escravos, dos grandes aos "atravessadores", se transferiram para a região portuária[44].

Diferentemente do ato do governador Rui Vaz Pinto em 1618, que privilegiou o favorecimento pessoal, na nova etapa da acumulação, a ordem legal do marquês do Lavradio estimulou agentes econômicos autônomos. Para viabilizar a circulação do fluxo de seus negócios e capital, foram feitas diversas obras urbanas. Entre elas, como descreve Mello[45], o aterro de mangues, a ampliação de áreas secas, a abertura de ruas para a facilitação do tráfego no entorno do mercado de escravos e a criação da rua do Livramento, que permitiu a ocupação da nova área. A tomada e reestruturação do espaço dinamizou a atividade econômica da região[46]. A população local frequentava

---

[40] Cláudio de Paula Honorato, *Valongo*, cit., p. 36 ss e 59; Sérgio Tadeu de Niemeyer Lamarão, *Dos trapiches ao porto*, cit., p. 38.
[41] Francisco Agenor de Noronha Santos, *As freguesias do Rio antigo vistas por Noronha Santos* (Rio de Janeiro, O Cruzeiro, 1965), p. 257-68.
[42] Cláudio de Paula Honorato, *Valongo*, cit., p. 130.
[43] Ibidem, p. 34 e 73-4; Sérgio Tadeu de Niemeyer Lamarão, *Dos trapiches ao porto*, cit., p. 27.
[44] Cláudio de Paula Honorato, *Valongo*, cit., p. 64 e ss. "Atravessadores" eram pequenos comerciantes que compravam escravos recém-chegados antes dos senhores de engenho e os revendiam a eles, aproveitando-se do tempo que tais senhores empregavam para chegarem ao Rio de Janeiro, por morarem longe (ibidem, p. 65).
[45] Fernando Fernandes de Mello, *A zona portuária do Rio de Janeiro: antecedentes e perspectivas* (Dissertação de Mestrado em Planejamento Urbano e Regional, Rio de Janeiro, IPPUR/UFRJ, 2003), p. 31.
[46] Sérgio Tadeu de Niemeyer Lamarão, *Dos trapiches ao porto*, cit., p. 27; Fernando Fernandes de Mello, *A zona portuária do Rio de Janeiro*, cit., p. 30-1.

regularmente o mercado de escravos, tornando a área um dos pontos mais movimentados do Rio de Janeiro[47].

O aumento da circulação do capital era evidenciado pelo elevado número de estabelecimentos que negociavam escravos, então conhecidos como "casas de carne", que a região passou a abrigar – cerca de cinquenta no total[48]. A partir de relatos de viajantes, Honorato[49] calcula que, em 1826, cada uma das "casas" continha cerca de 2 mil escravos para a venda. Além disso, como mostra Pereira[50], toda a região estava ocupada por casas de comércio, de importação e exportação, depósitos de armadores e trapiches. Havia um movimento constante de navios[51]. De acordo com a literatura especializada, toda essa agitação comercial estimulou a expansão urbana para o norte da cidade, onde a acumulação de capital gerada pela intensa atividade econômica se realizaria fora dos limites onde se havia formado[52].

O dinamismo econômico gerado pela realocação do mercado estava evidentemente associado a relações de compra e venda de escravos. Nesse sentido, paralelamente a esse dinamismo, há o desenvolvimento simultâneo de técnicas de repressão e disciplinamento da população negra escravizada e expropriada. A justificativa para essas técnicas foi primordialmente a vigilância sanitária e a saúde pública[53]. O debate que fundamentou o edital da Câmara de 1758, que prescreveu a mudança do mercado de escravos para o Valongo, foi corroborado por perícias médicas. Estas sustentavam que as doenças presentes na cidade eram trazidas por "pretos novos" – como eram chamados os recém-chegados da África – e difundidas entre os moradores por causa do transporte e exposição para venda no centro da cidade[54].

No mesmo sentido, a ordem do marquês do Lavradio, que ratificou o edital, se propunha a combater

> o terrível costume, segundo o qual todo negro da costa da África que chegava ao porto entrava na cidade imediatamente após o desembarque e passava pelas ruas públicas e principais vias, não só cheio de infinitas enfermidades, mas nus. Com os atributos de pessoas sem educação, como qualquer outro selvagem bruto no meio da rua, fazia sentado em algumas tábuas ali dispostas qualquer coisa que a natureza o impulsionasse, causando

---

[47] Carlos Haag, "Os ossos que falam", *Revista Pesquisa FAPESP*, n.190, 2011, p. 26; Júlio César Medeiros da Silva Pereira, *À flor da terra: o Cemitério dos Pretos Novos no Rio de Janeiro* (Rio de Janeiro, Garamond/IPHAN, 2007), p. 76.
[48] Júlio César Medeiros da Silva Pereira, *À flor da terra*, cit., p. 76; Sebastian Hilf, *Unternehmerische Stadtpolitik in Rio de Janeiro*, cit., p. 61.
[49] Cláudio de Paula Honorato, *Valongo*, cit., p. 83.
[50] Júlio César Medeiros da Silva Pereira, *À flor da terra*, cit., p. 76.
[51] Idem.
[52] Idem.
[53] Carlos Haag, "Os ossos que falam", cit., p. 25; Sebastian Hilf, *Unternehmerische Stadtpolitik in Rio de Janeiro*, cit., p. 60; e Cláudio de Paula Honorato, *Valongo*, cit., p. 68 ss.
[54] Cláudio de Paula Honorato, *Valongo*, cit., p. 68.

não só imenso fedor nas referidas ruas e seus arredores, mas sendo também o mais horrível espetáculo que os olhos podiam ver.[55]

Para regulamentar essa ordem, logo que o mercado passou para o Valongo, a Câmara Municipal tornou-se responsável pela inspeção de saúde dos recém-desembarcados e, quando diagnosticados como doentes, determinava que fossem colocados em quarentena nos trapiches e lazaretos da cidade[56]. Em razão da ganância dos traficantes, da escassez de médicos e do imaginário popular sobre a capacidade curativa dos sangradores, o "tratamento" oferecido consistia em sangrias feitas por barbeiros, que geralmente resultava em morte[57].

Após a mudança do mercado de escravos, sobreveio nova ordem do marquês do Lavradio que determinava a transferência do Cemitério dos Pretos Novos para o Valongo. Junto com essa ordem foi estabelecida a seguinte regra:

Os escravos que não forem vendidos não sairão do Valongo nem depois de mortos.[58]

O cemitério funcionou de 1772 a 1830 e serviu para o sepultamento de mulheres, homens e crianças africanos que faleciam após a entrada na baía de Guanabara, antes de serem vendidos no mercado[59]. A partir dos registros de óbitos no período de 1824 a 1830 na região[60], constatou haver um total de 6.119 escravos sepultados. A fonte utilizada por Pereira, no entanto, não revela o número de sepultados relativo ao período de 1772 a 1824, quando houve uma intensificação da chegada de navios transportando escravizados no porto do Rio de Janeiro e, portanto, do número de pessoas que chegavam mortas ou faleciam logo após a chegada. A partir de escavações arqueológicas mais recentes, estima-se que o cemitério recebeu mais de 20 mil corpos[61]. O alto índice de mortalidade revela as condições às quais mulheres, homens e crianças eram submetidos nos navios, no lazareto e no mercado.

As escavações revelam também um número desproporcionalmente alto de esqueletos de crianças e adolescentes, o que indica que esse grupo era particularmente suscetível às mortes durante a travessia e espera no porto do Rio de Janeiro[62]. Pelos

---

[55] Marquês do Lavradio 1779, citado em Daryle Williams, Amy Chazkel e Paulo Knauss de Mendonça (orgs.), *The Rio de Janeiro reader*, cit., p. 42. Citado conforme a tradução de Andre Pagliarini do trecho da ordem legal incorporada em texto de Bráz Hermenegildo do Amaral (ver: ibidem, p. 41-4).
[56] Cláudio de Paula Honorato, *Valongo*, cit., p. 115.
[57] Carlos Haag, "Os ossos que falam", cit., p. 25; Cláudio de Paula Honorato, *Valongo*, cit., p. 116.
[58] Júlio César Medeiros da Silva Pereira, *À flor da terra*, cit., p. 74; ver também Carlos Haag, "Os ossos que falam", cit., p. 26.
[59] José Murilo de Carvalho, "Prefácio", em Júlio César Medeiros da Silva Pereira, *À flor da terra*, cit., p. 8.
[60] Júlio César Medeiros da Silva Pereira, *À flor da terra*, cit., p. 100.
[61] Carlos Haag, "Os ossos que falam", cit., p. 26.
[62] Daryle Williams, Amy Chazkel e Paulo Knauss de Mendonça (orgs.), *The Rio de Janeiro reader*, cit., p. 42.

registros de entrada de escravizados no porto no período de 1795 a 1830, verifica-se que havia uma proporção de 3,2 homens para cada mulher e uma participação de 4% de crianças menores de dez anos no total. Os maiores de 34 anos também eram poucos. O número de adolescentes entre dez e catorze anos era muito significativo, de modo que "de cada grupo de dez cativos transportados pelos negreiros nove tinham entre dez e 34 anos"[63].

Conforme a lógica da acumulação primitiva, tal processo relaciona a obtenção de lucro apropriável pela venda da mercadoria (escravos) com a formação de relações sociais desiguais por meio de expropriações e disciplinamento da força de trabalho. O "complexo do Valongo" era, nesse sentido, um lugar fundamental na longa linha de subordinação da mão de obra escrava, que se iniciava no aprisionamento e venda na África e na imigração forçada. Enquanto se encontrava no porto, o modelo punitivo de intervenção sanitária preponderava, já no mercado recorria-se primariamente ao modelo penal tradicional de controle social pelo emprego de técnicas de maus-tratos, torturas físicas e morais, castigos, privação de alimentos e cuidados e assassinatos.

A família real no Rio de Janeiro

Fugindo das guerras expansionistas de Napoleão Bonaparte na Europa, a sede da Coroa portuguesa e a família real se transferem para o Rio de Janeiro, chegando ao Brasil em 1808, onde permanecem por treze anos. É provável que em nenhuma outra fase de sua história o Rio de Janeiro tenha sido marcado por transformações tão radicais como nesse período. O impulso globalizante pelo qual a cidade passou foi monumental: depois da chegada de dom João VI, que governava o reino colonial português em representação de sua mãe, conhecida então como Maria, a Louca, por ser portadora de deficiência mental, o Rio de Janeiro vive uma situação singular e paradoxal. Apesar de ser a capital de uma colônia, torna-se, ao menos temporariamente, a capital de um reino que se estendia da América do Sul à Europa e da Europa à Ásia e África, como descreve, plasticamente, Silva[64]:

> Em 1808, de um dia para o outro, o Rio de Janeiro transformou-se na capital portuguesa. Na cabeça do Império. Tiveram de ser recriadas, no lado americano, do Atlântico, as instituições estatais metropolitanas. Ou melhor, foi necessário remontar o Estado, que tinha vindo de navio, incompleto e aos pedaços. Transplantou-se para o Brasil o Antigo Regime, no qual só aos poucos foi abrindo brechas o pensamento antiaristocrático e liberal. E não faltou sequer que se redesenhasse no Rio de Janeiro, com o concurso de artistas franceses

---

[63] Manolo Florentino, *Em costas negras*, cit., p. 60.
[64] Alberto da Costa e Silva, "As marcas do período", em *Crise colonial e independência 1808-1830* (Madri, Fundación Mapfre/Rio de Janeiro, Objetiva, 2011), p. 25 ss.

imigrados, as representações do teatro do poder [...]. Em tudo, procurava-se repetir Lisboa, ainda que em cenários de madeira, pano e papel.

A presença do rei e da corte, juntamente com um enorme aparato composto por milhares de funcionários públicos, artistas, intelectuais e artífices, representa não apenas um reposicionamento do Rio de Janeiro no mapa global das relações de poder, mas também uma profunda reorganização das relações de poder locais. Nesse contexto, os mandatários locais tiveram que, literalmente, ceder lugar às autoridades portuguesas. Além de postos e cargos públicos, os moradores locais, de acordo com decreto real que vigorou até 1818, tinham que entregar suas moradias sempre que um membro da Coroa desejasse viver ali.

A busca por reconstruir, no Rio de Janeiro, na medida do possível, a Lisboa distante dezenas de dias de navio virou pelo avesso o cotidiano da cidade colonial com sua infraestrutura limitada e paisagem urbana colonial. Novas praças foram construídas, antigas ampliadas, novos edifícios públicos foram erguidos e, no intervalo de poucos anos, surgiram: biblioteca real, museu, academia de artes, jardim botânico, ópera, palácio de governo, entre outros equipamentos de difusão da cultura europeia[65].

A presença da corte com seus hábitos e rituais, juntamente com a abertura dos portos brasileiros a navios estrangeiros, levou também a uma profunda transformação das formas locais de sociabilidade. As mulheres da elite local que, até então, só saíam às ruas com a cabeça e o rosto cobertos ou em liteiras carregadas por escravos começaram a imitar a nobreza portuguesa e sobretudo a Carlota Joaquina, esposa de dom João VI, conhecida por hábitos considerados à época excêntricos e libertários, como cavalgar em locais públicos. Atribui-se às mulheres "uma parte importante do processo de modernização, europeização e afrancesamento do Rio de Janeiro que iria contaminar paulatinamente as outras urbes brasileiras"[66].

A nova liberdade conquistada pelas mulheres da elite contrastava com a situação das negras escravizadas que, embora inseridas em regimes de trabalho diversos, o que permitia a muitas delas, por exemplo, trabalhar como vendedoras ambulantes, eram propriedade de homens e mulheres que dispunham de seu tempo, trabalho e corpos. Esse contraste era um dos muitos outros paradoxos que marcavam o cotidiano carioca durante os anos em que ali se tomavam as decisões que afetavam todo o reino português, espalhado em quatro diferentes continentes. Mesmo depois da Independência, declarada em 1822 por Pedro I, filho do rei português, portanto o primeiro imperador brasileiro, a sociedade local continuaria profundamente segmentada, estratificada e cingida.

---

[65] Lilia Moritz Schwarcz, *A longa viagem da biblioteca dos reis: do terremoto de Lisboa à independência do Brasil* (São Paulo, Companhia das Letras, 2012), p. 256 ss.
[66] Alberto da Costa e Silva, "População e sociedade", em *Crise colonial e independência 1808-1830*, cit., p. 52.

Conforme mostra Silva[67], no topo da pirâmide social encontravam-se a nobreza reinol e a nobreza local que se formava, a elite comercial com seus traficantes de escravos e os latifundiários. Esses grupos estavam em permanente disputa por riqueza, poder e influência. Abaixo deles reuniam-se os altos funcionários do Estado, militares de alta patente e profissionais liberais. Mais abaixo, por sua vez, a classe média branca constituída por funcionários e militares de patentes intermediárias, boticários, lojistas e, num degrau mais baixo, artífices, prestadores de serviços diversos. Na base da pirâmide social ficavam brancos ou negros livres muito pobres e escravos que se distinguiam entre africanos e nascidos no Brasil, e também por sua ocupação, por exemplo, escravo de ganho, quando se tratava de prestador de serviços não apenas a seu proprietário, ou escravo doméstico, que vivia em condições diversas dependendo da riqueza de seu proprietário. Mestiços estavam representados em todas as classes sociais e, sobretudo os mestiços de pele clara, podiam ter estudado em Coimbra ou Montpellier e circular em meio à elite local.

A complexidade da estratificação social na cidade do Rio de Janeiro e a superposição e interpenetração dos regimes de trabalho ficam evidentes, sobretudo, no caso do hábito generalizado entre pequenos proprietários de alugar seus escravos e escravas para uma ampla gama de serviços. Particularmente difundido, conforme mostra Alencastro[68], era o aluguel de escravos domésticos, ou mais propriamente de escravas domésticas, no período pós-natal para que pudessem amamentar as crianças da elite, conforme documentam os anúncios publicados nos jornais da época. Fica evidente, portanto, que os escravos não estavam excluídos do processo de acumulação do capital, revelando a insuficiência das interpretações dualistas que identificam o trabalho escravo como irrelevante ou mesmo contrário ao capitalismo.

No Rio de Janeiro das primeiras décadas do século XIX, os escravizados encontravam, em comemorações, festas de rua do calendário religioso ou da cidade, o espaço possível de liberdade:

> Uma liberdade com gosto de África, pois era na rua que encontravam os da nação da qual tinham sido arrancados e, entre eles, muitas vezes, patrícios chegados havia pouco e com notícias ainda frescas da terra natal.[69]

A manutenção dessa sociedade diversa e hierarquizada implicava uma combinação de concessões e negociações cotidianas das posições sociais com violência e repressão tanto por parte do Estado quanto por agentes privados, como feitores e os próprios proprietários de escravos. Não faltavam medidas de disciplinamento rígidas, como a prisão e castigos corporais duros aos escravizados que tentassem fugir, bem como a repressão à prática de suas atividades culturais e religiosas.

---

[67] Ibidem, p. 57 ss.
[68] Luiz Felipe de Alencastro (org.), "Vida privada e ordem privada no Império", cit., p. 64 ss.
[69] Alberto da Costa e Silva, "População e sociedade", cit., p. 60.

Grandes rebeliões, como a Revolta dos Malês de 1835, em Salvador, na Bahia, não tiveram lugar no Rio de Janeiro durante o século XIX. Fugas de escravos não eram incomuns como revelam, entre outros, os recorrentes anúncios de procura de foragidos publicados nos jornais cariocas da época. Muito próximo à cidade se constituíram assentamentos relativamente duradouros de escravizados que logravam fugir, os quilombos. Estes locais e seus moradores mantinham, via de regra, contatos regulares com moradores – escravos ou libertos – da cidade, que os auxiliavam com refúgio temporário, comprando o que produziam ou fazendo-lhes chegar o que necessitavam[70].

O número de escravizados que chegavam ao porto do Rio de Janeiro cresceu vertiginosamente depois da vinda da família real e continuou aumentando depois da Independência em 1822. O Estado independente era também proprietário de escravos. No período de 1826 a 1830, estima-se que aportaram 96 navios por ano, ou seja, praticamente dois navios em média por semana, cada um deles desembarcando cerca de quatrocentas pessoas escravizadas[71]. As intervenções na área portuária, seja por via de regulações, seja através de obras públicas, eram igualmente numerosas no período.

Disposições sobre a saúde dos escravos novos: a política sanitária da Coroa na região portuária e o lazareto (privado) do Valongo

Se, como visto, nos anos iniciais da ordem do marquês do Lavradio, predominou o modelo de higienização executada diretamente pela municipalidade (sem delegação) que buscava confinar os doentes, excluindo-os de qualquer contato social, com o passar do tempo, esse modelo ganhou uma estrutura muito mais complexa. O regimento de 22 de janeiro de 1810 determinava que as embarcações com carregamento de escravos deveriam realizar duas ancoragens: na enseada de Boa Viagem ou no Paço, eram inspecionadas pelos oficiais da saúde que determinavam o tempo de quarentena na ilha de Bom Jesus, para onde eles deveriam seguir viagem. Sãos e doentes eram confinados na ilha e, durante a quarentena, selecionados para diferentes destinos. Aqueles que faleciam – e a mortalidade era muito alta – saíam da ilha diretamente para o Cemitério dos Pretos Velhos[72].

A obrigatoriedade das duas ancoragens foi objeto de representação por parte dos negociantes de escravos ao príncipe regente, alegando que ela implicava prejuízos financeiros em função da demora desnecessária, dos riscos de contaminação dos sãos e, supostamente, da pouca gravidade das doenças, que, segundo os negociantes, podiam ser diretamente tratadas nos navios ou nas casas de comercialização. Ainda que cada uma dessas alegações tenha sido contestada pelo provedor-mor da Saúde com base

---

[70] Daryle Williams, Amy Chazkel e Paulo Knauss de Mendonça (orgs.), *The Rio de Janeiro reader*, cit., p. 75.
[71] Manolo Florentino, *Em costas negras*, cit., p. 45.
[72] Reinaldo Bernardes Tavares, *Cemitério dos Pretos Novos, Rio de Janeiro, século XIX*, cit., p. 83.

em questões sanitárias, chegou-se a um consenso que levou à criação do lazareto do Valongo no monte de Nossa Senhora da Saúde, conforme aviso régio de 23 de setembro de 1810[73]. Constituía-se, na região do Valongo, um complexo de serviços ligados ao tráfico de pessoas, compreendendo

> o cais, local de desembarque dos africanos recém-chegados; o mercado na rua do Valongo, onde eram negociados os que encontravam em condições de serem vendidos [...]; o lazareto, na Gamboa, onde deveriam ser isolados em quarentena os que encontravam infestados e os já moribundos e o Cemitério dos Pretos Novos, à rua Pedro Ernesto onde deveriam ser enterrados os falecidos.[74]

Não houve, contudo, mudanças substantivas em relação ao tratamento precário oferecido, mesmo para os padrões da época, e a mortalidade dos enfermos continuava altíssima[75]. A novidade consistia na adequação do modelo punitivo de intervenção sanitária então ajustado às exigências do padrão de acumulação consolidado na região portuária pela ordem de transferência do mercado de escravos, que estimulava os agentes econômicos autônomos. O desenlace amigável da contenda entre o provedor--mor da Saúde e os negociantes de escravos determinou, segundo o aviso régio citado, que o lazareto do Valongo fosse construído por três dos principais negociantes/ traficantes de escravos do Brasil, matriculados na Real Junta do Comércio, e que o terreno lhes fosse adjudicado pelo preço arbitrado por vistoria[76]. O mesmo aviso os declarava proprietários do Lazareto. Por seus serviços, os demais negociantes deveriam pagar quatrocentos réis por escravo recolhido. Valor esse que, conforme o provedor--mor da Saúde, serviria, inclusive, como compensação pelas despesas com a compra do terreno e a construção do lazareto[77].

A alta porosidade da fronteira entre Estado e atores privados confirma que parcerias público-privadas em *sentido amplo* foram fundamentais para a acumulação entrelaçada analisada. Note-se que, no aviso régio apresentado, o Estado delega o uso exclusivo da prestação de serviço de saúde aos três negociantes/traficantes de escravos e ordena que a contraprestação seja garantida pelos demais negociantes – portanto, agentes privados – obrigados a enviar escravos novos doentes ao lazareto do Valongo. Como mostra Pereira[78], esse arcabouço institucional estava adequado

---

[73] Lazareto do Valongo era o lugar no qual todos os africanos e africanas doentes chegados ao porto do Rio deveriam ser colocados em quarentena.
[74] Tania Andrade Lima, Glaucia Malerba Sene e Marcos André Torres de Souza, "Em busca do Cais do Valongo, Rio de Janeiro, século XIX", cit., p. 307.
[75] Júlio César Medeiros da Silva Pereira, *À flor da terra*, cit., p. 106.
[76] Os três negociantes/traficantes de escravos eram João Gomes Valle, Jose Luiz Alves e João Álvares de Souza Guimarães e Companhia (Cláudio de Paula Honorato, *Valongo*, cit., p. 105; Júlio César Medeiros da Silva Pereira, *À flor da terra*, cit., p. 106).
[77] Cláudio de Paula Honorato, *Valongo*, cit., p. 105 ss; Júlio César Medeiros da Silva Pereira, *À flor da terra*, cit., p. 106 ss.
[78] Júlio César Medeiros da Silva Pereira, *À flor da terra*, cit., p. 108.

à lógica escravista no Rio de Janeiro oitocentista, que buscava promover a diversificação das empreitadas econômicas. Essa diversificação fazia parte do processo de expansão do capitalismo mercantil que, na região portuária, materializou-se na ocupação dos terrenos do monte da Nossa Senhora da Saúde pelos comerciantes do mercado de escravos.

A delegação dos serviços de saúde aos três traficantes permitiu, ainda, a desoneração por parte do Estado dos altos custos econômicos (com o tratamento da grande quantidade de escravos doentes desembarcados) e políticos (as reclamações constantes dos comerciantes contra o provedor-mor da Saúde) que a implementação da política sanitária gerava[79]. Assumida igualmente por atores privados, essa política reforçava seu caráter de disciplinamento da força de trabalho.

O novo lazareto manteve um número elevado de mortes e não inovou nas técnicas de tratamento já empregadas na ilha de Bom Jesus. Em função dos motivos já apresentados – evitar prejuízos financeiros por parte dos comerciantes de escravos e à crença associada ao imaginário popular da cura por sangria –, havia a completa ausência de médicos no Valongo sob a égide do regime jurídico privado. Com isso, africanas e africanos doentes eram entregues aos cuidados de barbeiros e veterinários[80]. De acordo com Tavares[81], não havia a intenção de curar os que estavam na quarentena, mas sim a de deixar o destino escolher a sorte do escravizado.

O lazareto do Valongo trazia, no entanto, um novo componente ao processo de disciplinamento da população escrava. Em 28 de julho de 1810, foi publicado um edital que atendia à reivindicação de que escravos novos sãos não precisariam passar pela quarentena e poderiam ser levados diretamente aos armazéns do mercado[82]. Com isso, se estabelecia a divisão entre doentes e saudáveis e seu confinamento diferenciado, no lazareto ou nos armazéns do mercado. Se, de um lado, ambos proporcionavam a valorização do capital comercial (pagamento da taxa de recolhimento aos donos do lazareto ou a venda), de outro, intensificavam os sofrimentos causados pela separação e pela impossibilidade de ação diante do definhamento de um ente querido[83]. Com isso, as

---

[79] Muito elucidativa a este respeito é a análise de Honorato do relato do provedor-mor da Saúde Vieira Silva sobre suas dificuldades em implementar os serviços de saúde diretamente pelo Estado antes do funcionamento do Lazareto da Saúde: "Não foram poucos os conflitos entre os traficantes e Vieira Silva, por outro lado a eficiência da provedoria pode ser questionada em comparação com o depoimento do próprio Provedor da Saúde, quando alega dificuldades financeiras e o escasso número de funcionários para dar conta do serviço, além de que nos relatos dos viajantes é quase unânime a ausência de cuidados com a saúde e higiene dentro do Valongo e que suas atividades quase sempre foram marcadas por grande crueldade" (Cláudio de Paula Honorato. "Controle sanitário dos negros novos no Valongo", em Encontro Regional de História, 12., 2006, Rio de Janeiro. *Anais* [...]. Rio de Janeiro, ANPUH, 2006, p. 8).

[80] Cláudio de Paula Honorato, *Valongo*, cit., p. 116; idem, "Controle sanitário dos negros novos no Valongo", cit., p. 3.

[81] Reinaldo Bernardes Tavares, *Cemitério dos Pretos Novos, Rio de Janeiro, século XIX*, cit., p. 81.

[82] Cláudio de Paula Honorato, *Valongo*, cit., p. 105.

[83] Júlio César Medeiros da Silva Pereira, "Revisitando o Valongo: mercado de almas, lazareto e cemitério de africanos no portal do Atlântico (a cidade do Rio de Janeiro, no século XIX)", *Revista de História Comparada*, Rio de Janeiro, v. 7, n. 1, 2013, p. 233.

novas parcerias público-privadas em *sentido amplo* refletiam-se em um modelo punitivo de intervenção sanitária, compartilhada pelo poder do Estado e do mercado e necessário tanto para a sujeição ao trabalho escravo quanto para a expansão da acumulação entrelaçada estabelecida.

Acumulação e disciplinamento entre o regime jurídico público e o privado: da legislação penal sangrenta à ineficácia do alvará de 24 de novembro de 1813

Essa estrutura repressiva se ampliava no mercado de escravos, onde, como afirmado, se recorria amplamente aos meios do modelo penal tradicional de controle social. Para se ter uma ideia de como esse modelo funcionava no Valongo, basta recorrer aos diversos relatos de viajantes, documentados amplamente nas pesquisas de Pereira[84], Tavares[85] e Honorato[86].

Conforme os relatos, mulheres, homens e crianças eram expostos à venda como qualquer outro artigo de consumo, ao lado de gêneros alimentícios e outras mercadorias[87]. Muitos dos viajantes enfatizavam que as cabeças dos escravos eram raspadas e todos se encontravam praticamente nus, apenas com um pedaço de pano que os cobriam na altura da cintura[88]. Um relato de 1783 do espanhol Juan Francisco Aguirre registrava que africanas e africanos eram constantemente espancados[89].

Dele e de outros viajantes, como Charles Brand, Henry Chamberlain, G. W. Freireyss e Johann Moritz Rugendas, lê-se que as práticas de "confinamento" indicavam, de um lado, o enclausuramento a que os escravizados eram submetidos e, de outro, o emprego dos mesmos métodos usados para o tratamento e venda de gado[90]. As casas do mercado, por sua vez, eram descritas por Rugendas como "verdadeiras cocheiras", em que, segundo Brand, se vivia e dormia no chão "como gado em todos os aspectos"[91]. Entre esses aspectos, Freireyss evidenciava a marca a ferro quente[92] e Chamberlain relatava que, no momento da venda, os cativos eram obrigados "a mostrar os dentes, estender violentamente braços e pernas, correr e gritar para mostrar

---

[84] Ibidem, p. 218-43; idem, *À flor da terra*, cit.
[85] Reinaldo Bernardes Tavares, *Cemitério dos Pretos Novos, Rio de Janeiro, século XIX*, cit.
[86] Cláudio de Paula Honorato, *Valongo*, cit.; idem, "Controle sanitário dos negros novos no Valongo", cit.
[87] Júlio César Medeiros da Silva Pereira, "Revisitando o Valongo", cit., p. 225 e 240.
[88] Cláudio de Paula Honorato, *Valongo*, cit., p. 77-8; Reinaldo Bernardes Tavares, *Cemitério dos Pretos Novos, Rio de Janeiro, século XIX*, cit., p. 93; e Júlio César Medeiros da Silva Pereira, *À flor da terra*, cit., p. 240.
[89] Júlio César Medeiros da Silva Pereira, "Revisitando o Valongo", cit., p. 225; idem, *À flor da terra*, cit., p. 76.
[90] Cláudio de Paula Honorato, *Valongo*, cit., p. 77-8 e 85; e Reinaldo Bernardes Tavares, *Cemitério dos Pretos Novos, Rio de Janeiro, século XIX*, cit., p. 19 e 54.
[91] Cláudio de Paula Honorato, *Valongo*, cit., p. 77-8 e 82.
[92] Ibidem, p. 79; Reinaldo Bernardes Tavares, *Cemitério dos Pretos Novos, Rio de Janeiro, século XIX*, cit., p. 104.

saúde"[93]. Ao lado do mercado, para facilitar as práticas mercantis, o Estado criou depósitos no trapiche do Valongo, onde se podiam recolher os escravos após o período de exposição à venda[94].

Não havia qualquer restrição a que membros de uma mesma família fossem vendidos separadamente, de modo que crianças eram arrancadas de suas famílias e casais estáveis eram muitas vezes condenados a nunca mais se verem. Essa prática chocou o jovem Charles Darwin[95] quando passou pelo Rio de Janeiro em 1832, ocasião em que o tráfico estava proibido mas continuava sendo prática corrente. Também o tráfico interno, de uma a outra região do Brasil, se intensificava e não se pode excluir que a cena descrita por Darwin se refira a essa modalidade. Mesmo sugerindo que, em fazendas como a que então visitara, ele não tinha "dúvidas de que os escravos passam vidas felizes e contentes"[96], Darwin não pode ocultar seu desconforto ao presenciar a venda de escravos no Rio de Janeiro (não é possível determinar a localização da cena relatada a seguir):

> Enquanto estava nesta cidade, quase fui testemunha ocular de uma dessas ações atrozes que só podem ter lugar num país de escravos. Devido a uma querela judicial, o proprietário estava prestes a tirar todas as mulheres e crianças dos escravos homens e vendê-las separadamente no leilão público no Rio. [...] Na verdade, não acredito que o proprietário tenha se dado sequer conta da desumanidade de separar trinta famílias que viveram juntas por muitos anos.[97]

A partir do quadro traçado, Pereira[98] e Tavares[99] demonstram que, além dos navios e dos lazaretos, os escravos também morriam nas lojas do mercado durante sua contínua exposição. O modelo penal tradicional de controle social se estendia, assim, dos depósitos públicos de escravos às casas do mercado. Nestas, os comerciantes eram responsáveis por toda sua rotina[100]. Isso significa que, juntamente com as políticas estatais repressivas, havia o exercício de um direito penal privado e autorizado em que os próprios comerciantes impunham parâmetros de comportamento e castigos. Nesse sentido, também nos espaços de adoção do modelo penal tradicional era possível encontrar um alto grau de sinergias público-privadas. Entre as "miseráveis habitações" do mercado e os armazéns estatais do trapiche, os escravos eram submetidos a um estado permanente de disciplina e punição.

É óbvio que, no Valongo, essas práticas punitivas eram orientadas primariamente pela visão comercial, pela conformação de africanas e africanos em mercadorias capazes

---

[93] Cláudio de Paula Honorato, *Valongo*, cit., p. 85.
[94] Ibidem, p. 34.
[95] Charles Darwin, *The Voyage of the Beagle* (Tadworth, The Press of Kingswood, 1959 [1913]).
[96] Ibidem, p. 20.
[97] Ibidem, p. 22.
[98] Júlio César Medeiros da Silva Pereira, "Revisitando o Valongo", cit., p. 228.
[99] Reinaldo Bernardes Tavares, *Cemitério dos Pretos Novos, Rio de Janeiro, século XIX*, cit., p. 92.
[100] Ibidem, p. 86.

de atrair compradores. No entanto, como já afirmado, esse momento também serve ao disciplinamento do trabalho escravo para a acumulação primitiva. Isso explica por que, apesar da existência de discursos jurídico-políticos que reivindicavam a melhora das condições dos escravos novos como meio de ampliação dos lucros dos comerciantes[101], o estado das africanas e dos africanos cativos nunca melhorou, nem o número de mortes diminuiu.

Discursos lamentando perdas econômicas derivadas dos maus-tratos, todavia, existiram. Podem ser encontrados nas reclamações dos comerciantes sobre os enormes danos em seus negócios provocados pelos métodos empregados na ilha de Bom Jesus[102] ou nas justificativas do provedor-mor da Saúde para defender a quarentena enquanto garantia de bons negócios para proprietários de navios, comerciantes e compradores[103]. O mais eloquente desses procedimentos foi o alvará de 24 de novembro de 1813, que regulou a operação de carga, transporte e descarga de mulheres e homens negros, apresentando o escravo como uma carga viva mercantil que precisava permanecer saudável para gerar lucro. Assim, era prescrita uma série de "melhorias", por exemplo, substituição de marcas de ferro por manilhas (argolas), presença de um cirurgião para que o número de mortos não ultrapassasse 2% ou 3% da carga, necessidade de alimentação, água potável, movimentação diária e arejamento.

Apesar do alvará, diversas evidências apontam para o fato de que os maus-tratos, os confinamentos e o número elevado de mortes nunca cessaram. Primeiramente, a maior parte dos relatos dos viajantes mencionados data de período posterior ao da sua edição. O de Freireyss é justamente de 1814. Em 1815, o intendente geral da Polícia enviou ofício ao juiz do Crime da Sé, requerendo a limpeza de um dos pântanos do Valongo que se tornou depósito de corpos, utilizado pelos comerciantes para evitar as despesas com os enterros no Cemitério dos Pretos Novos. Este, por sua vez, só poderia justificar sua existência em razão de uma taxa de mortalidade muito alta[104]. Além disso, pesquisas recentes em ossos retirados do respectivo cemitério mostram que eles apresentavam "sinais de maus-tratos, como fraturas, infecções, anemias e degenerações"[105]. A constatação de anemia era indício da manutenção permanente de péssima nutrição dos escravos, o que, por sua vez, favorecia a contração de doenças[106].

O problema da ineficácia do alvará pode ser compreendido à luz da questão da lucratividade e da circulação do capital na forma mercantil da acumulação. Ao confrontar a taxa anual de entradas de escravos africanos no porto do Rio com a de sepultamento no Cemitério dos Pretos Novos, Pereira[107] constatou que mais mortes significavam a necessidade de importar cada vez mais escravos. Do mesmo modo,

---

[101] Marcus Rediker, *The slave ship: a human history* (Londres, John Murray, 2007), p. 196 ss.
[102] Cláudio de Paula Honorato, *Valongo*, cit., p. 102.
[103] Ibidem, p. 104 ss.
[104] Júlio César Medeiros da Silva Pereira, *À flor da terra*, cit., p. 113.
[105] Ibidem, p. 134.
[106] Carlos Haag, "Os ossos que falam", cit., p. 29.
[107] Júlio César Medeiros da Silva Pereira, *À flor da terra*, cit., p. 113.

Honorato[108] identificou que a presença de relatos negativos sobre a região aumentava proporcionalmente aos períodos de grandes importações de escravos, o que, segundo o autor, confirma que, nessas fases, eles eram mais maltratados, pois os excessos eram bastante visíveis.

Os mecanismos típicos do modelo penal tradicional de controle social estimularam, inclusive, o surgimento de empreendimentos econômicos voltados à produção dos meios necessários à sua execução. Nesse sentido, a instalação de uma manufatura de objetos de ferro destinados à prisão e tortura de escravos justamente na zona portuária tem uma relevância simbólica fundamental no desenvolvimento da respectiva acumulação[109]. Ainda mais se notarmos que a manufatura em questão é considerada um fator relevante da ocupação, urbanização e movimentação econômica da região[110]. Empregados pelo direito penal privado, os instrumentos de disciplinamento não apenas minavam o alcance do alvará de 24 de novembro de 1813, mas também podem explicar por que ele foi revogado por um novo de 26 de janeiro de 1818, que substituiu a exigência de cirurgiões pela de negros sangradores, bem como reintroduziu a marca a ferro quente[111].

As medidas punitivas contra as pessoas escravizadas não se limitavam, obviamente, aos recém-chegados e à zona portuária, e nem cessaram depois da proibição oficial do tráfico em 1831. Ao mesmo tempo que o castigo dos escravizados era prerrogativa dos senhores de escravos, instituições públicas se especializaram na punição daqueles que tentassem fugir ou cometessem outros delitos. Duas cartas do então chefe da polícia do Rio de Janeiro, e depois ministro da Justiça do Império entre 1848 e 1852, Eusébio de Queiroz, reunidas por Williams[112], dão a dimensão da amplitude das ações punitivas aplicadas. A primeira carta, enviada em 1º de junho de 1833 à Câmara Municipal, pede legislação específica para proibir "o uso do tambor na dança dos escravos chamada candomblé, que pode ser ouvida a léguas de distância e atrai escravos de fazendas vizinhas; essas reuniões podem trazer à tona os males que não são estranhos a Vosso Senhor"[113]. A segunda carta de Queiroz, datada de 30 de maio de 1837, é dirigida ao administrador do Calabouço[114], determinando que todos os

---

[108] Cláudio de Paula Honorato, *Valongo*, cit., p. 77; idem, "Controle sanitário dos negros novos no Valongo", cit., p. 2.
[109] Sebastian Hilf, *Unternehmerische Stadtpolitik in Rio de Janeiro*, cit., p. 60.
[110] Fernando Fernandes de Mello, *A zona portuária do Rio de Janeiro*, cit., p. 30-1.
[111] Reinaldo Bernardes Tavares, *Cemitério dos Pretos Novos, Rio de Janeiro, século XIX*, cit., p. 68.
[112] Daryle Williams, Amy Chazkel e Paulo Knauss de Mendonça (orgs.), *The Rio de Janeiro reader*, cit., p. 99 ss.
[113] Eusébio Queiroz, citado em Daryle Williams, Amy Chazkel e Paulo Knauss de Mendonça (orgs.), *The Rio de Janeiro reader*, cit., p. 100.
[114] O Calabouço, como mostra Carlos Eduardo Moreira de Araújo, "O duplo cativeiro: escravos e prisões na Corte joanina (Rio de Janeiro, ca. 1790-1821)", *Revista do Arquivo Geral da Cidade do Rio de Janeiro*, n. 2, 2008, p. 82, erigido junto à fortaleza de Santiago em 1767, era uma instituição penal pública especializada na "aplicação de castigos aos escravos urbanos" e que assume funções de punição antes executadas pelos próprios proprietários. Para lá eram levados tanto escravos que fugiam e eram reapreendidos como aqueles que cometiam outros "delitos" passíveis de punição. A administração pública, por sua vez, se valia da mão de obra gratuita dos detidos para a execução de obras públicas.

escravos ali detidos fossem transferidos para a nova Casa de Correção, supostamente informada pelo espírito reformista e pelo anseio de superar o sistema penal colonial. Não obstante, prisioneiros escravos na Casa de Detenção

> [...] eram amarrados por um libambo, um conjunto de correntes de ferro comumente usado para dispor os escravos em fila, prendendo-os pelas mãos e pescoço. As tarefas rotineiras dos guardas da Casa de Correção incluíam chicotadas, e o chicote era um símbolo poderoso da desumanidade e humilhação que foi levado, juntamente com as pessoas escravizadas, para a moderna instituição penal da cidade.[115]

O Cemitério dos Pretos Novos e a desvalorização da região portuária

Dos métodos de disciplinamento empregados, a construção do Cemitério dos Pretos Novos é, sem dúvida, o mais expressivo e está diretamente relacionado com as estratégias de acumulação na zona portuária e da cidade. Em primeiro lugar, embora ainda não se saiba seu tamanho exato, ele foi colocado em uma posição estratégica no meio do caminho entre o lazareto do Valongo e o mercado[116]. Nesse local, como revelado pela pesquisa de Pereira[117], os corpos eram enterrados nus, sem nenhum tipo de sacramento religioso, em valas comuns e covas rasas "à flor da terra", de modo que os defuntos ficavam praticamente expostos à luz do sol. Uma vez que sua localização permitia que os corpos fossem vistos, principalmente do mercado, a ausência de qualquer ritual fúnebre ou de luto era mais um componente que minava a dignidade de africanas e africanos recém-chegados[118].

Além disso, conforme relatos da época, a pouca quantidade de terra jogada sobre os corpos, cujo número era bastante elevado, aumentava a frequência do descobrimento de restos de cadáveres, o que evidentemente intensificava o sofrimento e os temores dos vivos[119]. Esse estado de coisas era administrado pela Igreja, que cobrava, dos comerciantes, taxas para as inumações. Note-se, portanto, que o cemitério também cumpria uma função para a acumulação. Ao lado dos comerciantes e do Estado, a Igreja era uma terceira instituição que compunha o complexo de acumulação de capital que se formava no Valongo.

Ainda a respeito das condições do cemitério, relatos de viajantes à época e diversas pesquisas atuais mostram que, em razão das condições descritas, ele era caracterizado por terríveis odores e insalubridade[120]. Em 1996, estudos arqueológicos

---

[115] Daryle Williams, Amy Chazkel e Paulo Knauss de Mendonça (orgs.), *The Rio de Janeiro reader*, cit., p. 101.
[116] Reinaldo Bernardes Tavares, *Cemitério dos Pretos Novos, Rio de Janeiro, século XIX*, cit., p. 83.
[117] Júlio César Medeiros da Silva Pereira, *À flor da terra*, cit., p. 74.
[118] Idem.
[119] Cláudio de Paula Honorato, "Controle sanitário dos negros novos no Valongo", cit., p. 4.
[120] Ibidem, p. 14; idem, *Valongo*, cit., p. 131; Júlio César Medeiros da Silva Pereira, *À flor da terra*, cit., p. 78 e 84; e Reinaldo Bernardes Tavares, *Cemitério dos Pretos Novos, Rio de Janeiro, século XIX*, cit., p. 149.

encontraram em seus terrenos sinais de detritos e lixo urbano aparentemente relacionados com os ossos. Assim, novas escavações, cujos resultados foram publicados em 2012, partiram da hipótese de que, após seu fechamento, o local do cemitério teria sido transformado em depósito de lixo. No entanto, testes baseados no nível estratigráfico dos restos humanos e dos detritos encontrados constataram que o terreno do cemitério não foi utilizado como depósito de lixo após seu fechamento, mas durante seu uso[121]. É importante ressaltar também que o mau cheiro e a insalubridade não eram particularidades do cemitério. Conforme Honorato[122], Pereira[123] e Tavares[124], o mercado era igualmente marcado por "terríveis odores", "cheiros fortes", "mil imundices" e "casas insalubres", onde os escravos eram obrigados a "fazer suas necessidades em público". Obviamente esse cenário contribuía para que toda a zona portuária se transformasse em um foco de transmissão de doenças[125].

Esse retrato produz um efeito fundamentalmente contraditório no interior do processo de acumulação da própria região portuária e na sua relação com a expansão urbana e econômica da cidade do Rio de Janeiro. De um lado, é possível constatar pelos dados anteriormente levantados que a intensificação do movimento do porto do Rio e a ocupação da área em que ele se localizava impulsionou o desenvolvimento da zona portuária e da própria cidade. Mas, de outro, as condições cruéis, precárias e insalubres inerentes ao comércio de escravos levavam contraditoriamente a uma desvalorização e degradação da respectiva região com sua separação do restante da cidade.

Esse fenômeno já podia ser observado na justificativa da decisão do marquês do Lavradio a respeito da transferência do mercado de escravos para o Valongo[126]. Sua intenção era claramente a de "afastar o incômodo local de venda" para longe do centro da cidade. A partir de um debate que já havia envolvido a Câmara Municipal e os médicos locais, o marquês alegava que a presença de escravos novos em meio às moradias contribuía para a sujeira, a insalubridade e, principalmente, para a difusão de epidemias e doenças trazidas por eles da África. Prometia, ainda, que o Valongo seria um local mais organizado e que primaria pela limpeza, de modo que impediria a propagação de chagas pela cidade e diminuiria a mortalidade de escravos. Note-se que a decisão foi, portanto, fundamentada em argumentos sanitaristas. As condições, estruturas e práticas na região portuária revelam, todavia, que o efeito da decisão do marquês do Lavradio foi apenas o de deslocamento do comércio de escravos para o porto. Como as diversas formas de violência e insalubridade associadas a esse comércio

---

[121] Reinaldo Bernardes Tavares, *Cemitério dos Pretos Novos, Rio de Janeiro, século XIX*, cit., p. 136.
[122] Cláudio de Paula Honorato, "Controle sanitário dos negros novos no Valongo", cit., p. 2.
[123] Júlio César Medeiros da Silva Pereira, "Revisitando o Valongo", cit., p. 223-4 e 240.
[124] Reinaldo Bernardes Tavares, *Cemitério dos Pretos Novos, Rio de Janeiro, século XIX*, cit., p. 93.
[125] Carlos Haag, "Os ossos que falam", cit., p. 26; e Cláudio de Paula Honorato, "Controle sanitário dos negros novos no Valongo", cit., p. 116.
[126] Júlio César Medeiros da Silva Pereira, *À flor da terra*, cit., p. 73-4; idem, "Revisitando o Valongo", cit., p. 223-4.

permaneceram intactas, o argumento sanitarista que fundamentava a transferência para o Valongo destinava-se exclusivamente à valorização da região central.

Nesse sentido, a transferência do mercado de escravos se orientou claramente pelo processo de afastamento e invisibilização dessa prática, que desvalorizava o espaço onde era realizada. Tratou-se, ainda, de política higienista, de limpeza das regiões ocupadas pela população mais nobre do Rio. Na linha de Tavares[127], a conclusão mais óbvia é que a construção do complexo do Valongo serviu para "isolar o mercado da boa sociedade colonial" e "afastá-lo da visão dos fidalgos". Tal construção levou à disjunção e cisão entre as regiões habitadas pelas classes populares subalternas e aquelas ocupadas pelas classes dominantes.

No caso da região do Valongo, um dado importante para compreender esse processo foi a quantidade de reclamações e protestos dos moradores locais que pressionavam o poder público para fechar o Cemitério dos Pretos Novos[128]. A partir de 1820, é possível encontrar requerimentos ao príncipe regente que foram processados pelo juiz de crime e manifestações do provedor-mor da Saúde. Cada um desses atos demandaria uma reflexão própria. Mas o que importa para este livro é o fato de que a permanência do cemitério resistiu a todas as reclamações e manteve um processo de gradativa desvalorização das moradias da região, que passou, cada vez mais, a ser ocupada por pessoas pobres, enquanto as demais regiões do Rio de Janeiro – como Lapa, Catete, Glória, Flamengo e Botafogo – serviam às elites sempre à procura de "melhores ares"[129].

A chegada da família real tornou essa cisão ainda mais visível. A partir de 1808, o número de importação de escravos desembarcados no porto do Rio de Janeiro aumentou de maneira significativa, conforme mencionado, juntamente com o número de mortos enterrados no cemitério e com o aumento de relatos negativos de viajantes a respeito dos maus-tratos e insalubridade do mercado[130]. Ao mesmo tempo, a vinda da família real desencadeou a implementação de políticas urbanas, como o edital de 11 de junho de 1808 que, por meio de diversos melhoramentos de infraestrutura, incentivou a expansão da cidade[131]. Esse tratamento diferenciado para a região portuária consolidou-a como espaço de "brancos pobres, escravos de ganho ou negros libertos que ganhavam a vida com trabalhos esporádicos no porto"[132].

O cemitério e o mercado resistiram até mesmo à lei de 1831, segundo a qual eram declarados livres todos os africanos desembarcados no Brasil. O tráfico seguiu de forma ilegal e só seria definitivamente abolido depois do tratado de extinção do tráfico de

---

[127] Reinaldo Bernardes Tavares, *Cemitério dos Pretos Novos, Rio de Janeiro, século XIX*, cit., p. 54.
[128] Júlio César Medeiros da Silva Pereira, *À flor da terra*, cit., p. 77 ss.
[129] Ibidem, p. 34.
[130] Cláudio de Paula Honorato, *Valongo*, cit., p. 74.
[131] Ibidem, p. 59.
[132] Júlio César Medeiros da Silva Pereira, *À flor da terra*, cit., p. 34.

escravos imposto pela Inglaterra em março de 1845, o *Bill Aberdeen*, efetivado pela Lei Eusébio de Queiroz, promulgada no Brasil em 1850[133].

A chegada da imperatriz Tereza Cristina ao Brasil, em 1843, é usada como ensejo para uma ampla reforma do cais do Valongo e de reforma urbana da área, então estigmatizada pelos negócios escravagistas. A área que passa então a se chamar cais da Imperatriz continuaria servindo como praça e cais até o começo do século XX, quando é aterrada para a construção do novo porto do Rio de Janeiro. O grupo de arqueólogos e pesquisadores que esteve à frente das escavações na região, e que a partir de 2011 revelaram parte importante das estruturas tanto do cais do Valongo, nas feições conferidas pelas obras de 1811, quanto do cais da Imperatriz, culminando com o reconhecimento da área como patrimônio cultural da humanidade, acredita que a remodelação de 1843 ficou incompleta. O grupo também entende que, a partir das muitas petições de novas intervenções na área durante o final do século XIX, a remodelação de 1843 não foi suficiente para reverter o processo de "degradação contínua" da área[134].

Nos termos deste livro, pode-se afirmar que, a partir desse momento, a região vai perdendo importância como espaço da acumulação até o início do século XX, quando será objeto das reformas urbanísticas desencadeadas pelo presidente Rodrigues Alves e pelo prefeito Pereira Passos.

---

[133] Ibidem, p. 129. O mérito da Lei 581 (1850) foi tipificar não apenas a conduta do traficante de escravos, mas de todos os envolvidos na cadeia do tráfico, como autores de crime. Conforme seu artigo 3º: "São autores do crime de importação, ou de tentativa dessa importação o dono, o capitão ou mestre, o piloto e o contramestre da embarcação, e o sobrecarga. São complices a equipagem, e os que coadjuvarem o desembarque de escravos no território brasileiro, ou que concorrerem para os occultar ao conhecimento da Autoridade, ou para os subtrahir á apprehensão no mar, ou em acto de desembarque, sendo perseguido".

[134] Tania Andrade Lima, Glaucia Malerba Sene e Marcos André Torres de Souza, "Em busca do Cais do Valongo, Rio de Janeiro, século XIX", cit., p. 313.

IV

DOS PRIMEIROS ENSAIOS DA INDUSTRIALIZAÇÃO À FINANCEIRIZAÇÃO: "PEQUENA ÁFRICA" *VERSUS* PORTO MARAVILHA

O fim do tráfico negreiro com a decorrente liberação dos capitais por ele acumulados e a busca de diversificação de investimentos por aqueles que vinham obtendo altos ganhos com a exportação de produtores primários foram importantes fatores de propulsão das atividades industriais a partir da segunda metade do século XIX, sobretudo na região do Rio de Janeiro. Essas atividades ganharam vulto nas primeiras décadas do século XX, ainda que a perda de protagonismo econômico e a mudança da capital federal em 1960 tenham imposto limites à acumulação de capital industrial na região. Mais recentemente, o processo de desindustrialização precoce pelo qual passa o Brasil e o avanço da financeirização são sentidos no Rio de Janeiro de maneira particularmente pronunciada. A região portuária, uma vez mais, funciona nesse período como um espelho que reflete de forma ampliada as mudanças no padrão de acumulação. Debilmente conectada ao processo de acumulação durante a fase industrial, busca-se, com o projeto Porto Maravilha, reintegrar a região à acumulação agora financeira do capital.

Essas são as inflexões que o presente capítulo narra e analisa de forma breve. Para tornar esses movimentos compreensíveis, é necessário retornar a uma legislação de meados do século XIX, a Lei de Terras de 1850, que cria, efetivamente, um mercado fundiário no país. Os objetivos do capítulo norteiam sua estrutura. Começaremos, assim, pela Lei de Terras de 1850. Em seguida, comentaremos os ensaios de industrialização e as reformas urbanas que os acompanharam, bem como as transformações no uso e ocupação da região portuária. Por fim, apresentaremos o projeto Porto Maravilha e as expectativas e contradições abertas por ele.

A Lei de Terras de 1850

O ano de 1850, além de ser a data de promulgação da Lei Eusébio de Queiroz que, como visto, levou ao fim o tráfico de pessoas escravizadas da África para o Brasil, é marcado também pela promulgação de outra legislação, igualmente importante, para o estudo da acumulação capitalista: a Lei de Terras. Promulgada em 18 de setembro de 1850, regulamentou a propriedade privada da terra no Brasil. Desde o início da colonização e até a Independência do Brasil, em 1822, prevaleceu o regime de sesmarias, que dava à Coroa portuguesa o direito de ceder o uso das terras da colônia a quem lhe conviesse, atendendo a seu objetivo de ocupar e assegurar as fronteiras de seus domínios. Os sesmeiros, por sua vez, como faziam as irmandades e ordens religiosas, podiam arrendar ou ceder seus terrenos a meeiros em troca de pagamento em dinheiro ou participação no que fosse produzido na respectiva área. Não obstante, mesmo após a cessão e ocupação das terras pelos sesmeiros, a Coroa mantinha em última instância a propriedade do território. Dado o objetivo primeiro de ocupar o espaço e estimular seu uso produtivo de modo a gerar tributos para a Coroa, a simples posse (não oficialmente concedida) da terra não era necessariamente punida, registrando-se muitos casos em que posseiros foram agraciados, depois da ocupação, com a concessão da respectiva sesmaria[1].

Enquanto a terra foi trabalhada, fundamentalmente, pelos braços de africanos e seus descendentes em regime de escravidão, o uso e a ocupação de novas terras (ainda não ocupadas) não precisavam ser objeto de fiscalização rígida nem era necessário prever penalidades ou sanções severas para os posseiros. Afinal, a produção nas *plantations* estava assegurada pela oferta de escravos adscritos à terra dominada por seu senhor. Bastava impor penas a quem tentasse escapar ou se rebelar contra sua escravização, como já foi dito. Entretanto, com a proibição do tráfico e a transição para o trabalho assalariado na economia agroexportadora, era preciso assegurar a separação entre potenciais trabalhadores assalariados e a terra, para que estes "aceitassem" o regime de assalariamento.

Consoante com esse propósito, a Lei de Terras de 1850, juntamente com regulamento adicional de 1854, veio preencher o vazio jurídico com o fim do regime de sesmarias após a Independência do Brasil. Assim, a lei estabelece critérios claros para o reconhecimento da posse e transferência da propriedade de terras que estivessem devidamente cultivadas e ocupadas. As que não cumprissem os requisitos do uso produtivo passavam a ser tratadas como terras devolutas, portanto, propriedade do Estado, que só podiam retornar a proprietários particulares por meio de compra e venda e do devido pagamento. Sua ocupação por outro meio que não a compra e venda ficava, por sua vez, sujeita a "pesadas penalidades"[2]. Ao mesmo tempo, a lei estabelecia deveres para o Estado no sentido de promover a imigração para o Brasil de trabalhadores estrangeiros livres, capazes de prover a demanda de mão de obra das fazendas agroexportadoras e de outras atividades que já não mais podiam contar com o trabalho escravo.

---

[1] Ricardo Marcelo Fonseca, "A Lei de Terras e o advento da propriedade moderna no Brasil", *Anuario Mexicano de Historia del Derecho*, v. 17, 2005, p. 106.
[2] Ibidem, p. 108.

Os custos do financiamento da empresa imigratória, bem como do vasto processo administrativo envolvido na medição e regulamentação da propriedade das terras públicas e privadas, deveriam ser cobertos, conforme estabelecia a Lei de Terras de 1850, pelas receitas obtidas da venda de terras públicas. Dada sua abrangência, há que se dar razão a Fonseca[3] quando conclui que a Lei de Terras, por meio de seus diferentes instrumentos e a despeito das dúvidas de historiadores sobre a capacidade do Estado brasileiro no século XIX de fazer valer o que a respectiva legislação determinava, representa inflexão fundamental na noção de propriedade no país na medida em que gera a disponibilidade de terra "(e também a mão de obra) para um mercado 'livre' e capitalista"[4].

A Lei de Terras, ainda que tenha afetado mais diretamente as áreas rurais, tem consequências importantes para a reordenação urbana do Rio de Janeiro. Particularmente relevante é seu efeito no que se refere à relação entre Estado e Igreja, já que, durante o período colonial, as "ordens religiosas com seus patrimônios imobiliários e fundiários se constituíram, nas cidades, no vetor determinante da ocupação"[5]. O protagonismo no ordenamento imobiliário coube primeiramente aos jesuítas. Em 1759, eles foram expulsos da colônia, mas os beneditinos continuaram tendo papel central no setor imobiliário. Como os primeiros, estes produziam, em suas fazendas, materiais de construção, supervisionavam o trabalho dos escravos que construíam as casas e depois as arrendavam à população não nobre que, por não ser ela mesma agraciada com sesmarias, não tinha outra forma de acesso à moradia e representava, assim, um grupo de clientes cativos dos religiosos[6].

Na medida em que criava um mercado capitalista de terras, a lei de 1850 mudava completamente a lógica anterior, levando a um rápido fracionamento de solos e terrenos tanto nas áreas centrais quanto nas rurais adjacentes à cidade, que iam se transformando ao longo das últimas décadas do século XIX e início do XX em áreas suburbanas. Nesse movimento, as grandes extensões de terra "pertencentes a senhores de engenho ou frades religiosos e aforadas a terceiro [...] [passam a] sociedades anônimas e empresas loteadoras [...] maiores adquirentes das terras com o objetivo de construção de engenhos centrais, com capital de bancos particulares, ou de vilas e pequenos loteamentos"[7].

Ensaios de industrialização

A expansão das atividades industriais esteve restrita até os anos 1930 a um conjunto relativamente reduzido de setores, com destaque para as indústrias de alimentos e

---

[3] Ibidem, p. 111-2.
[4] Idem.
[5] Fania Fridman, *Donos do Rio em Nome do Rei: uma história fundiária da cidade do Rio de Janeiro* (Rio de Janeiro, Zahar/Garamond, 1999), p. 235.
[6] Idem.
[7] Ibidem, p. 223.

bebidas, tecidos e roupas, couro, madeira e indústria metalúrgica para responder à demanda, sobretudo, de utensílios agrícolas. Nesse sentido, as atividades industriais desenvolvidas na região do Rio de Janeiro – na época, o principal polo industrial do país – refletiam as características mais gerais do processo de industrialização do país que, até a crise mundial desencadeada pela quebra da bolsa de Nova York em 1929, era atividade de menor relevância econômica e subordinada, de algum modo, ao setor agroexportador, motor da economia[8].

Com a crise internacional e a falência do modelo agroexportador advieram as dificuldades de importação de produtos manufaturados, ao mesmo tempo que, do ponto de vista da política interna, as oligarquias rurais que dominavam o cenário nacional perdiam sua hegemonia. Inicia-se um período de forte intervenção do Estado na economia com o objetivo de indução do processo que ficou conhecido como Industrialização pela Substituição de Importação (ISI). Isto levou, sobretudo a partir dos anos 1940, a uma ampla expansão das atividades industriais por meio da diversificação da produção de bens de consumo, que passou a incluir, crescentemente, bens de consumo duráveis, e do impulso à produção de bens de produção. Criou-se também uma variada gama de mecanismos e instituições próprias ao Estado desenvolvimentista, a saber, um conjunto de agências especializadas no financiamento da indústria, na gestão das políticas industriais e setoriais e no controle da política monetária[9].

Essas mudanças rumo ao desenvolvimento das atividades industriais refletiram-se nas formas de ocupação do espaço urbano. Durante o período dos primeiros impulsos industrializantes que estiveram restritos a setores mais tradicionais, o grosso das atividades industriais estava situado nas áreas mais centrais da cidade do Rio de Janeiro. Já nos anos 1950, a tendência à concentração patrimonial das indústrias e o aumento de tamanho das plantas das fábricas exigiram o deslocamento das atividades para a região suburbana e para outros municípios do estado do Rio de Janeiro. Como mostram Oliveira e Rodrigues[10], o processo de esvaziamento da importância da cidade do Rio como centro industrial prosseguiu em passos acelerados nas décadas seguintes. Para tanto, concorrem, além do mencionado deslocamento das atividades industriais para outros municípios do Estado, ao menos três outros processos observados em cada uma das décadas seguintes:

---

[8] Maria Antonieta P. Leopoldi, *Política e interesses na industrialização brasileira* (São Paulo, Paz e Terra, 2000), p. 41 ss.

[9] Wilson Cano, "Crise e industrialização no Brasil entre 1929 e 1954: a reconstrução do Estado Nacional e a política nacional de desenvolvimento", *Revista de Economia Política*, v. 35, n. 3, 2015, p. 446 ss; e Pedro Cezar Dutra Fonseca e Ivan Colangelo Salomão, "Industrialização brasileira: notas sobre o debate historiográfico", *Tempo*, v. 23, n. 1, 2017, p. 86-104.

[10] Alberto Oliveira e Adrianno O. Rodrigues, "Industrialização na periferia metropolitana do Rio de Janeiro: novos paradigmas para velhos problemas", *Semestre Económico*, v. 12, n. 24 (Edición especial), 2009, p. 132 ss.

i) a política de descentralização das atividades econômicas promovida pelos governos militares (1964-1985) com o intuito, entre outros, de favorecer as oligarquias regionais reduziu a disponibilidade de investimentos no Centro-Sul do país. Essa descentralização, se "teve rebatimentos positivos sobre a indústria paulista" devido ao seu quase monopólio da indústria de bens de capital, foi desastrosa para a atividade industrial no Rio de Janeiro[11];

ii) os anos 1980 foram marcados pela crise da dívida, que assinalou "o início do processo de financeirização da economia brasileira"[12]. Como se sabe, depois de se endividarem a taxas de juros internacionais baixas, nos anos 1970, muitos países em desenvolvimento, entre eles, o Brasil, foram forçados, nos anos 1980, a amortizar as dívidas contraídas que, dada a alta dos juros, haviam aumentado exponencialmente. A pressão pela geração de superávits na balança de pagamentos para quitar a dívida comprometeu crescentemente a política de industrialização pela substituição de importação. A isso se junta a alta dos juros domésticos motivada pela necessidade de captação de recursos para a rolagem da dívida pública interna, o que levou as empresas a abrirem mão de investimentos produtivos em favor de maciças aplicações no mercado financeiro, alimentando a financeirização;

iii) nos anos 1990, as políticas de reajuste e austeridade fiscal aprofundaram as consequências sociais da crise dos anos 1980. Diferentemente das medidas adotadas nos anos 1980, baseadas na desvalorização da moeda brasileira, de modo a estimular as exportações e conter as importações com o intuito de gerar superávits comerciais para pagar os juros da dívida externa, o "ajuste macroeconômico", materializado no chamado Plano Real de 1994, tinha como prioridade conter a inflação por meio de uma política de fortalecimento da nova moeda nacional, o real. O real valorizado, contudo, ao baratear e estimular as importações, favoreceu a entrada de manufaturados no país, criando dessa forma uma concorrência difícil para a indústria nacional. Inicia-se, com isso, a chamada desindustrialização precoce da economia brasileira, processo até hoje não revertido. A política de moeda forte e juros altos alimentou também a financeirização, "aumentando a valorização do capital fictício em detrimento do produtivo com lucros exacerbados do sistema financeiro; aumento do endividamento privado e principalmente público; aumento da riqueza do segmento *rentier* da sociedade"[13]. Essas consequências são também verdadeiras para a economia do estado do Rio de Janeiro, ainda que o avanço das explorações de petróleo na bacia de Campos, situada ao norte da cidade do Rio, tenha trazido algum dinamismo para a economia da região. Para a capital do estado, contudo, o final dos anos 1990 representou o fim de um ciclo, no qual a cidade que foi o principal núcleo e motor da

---

[11] Ibidem, p. 132.
[12] Ibidem, p. 133.
[13] Wilson Cano, "Brasil – construção e desconstrução do desenvolvimento", *Economia e Sociedade*, v. 26, n. 2, 2017, p. 282.

nascente atividade industrial do país nos finais do século XIX e começo do XX passou a desempenhar outras funções:

> A cidade do Rio de Janeiro, após o ajustamento causado pela saída da estrutura burocrática federal, remodelaria o seu peso na economia estadual reafirmando a sua função de provedora de serviços modernos, enquanto a Baixada Fluminense reforçaria sua herança com a consolidação das indústrias Metal-mecânica e da Petroquímica.[14]

Pequena África

As transformações observadas nas formas de ocupação e uso de sua região portuária acompanham este movimento mais geral nas novas funções que a cidade do Rio de Janeiro assume e aquelas que perde desde finais do século XIX. Assim, na segunda metade do século XIX, a cidade foi crescendo e se adensando em áreas afastadas do porto, enquanto a região portuária foi se desvalorizando comercialmente. Essa desvalorização foi consolidada após a extinção do tráfico negreiro, que implicou o fechamento do mercado de escravos e do Cemitério dos Pretos Novos. Junto à desaceleração econômica, a ocupação das adjacências do porto, sobretudo nas áreas mais altas, nos morros da Providência e do Pinto, passou a ser feita cada vez mais por negras e negros alforriados e depois libertos. Um dos marcos de ocupação desses morros é a chegada ao Rio, em 1897, dos combatentes da Guerra de Canudos, movimento messiânico debelado no interior da Bahia. Uma vez que o governo federal não cumpriu a promessa de providenciar moradia para os ex-combatentes no Rio de Janeiro, eles ocuparam o renomeado morro da Providência, que ficaria conhecido como morro da Favela em alusão ao morro junto à cidade de Canudos e ao arbusto comum no sertão baiano chamado faveleira. Ainda que, como destaca Cardoso, essa espécie de mito fundador da favela careça "de maiores provas documentais", parece ter surgido aí a "favela que deu nome a todas as outras"[15].

Com a abolição da escravidão em 1888 e a chegada ao Rio de Janeiro de fluxos importantes de migrantes internos provindos principalmente do Nordeste brasileiro, a região portuária vai consolidando sua vocação como área de moradia da população pobre vivendo em condições precárias de infraestrutura e saneamento básico[16].

---

[14] Alberto Oliveira e Adrianno O. Rodrigues, "Industrialização na periferia metropolitana do Rio de Janeiro", cit., p. 135.
[15] Rafael Cardoso, "Do Valongo à favela: a primeira periferia do Brasil", cit., p. 23.
[16] Os usos comerciais das áreas adjacentes ao porto também mudam, abrigando atividades consideradas menos nobres como o comércio sexual para a clientela de baixo poder aquisitivo: "[...] O sexo comercial era geograficamente segregado por classe e raça: a prostituição de rua barata, oferecida principalmente por mulheres negras, concentrava-se na paróquia de Sacramento, ao norte e oeste das docas. Na outra ponta do espectro social, as prostitutas multirraciais que serviam uma clientela de elite gozavam de certa liberdade de movimento entre os bordéis, cabarés e casas particulares

Apelidada pelo compositor e artista plástico Heitor dos Prazeres (1898-1966) de "Pequena África", a região tornou-se centro da população e cultura afrodescendente, em especial em fins do século XIX[17]. Assim, ao reunir desde a escravidão negros alforriados e, após a abolição, negros libertos, a "Pequena África" tornou-se um espaço dinâmico de produção da cultura afro-brasileira que, todavia, era vista com desdém pela elite preocupada em reproduzir no país a alta cultura europeia.

Os morros em torno da região portuária, com a "Pequena África", seu núcleo de articulação política e cultural, foram, ainda, o lugar onde se desencadearam as principais revoltas populares do início do século XX no Brasil: a Revolta da Vacina e a Revolta da Chibata. Enquanto a primeira é um marco da resistência às políticas higienistas que levaram à destruição dos cortiços e às recorrentes tentativas de afastamento da população pobre e negra da área central[18], a segunda é um símbolo da luta contra a mentalidade escravista que, ao persistir após a abolição, materializava-se nos castigos físicos praticados por oficiais da Marinha contra marinheiros negros[19]. Essas revoltas são acompanhadas e seguidas por lutas de estivadores e pela proteção da cultura afrodescendente.

Os morros adjacentes à região portuária tornaram-se então um espaço de sociabilidade, vivência e resistência da população pobre e negra[20]. Ali, essas pessoas moravam em casebres, cortiços e favelas; trabalhavam nos serviços de carga e descarga do porto; professavam seus costumes, danças e religião; reuniam-se em associações de trabalhadores da estiva. Esse ambiente expressava o elo entre as práticas da cultura afrodescendente, o lugar do trabalho e a organização política dos moradores. Assim, as casas de cultos religiosos africanos eram, ao mesmo tempo, residência de estivadores e local de festas. Do mesmo modo, importantes associações de trabalhadores, como a Sociedade de Resistência dos Trabalhadores em Trapiches de Café, constituídas maciçamente por negros, organizavam os ranchos de carnaval.

É nesse espaço físico e ambiente cultural que são cultivadas e transformadas manifestações como a capoeira, o candomblé e os ritmos afro-brasileiros. É também aí que nasce o samba, combinando ritmo, letra e dança. Tia Ciata ou Ciata de Oxum, nome pelo qual ficou conhecida Hilária Batista de Almeida, cozinheira, religiosa do candomblé e animadora cultural, nascida em 1854, em Santo Amaro da Purificação, no Recôncavo Baiano, e falecida em 1924 no Rio de Janeiro, foi uma das principais protagonistas do movimento. Depois de migrar para o Rio de Janeiro, fugindo das perseguições motivadas por razões religiosas sofridas na Bahia, Tia Ciata vai

---

da cidade" (Daryle Williams, Amy Chazkel e Paulo Knauss de Mendonça (orgs.), *The Rio de Janeiro reader: history, culture, politics*, cit., p. 130).

[17] A "Pequena África", conforme Roberto Moura, *Tia Ciata e a Pequena África no Rio de Janeiro*, cit., p. 92, se estendia da zona do cais do porto até a Cidade Nova, tendo como "capital" a praça Onze.

[18] Leonardo A. de Miranda Pereira, *As barricadas da saúde: vacina e protesto popular no Rio de Janeiro da Primeira República* (São Paulo, Fundação Perseu Abramo, 2002).

[19] Álvaro Pereira do Nascimento, *Cidadania, cor e disciplina na Revolta dos Marinheiros de 1910* (Rio de Janeiro, Mauad, 2008).

[20] Roberto Moura, *Tia Ciata e a Pequena África no Rio de Janeiro*, cit., p. 69 ss.

articulando em torno de sua casa o que se tornaria um núcleo relevante de manifestações culturais afro-brasileiras[21].

Ainda que aquela região da cidade fosse estigmatizada como violenta e "incivilizada", gestavam-se ali os repertórios culturais que, ao longo do século XX, se tornariam a face mais conhecida do Brasil no mundo, como exemplifica Cardoso[22] para o caso do Carnaval:

> As décadas entre 1910 e 1930 são lembradas como época de nascimento do Carnaval moderno no Rio de Janeiro. Nesse anos, nomes canônicos do samba como Donga, João da Baiana, Sinhô, Heitor dos Prazeres e Pixinguinha frequentaram a Saúde, Gamboa, estendendo dali para a praça Onze o epicentro do Carnaval.[23]

Do ponto de vista da acumulação do capital, no entanto, na virada do século XIX para o XX, o espaço adjacente ao porto já se encontrava suficientemente desvinculado do mercado para constituir um estoque de possíveis ativos a serem (re)integrados aos processos de criação de valor. Nesse momento, a zona portuária participou da nova fase da expansão do capital, exigida nos termos da demanda global do capitalismo industrial. Para tanto, as intervenções públicas promovidas pelo presidente da República, Rodrigues Alves, e pelo prefeito do Rio de Janeiro, Pereira Passos, foram fundamentais.

Rodrigues Alves e a modernização do porto

As reformas do porto do Rio de Janeiro promovidas por Rodrigues Alves, que presidiu o Brasil no período de 1902 a 1906, buscaram modernizar os serviços portuários e ampliar a capacidade de escoamento de mercadorias, de modo a facilitar a entrada de produtos industrializados provenientes da Europa e dos Estados Unidos, e atrair mão de obra estrangeira para a lavoura cafeeira após o fim da escravidão[24].

---

[21] Ibidem.
[22] Rafael Cardoso, "Do Valongo à favela: a primeira periferia do Brasil", em Clarissa Diniz e Rafael Cardoso (orgs.), *Do Valongo à favela: imaginário e periferia* (Rio de Janeiro, Instituto Odeon, 2015), p. 20.
[23] A referência ao "moderno carnaval" aqui é fundamental para distinguir o carnaval que se popularizou no século XX e nasceu dos chamados ranchos carnavalescos da região portuária do carnaval de máscaras da segunda metade do século XIX transportado de Veneza para os salões da elite carioca. Como mostra Alencastro, a partir dos anos 1840, "nos bailes maiores, mais públicos, ocorreu uma ruptura fundamental. Separou-se a festa da rua, popular e negra, embora de origem portuguesa – o entrudo –, da festa do salão branco e segregado, o Carnaval" (Luiz Felipe de Alencastro (org.), "Vida privada e ordem privada no Império", em *História da vida privada no Brasil* (São Paulo, Companhia das Letras, 1997), v. 2, p. 52).
[24] Augusto I. F. Pinheiro e Nina M. C. E. Rabha, *Porto do Rio de Janeiro: construindo a modernidade* (Rio de Janeiro, Andrea Jacobsson Estúdio, 2004), p. 65.

As obras federais no porto do Rio de Janeiro desenvolvidas durante o governo de Rodrigues Alves respondiam à tendência internacional de substituir o trabalho humano por guindastes e máquinas a vapor, como havia se dado pioneiramente no porto de Londres e mais tarde no de Buenos Aires. Diversas reformas foram realizadas, entre elas, a construção de um novo cais com 3.500 metros e de dezoito armazéns[25]. Para sua consecução, desapareceram dez praias das quais, atualmente, só restam os nomes: Prainha, Saúde, Chichorra, Gamboa, Valongo, Formosa, Palmeiras, Lázaros, São Cristóvão e Caju. O cais do porto foi sendo expandido por etapas e a obra final, mesmo inconclusa, foi inaugurada em 1910 já pelo presidente Nilo Peçanha[26]. Durante as reformas, confiadas à construtora inglesa C. H. Walker & Co Ltd, muitas casas na região do antigo Valongo foram sacrificadas, levando seus moradores, muitos deles ex-escravos migrados da Bahia, a se deslocarem para a região da Cidade Nova[27].

As reformas no porto serviram para revitalizar suas funções no âmbito da acumulação global do capital por suas atividades-fim, como porta de entrada e saída de mercadorias para o mercado mundial, e também pela atividade-meio, enquanto serviços de embarque e desembarque prestados pelo porto. É igualmente relevante a integração do Rio de Janeiro, desde então, ao mercado turístico global, na medida em que o porto, com suas novas instalações, se tornou ponto de parada recorrente dos grandes cruzeiros que visitavam a América Latina[28].

A reforma Pereira Passos

A reforma urbana do Rio de Janeiro desencadeada pelo prefeito designado por Rodrigues Alves, o engenheiro Pereira Passos, para o período de 1902 a 1906, era de certa forma complementar e funcional às obras de modernização do porto, na medida em que tinha como núcleo a abertura de grandes vias ligando a zona portuária às demais regiões da cidade, facilitando a chegada e saída de produtos do porto para o interior da cidade e do país. As novas vias seguiam também a lógica da cidade orgânica, integrada, em que não só o porto e o comércio nas áreas centrais estavam interligados, mas também as áreas de expansão ao sul (Botafogo, Copacabana etc.) e

---

[25] Eliana Miranda Araújo da Silva Soares e Fernando Diniz Moreira, "Preservação do patrimônio cultural e reabilitação urbana: o caso da zona portuária da cidade do Rio de Janeiro", *Da Vinci*, Curitiba, v. 4, n. 1, 2007, p. 105; e Simone Pondé Vassallo, "Culturas em disputa: a criação do programa Porto Maravilha Cultural no projeto de revitalização da região portuária do Rio de Janeiro", em Geraldo Pontes Jr., Mauricio B. de Castro e Myrian Sepúlveda dos Santos (orgs.), *Diálogos interdisciplinares: literatura e políticas culturais* (Rio de Janeiro, Ed. UERJ, 2015), p. 63.
[26] Augusto I. F. Pinheiro e Nina M. C. E. Rabha, *Porto do Rio de Janeiro*, cit., p. 65.
[27] Claudio Figueiredo, *O porto e a cidade: o Rio de Janeiro entre 1565 e 1910* (Rio de Janeiro, Casa da Palavra, 2005), p. 185.
[28] Ibidem, p. 188.

nos subúrbios (Meier, Engenho Novo etc.) encontravam acesso rápido ao núcleo central, propulsor de "civilização", com seus teatros e faculdades.

Inspirado pela remodelação de Paris conduzida pelo prefeito Georges-Eugène Haussmann entre 1853 e 1870, Pereira Passos buscou, ainda, completar a obra do governo federal do ponto de vista da ideologia modernizante, no sentido de sepultar as marcas coloniais e, a seu juízo, passadistas, que ainda caracterizavam o centro do Rio de Janeiro. Além do programa propriamente urbanístico, Pereira Passos desencadeou uma política higienista e disciplinadora, penalizando comportamentos considerados incompatíveis com a cidade moderna, proibindo práticas religiosas ligadas ao candomblé e punindo manifestações de música e dança afrodescendentes. Como visto, isso se deu no mesmo momento em que, precisamente, no âmbito da chamada "Pequena África", começaram a se desenvolver as manifestações que iriam conformar mais tarde o samba. Desse modo, Pereira Passos, em seu afã de modernizar a antiga capital da colônia, era o portador e operador mais ousado do programa de imitar a Europa e eliminar e reprimir qualquer expressão da cultura popular local que se distanciasse de seu ideal civilizatório:

> Na tentativa de impor "civilidade" ao habitante da urbe, Pereira Passos vai emitindo, ao longo de sua gestão, uma série de proibições relativas a práticas urbanas comuns na cidade: proíbe que se cuspa na rua e nos bondes, proíbe a vadiagem de caninos, proíbe que se façam fogueiras nas ruas da cidade, que se soltem balões, proíbe a venda ambulante de loterias, de exposição de carnes à venda nas ruas, também proíbe o trânsito de vacas leiteiras na cidade e andar descalço e sem camisa. Em uma ação conjunta com tais restrições, Pereira Passos busca substituir antigas práticas urbanas por novos hábitos tidos como "civilizados". Dessa forma, o prefeito proíbe o entrudo, substituindo-o pela batalha de flores, e derruba os quiosques do centro da cidade, estimulando com a sua reforma a abertura de lojas para o chá da tarde.[29]

Além disso, a reforma Pereira Passos levou à remoção de centenas de edifícios e a obras monumentais de infraestrutura com o intuito de valorizar a zona Centro-Sul da cidade do Rio de Janeiro, restando à população mais pobre se mudar para os subúrbios ou a se instalar em moradias simples nos morros adjacentes ao porto reformado e renovado. A reforma Pereira Passos visava, assim, no contexto de uma renovação urbana do Rio de Janeiro que adotava a "alta cultura ocidental" como modelo, revalorizar imóveis e terrenos da região central a partir da imposição de medidas sanitárias e urbanísticas, apresentadas como a materialização do ideal civilizatório europeu.

Do ponto de vista que nos interessa aqui, dos nexos com a acumulação capitalista, a reforma urbana promovida por Pereira Passos reforça, em linhas gerais, os efeitos desencadeados pela "modernização tecnológica" de Rodrigues Alves. De um

---

[29] André Nunes de Azevedo, "A reforma Pereira Passos: uma tentativa de integração urbana", *Revista Rio de Janeiro*, n. 10, 2003, p. 62-3.

lado, ambas seguiram uma lógica repressiva contra a população local. Suas organizações políticas, bem como os espaços de reunião da luta sindical dos estivadores e de manifestação da cultura negra, foram duramente criminalizados, na medida em que eram identificados como obstáculos à expansão da acumulação e do imaginário de civilização. A ação do Estado na região se limitava, assim, ao lado disciplinador: proibia a organização dos trabalhadores portuários, as práticas religiosas, a música e a dança. Todo esse processo levou à expulsão dos antigos moradores em nome do embelezamento da região e da modernização do porto.

Do outro lado, as reformas facilitaram o acesso entre a região portuária e o restante da cidade e otimizaram as funções do porto como elo entre o Brasil e a economia mundial. Isso propiciou a maximização dos ganhos com os serviços portuários, entregues, depois da vultuosa remodelação pública do porto pelo governo federal, ao concessionário privado Daniel Henninger & Damart & Comp., "que logo cedeu por transferência seus direitos à Compagnie du Port de Rio de Janeiro"[30].

No âmbito das terras contíguas ao porto, ambas reformas promoveram uma transformação tanto nas áreas planas, em parte expandidas por aterros e demolições, quanto nos morros adjacentes. As áreas planas, de propriedade do governo federal, passaram a ser ocupadas por armazéns e repartições públicas, permanecendo "vazias" e só sendo utilizadas em reformas futuras[31]. Os morros, por sua vez, foram ocupados cada vez mais pela população pobre, quer aquela desalojada dos cortiços da área central que Pereira Passos mandou demolir, quer a dos novos migrantes que chegavam à cidade. Seja como for, eram terras urbanas que não faziam parte, propriamente, do mercado imobiliário no qual circulavam as somas mais importantes e, ainda que tivessem algum valor de troca, encontravam-se desintegradas do grande circuito de acumulação capitalista.

A desmercantilização da região portuária no século XX

De modo geral, pode-se dizer que, da mesma maneira que a região portuária passa por um processo de desconexão do núcleo dinâmico da acumulação capitalista, também o porto, em suas atividades-fim e meio, se tornaria décadas mais tarde pouco relevante para o processo de acumulação. Com efeito, no transcorrer do século XX, a política desenvolvimentista e sua ênfase na industrialização por substituição de importações exigiram um outro tipo de estrutura portuária capaz de lidar com volumes crescentes de importação de bens de capital e de exportação de matérias-primas e produtos agrícolas (que continuavam fundamentais). Portos tradicionais e localizados em áreas centrais, como o do Rio de Janeiro, viam sua capacidade de expansão limitada pelas novas funções e desenhos urbanos. Em seu lugar, surgiram novas cidades-portos que, localizadas ao lado de parques industriais, tornavam-se praticamente um

---

[30] Augusto I. F. Pinheiro e Nina M. C. E. Rabha, *Porto do Rio de Janeiro*, cit., p. 71.
[31] Ibidem, p. 68.

prolongamento da linha de montagem, possibilitando um trânsito rápido entre a importação, a produção e a exportação. Com isso, o porto do Rio de Janeiro cede seu lugar de importância para outros portos brasileiros.

Da mesma forma que o porto do Rio se tornou pouco atrativo para a inversão capitalista enquanto elo da economia brasileira com a mundial e espaço de produção de valor pela prestação de serviços portuários, seu entorno, como se viu, vivia longa etapa de desvalorização. A região chegou, assim, nos anos 1990 como espaço considerado precário e degradado, em que se buscava apagar até mesmo a vitalidade da produção político-cultural existente.

Um século após a remodelação do porto e da reforma urbana de Pereira Passos, configurou-se uma situação que, da perspectiva da acumulação do capital, é bastante diferente daquela observada no limiar do século XX. Isto é, do ponto de vista de suas atividades-fim (embarque e desembarque de mercadorias) e dos serviços portuários prestados, a importância do porto do Rio tornou-se gradativamente pouco relevante. De principal porto brasileiro no início do século XX passou neste primeiro quarto do século XXI ao nono lugar em movimentação de cargas, sofrendo, ainda, a concorrência direta do porto de Itaguaí, mais moderno, criado em 1982 e situado a menos de cem quilômetros ao sul do porto do Rio de Janeiro. Em 2016, o porto operou um volume de cargas que não chegava a representar 10% do volume movimentado pelo porto de Santos, o maior do país[32]. Além disso, conforme afirmado, as atividades portuárias foram deslocadas mais para o norte, para a região do bairro do Caju.

Em contrapartida, o solo urbano nas áreas próximas ao antigo porto vem sendo integrado novamente à dinâmica da acumulação. É preciso dizer que essa tendência é recente e representa, de alguma forma, uma reação aos problemas provocados pelo tipo de urbanização privilegiado nas últimas décadas do século XX. A mudança da capital para Brasília em 1960, levando com ela um grande número de repartições públicas e funcionários até então instalados no Centro do Rio de Janeiro, e o deslocamento crescente das classes mais abastadas para a Zona Sul, levaram à perda crescente de importância do Centro. No que se refere a essa decadência, cabe destacar também o papel do crescimento da cidade em direção à Barra da Tijuca, no Oeste da cidade, depois dos anos 1970. Como bem mostra Moreira[33]:

> O novo bairro seria um novo centro, capaz de oferecer alta qualidade de vida a seus habitantes, o que, para os ideais da época, significava vista livre, insolação, aeração, fácil circulação e especialização de funções, além de segurança, infraestrutura, comércio e serviços.

---

[32] ABRATEC, "Estatísticas", 2016. Disponível em: <http://www.abratec-terminais.org.br/estatisticas>. Acesso em: 9 abr. 2020.

[33] Clarissa da Costa Moreira, *A cidade contemporânea entre a tábula rasa e a preservação* (São Paulo, Editora Unesp, 2004), p. 82.

Instala-se, assim, um modelo de urbanidade claramente inspirado em cidades como Miami e fundado, socialmente, na homogeneidade social das classes médias altas e ricas numa região costeira e distante do centro. A homogeneidade só deveria ser quebrada pela "presença temporária dos trabalhadores domésticos, dos empregados do comércio local". Urbanisticamente, o modelo adotado é o da "dispersão de núcleos edificados no território, interligados por vias de circulação de automóveis e ligados ao resto da cidade por autopistas"[34].

Projeto Porto Maravilha

Nas últimas décadas, o modelo urbanístico descrito vai apresentando sinais claros de esgotamento. O número de automóveis se multiplica, as autopistas se congestionam e mesmo o espaço social homogêneo e seguro começa a apresentar fraturas diversas, na medida em que sinais de alguma mobilidade social aparecem no país democrático.

É nesse contexto que se modifica a dinâmica do mercado imobiliário do Rio de Janeiro, por meio do renovado incremento da procura de imóveis na região central, o que coloca em evidência o potencial de reintegrar a antiga zona portuária como espaço de moradia e prestação de serviços a grupos sociais mais abastados, como constatam Andreatta e Herce[35]:

> Pode parecer anedótico, mas em 2005 um empreendimento imobiliário desenvolvido na rua do Riachuelo, a aproximadamente um quilômetro da área portuária (o primeiro na região central após vinte anos), vendeu seus 688 apartamentos em menos de duas horas! Isso comprovou a existência de uma demanda residencial no Centro que começou a mudar o paradigma do mercado imobiliário, que até então considerava esse espaço inviável para operações econômicas voltadas à classe média. Esse foi um fato importante e simbólico, e muitos operadores imobiliários, que operavam apenas na Zona Sul da cidade, começaram a procurar terrenos e imóveis no Centro, na região portuária e no bairro vizinho de São Cristovão.

O novo interesse dos incorporadores imobiliários pela área portuária foi condição para reverter a desconexão da região com a acumulação capitalista, então observada. As razões que justificam este novo interesse são variadas. Conta aqui a redescoberta das manifestações culturais locais pela juventude rica da Zona Sul da cidade que vai integrando cada vez mais a zona portuária a seu espaço de lazer. Importante também foram as perspectivas abertas pela Copa do Mundo de 2014 e

---

[34] Ibidem, p. 84.
[35] Verena Andreatta e Manuel Herce Vallejo, "Rio de Janeiro y las olimpiadas de 2016: la revitalización del centro urbano sobre la conjugación de los proyectos 'Porto Maravilha' y 'Porto Olímpico'", *Cuaderno Urbano*, v. 10, n. 10, 2011, p. 137.

pelos Jogos Olímpicos de 2016, na medida em que evidenciaram o potencial turístico de "revitalização" do núcleo histórico da cidade. Igualmente importante é a insatisfação acumulada com o modelo de urbanização que levou a população rica a viver em condomínios fechados em áreas muito distantes da zona central. Isso criou o contexto favorável para a inversão imobiliária e estimulou a implantação de um novo programa de reestruturação urbana de toda a região portuária, o projeto Porto Maravilha, criado em 2009.

Este, como visto, previa a intervenção em uma área de 5 milhões de metros quadrados e setenta quilômetros de ruas e vias expressas. A área localiza-se na região central da cidade e abrange os bairros históricos de Santo Cristo, Gamboa e Saúde, além de partes do Centro, Caju, Cidade Nova e São Cristóvão. As projeções do projeto são de que as obras levariam a que a população da região estimada em 32 mil habitantes chegaria, depois de dez anos de implementação, a 100 mil habitantes[36].

O projeto seguiu, inicialmente, tendência global global das expropriações urbanas no âmbito do capitalismo financeiro: revitalização gentrificada de centros históricos e, particularmente, de zonas portuárias, bem como a utilização de megaeventos esportivos como vetores da reestruturação do espaço urbano para a criação de valor[37]. Diversas pesquisas apontam a importância desses megaeventos para incluir as cidades nos novos fluxos financeiros[38]. Sua realização torna-se a justificativa para impulsionar uma série de programas e obras capazes de reestruturar urbanisticamente as cidades-sedes, de modo a potencializar o turismo de massa internacional, abrir um novo ciclo de edificações e de valorização do solo e atrair investimentos imobiliários. Como afirma Gaffney[39], os megaeventos impõem uma "doutrina de choque neoliberal" para acelerar a mercantilização das cidades. Nos casos recentes, eles sempre estiveram associados com a recuperação para a acumulação, por meio de investimentos públicos e privados, de antigas áreas centrais que se encontravam desvalorizadas, como é o caso do porto do Rio[40].

---

[36] Porto Maravilha, "Porto Maravilha", 2011. Disponível em: <http://portomaravilha.com.br/portomaravilha>. Acesso em: 22 jan. 2018.

[37] David Harvey, "The art of rent: globalization, monopoly and the commodification of culture", *Socialist Register*, n. 38, 2002, p. 93-110.

[38] Matthew J. Burbank, Gregory D. Andranovich e Charles H. Heying, *Olympic dreams: the impact of mega-events on local politics* (Londres, Lynne Rienner, 2001); Christopher Gaffney, "Mega-events and socio-spatial dynamics in Rio de Janeiro, 1919-2016", *Journal of Latin American Geography*, v. 9, n. 1, 2010, p. 7-29; Maurice Roche, *Mega-events and modernity: olympics and expos in the growth of global culture* (Nova York, Routledge, 2000); Paulo Roberto Rodrigues Soares, "Megaeventos esportivos e o urbano: a copa do mundo de 2014 e seus impactos nas cidades brasileiras", *Revista FSA*, Teresina, v. 10, n. 4, 2013, p. 195-214; e David Whitson e John Horne, "The glocal politics of sports mega-events: underestimated costs and overestimated benefits? Comparing the outcomes of sports mega-events in Canada and Japan", *The Sociological Review*, v. 54, 2006, p. 71-89.

[39] Christopher Gaffney, "Mega-events and socio-spatial dynamics in Rio de Janeiro, 1919-2016", cit., p. 27.

[40] Paulo Roberto Rodrigues Soares, "Megaeventos esportivos e o urbano", cit., p. 200.

Harvey[41] mostra que esse padrão de acumulação segue o exemplo de Barcelona, onde os Jogos Olímpicos de 1992 propiciaram grandes oportunidades para a acumulação de rendas monopolistas. Tal acumulação se apropriou do capital simbólico e cultural catalão para "vender" a imagem e as áreas da cidade no mercado mundial. Isso proporcionou uma transformação da arquitetura, da malha urbana central, do comércio local com a abertura de grandes empreendimentos (museus, centros de espetáculo etc.). Todavia, esse processo foi marcado por diversas contradições. Se é verdade que a "atração irresistível" da cultura catalã "trouxe em sua esteira a mercantilização multinacional homogeneizadora", não é menos certo que as reformas de Barcelona levaram à remoção da população pobre, apropriação de áreas públicas e eliminação do comércio tradicional local[42].

Nessa mesma linha, na região portuária do Rio, mais precisamente no morro da Providência, a mais antiga favela do país, foram feitas diversas remoções de antigos moradores sob a justificativa da necessidade de obras para as Olimpíadas[43]. Não apenas as remoções indicam a conexão entre megaeventos esportivos e a nova etapa da acumulação na região portuária. O próprio prefeito Eduardo Paes declarou a importância do papel das Olimpíadas para impulsionar o projeto Porto Maravilha. O Boulevard Olímpico, criado na área do projeto Porto Maravilha, constituiu uma espécie da fusão das possibilidades abertas para acumulação pelos megaeventos esportivos como mostra o programa de inauguração do respectivo Boulevard em agosto de 2016. Entre as muitas atrações culturais e culinárias proporcionadas, o programa oferecia diversas "ativações do porto", como: Parada Coca-Cola; Samsung Galaxy Studio; Nissan #QuemSeAtreve (Bungeee Jump); Museu Itinerante "Se Prepara Brasil", da Bradesco Seguros; Balão Panorâmico Skol; loja Nike[44].

O processo de implementação do projeto Porto Maravilha e as negociações com a população local impuseram alguns ajustes ao plano, sobretudo no que diz respeito à tensão entre reforma urbana e preservação do patrimônio arquitetônico, arqueológico e da própria produção cultural da região. Conforme Vassallo[45], o primeiro momento de implementação do projeto seguiu claramente um discurso apoiado em "termos como 'vazio', 'isolamento' e 'degradação', o que justificaria a sua revitalização e modernização", como visto na manifestação do ex-prefeito Paes citada na introdução deste livro.

Nesse sentido, a criação de dois grandes museus – o MAR, Museu de Arte do Rio de Janeiro, e o Museu do Amanhã – indica o desejo de reformar e preencher, também

---

[41] David Harvey, "The art of rent", cit., p. 104 ss.
[42] Ibidem, p. 104-5.
[43] Felipe Andrade Rainha e Priscila Rodrigues Fonseca, "Morro da Providência e Porto Maravilha: caminhando entre a realidade e a ilegalidade jurídica", em Encontro da Associação Nacional de Pós-Graduação e Pesquisa em Planejamento Urbano e Regional, 15., 2013, Recife. *Anais* [...], Recife, ANPUR, 2013.
[44] Porto Maravilha, "Boulevard Olímpico – cerimônia de abertura", 2016. Disponível em: <http://www.portomaravilha.com.br/eventosdetalhe/cod/541>. Acesso em: 22 jan. 2018.
[45] Simone Pondé Vassallo, "Culturas em disputa", cit., p. 65.

do ponto de vista da produção de sentidos, o espaço supostamente "vazio" e "degradado" representado pela zona portuária. É verdade que, em sua implementação, ambos os museus não puderam deixar de estabelecer alguma sorte de negociação com a cultura local. Ainda assim, os ícones modernistas e o elogio do futuro materializado principalmente no Museu do Amanhã[46], "concebido e realizado em conjunto com a Fundação Roberto Marinho, instituição ligada ao Grupo Globo, tendo o Banco Santander como patrocinador master e a Shell como mantenedora [...] [contando] ainda com a Engie, IBM e IRB Brasil Resseguros como patrocinadores", representam um claro apagamento dos sinais ancestrais que marcam a região.

As audiências públicas e os embates com a população local, além das escavações arqueológicas que indicaram a existência dos já analisados Cemitério dos Pretos Novos, do cais do Valongo e do cais da Imperatriz, evidenciaram as lacunas no discurso do vazio e do isolamento. A inclusão de produtores culturais locais (músicos, artesãos, capoeiristas etc.) em alguns projetos culturais desenvolvidos na área do porto, conforme previsto na mesma lei de 2009 que estabelece as diretrizes do projeto, também contribuiu para mostrar a implausibilidade dos discursos que buscavam descrever a área como vazio a ser civilizado e ocupado.

Igualmente relevantes nesse processo foram e são os diversos movimentos de resistência que se formaram. Ao evocar explicitamente o legado deixado pelas mobilizações da "Pequena África", essas resistências buscam reforçar um elo entre cultura, trabalho e política, expressando-o em ações coletivas de produção de espaços públicos. Consonante com essa orientação, as praças e ruas da região são tomadas regularmente por rodas de samba (da Pedra do Sal, Samba da Lei, Samba Honesto) e blocos carnavalescos (Cordão do Prata Preta, Fala meu Louro, Bloco Pinto Sarado), que, apesar da presença de frequentadores de classes mais abastadas, caracterizam-se pela gratuidade, confluência de diferentes grupos sociais e ambiente aberto e livre. Nos morros da Providência e da Conceição, coletivos culturais como o Instituto Favelarte e o Projeto Mauá tornam-se polos de divulgação de artistas locais. Além disso, a zona portuária proporcionou diferentes experiências coletivas de ocupações de imóveis abandonados, por exemplo, Quilombo das Guerreiras, Chiquinha Gonzaga, Zumbi dos Palmares, Flor do Asfalto e Machado de Assis. Com base em uma outra vivência da cidade, todas essas ações políticas têm desafiado, em maior ou menor grau, as diferentes fases e intervenções do projeto Porto Maravilha. O mencionado reconhecimento da área como Patrimônio Histórico da Humanidade, em julho de 2017, representa um fortalecimento extraordinário da posição dos coletivos que se opõem às estratégias de apagamento da história.

Diante desses confrontos, as formas de acumulação entrelaçada que têm lugar na zona portuária no âmbito do projeto Porto Maravilha são múltiplas. Em primeiro lugar, persistem mecanismos de acumulação por despossessão, particularmente no caso dos moradores que ocupam imóveis sem a adequada regularização da propriedade legal:

---

[46] Museu do Amanhã, "Sobre o museu", 2015. Disponível em: <https://museudoamanha.org.br/en/about-the-museum>. Acesso em: 22 jan. 2018.

As ocupações Zumbi dos Palmares, Flor do Asfalto e Machado de Assis foram desalojadas devido ao Projeto Urbano Porto Maravilha, projeto de "revitalização" da área portuária do Rio de Janeiro cuja concretização pressupõe a substituição da camada pobre residente por camadas mais adequadas aos objetivos econômicos e urbanos hegemônicos.[47]

A forma de acumulação, contudo, mais evidente é aquela que, conforme já mencionado, é própria ao capitalismo financeirizado e que implica a associação entre Estado e capital financeiro para a criação de novos espaços de acumulação, como veremos a seguir.

A engenharia financeira do Porto Maravilha

Para a execução do projeto Porto Maravilha, a Lei Municipal n° 101/2009 estabeleceu a "Área de Especial Interesse Urbanístico", bem como a Companhia de Desenvolvimento Urbano da Região do Porto do Rio de Janeiro (CDURP), empresa mista com participação majoritária da prefeitura do Rio de Janeiro, responsável por implementar as obras e gerir os recursos patrimoniais e financeiros do respectivo projeto. O financiamento das obras de infraestrutura e a própria construção de edificações no local segue uma engenhosa parceria público-privada. Para a captação dos recursos necessários ao desenvolvimento das obras foram criados os Certificados de Potencial Adicional de Construção (Cepacs). Estes são títulos emitidos pela prefeitura, negociados na bolsa de valores e vinculados à captação contingenciada de recursos, isto é, a CDURP só pode aplicar os recursos captados nas obras previstas na região portuária. Em contrapartida, os compradores dos títulos adquirem "o direito de construir além dos limites normais em áreas que receberão ampliação da infraestrutura urbana"[48]. As facilidades fiscais e administrativas oferecidas pela municipalidade ao investidor são fatores importantes:

> Outro elemento deste modelo é a fixação, por lei, de incentivos fiscais. Como parte do modelo, os incentivos fiscais que incluem descontos e isenções de impostos municipais são oferecidos às empresas estabelecidas nos primeiros anos da operação. Além disso, os procedimentos para aprovação de projetos foram acelerados na prefeitura municipal.[49]

---

[47] Erick Araujo de Assumpção e Fermin Roland Schramm, "Bioética e habitação: leitura ética sobre as ocupações urbanas no centro do Rio de Janeiro", *Revista Bioética*, v. 21, n. 1, 2013, p. 97-8.
[48] BM&FBOVESPA, "Certificado de Potencial Adicional de Construção", 2015. Disponível em: <http://www.bmfbovespa.com.br/pt-br/mercados/fundos/Cepacs/Cepacs.aspx?idioma=pt-br>. Acesso em: 8 fev. 2016.
[49] Jorge Arraes e Alberto Silva, "Porto Maravilha: Continuities and changes", *Porto Maravilha*, Rio de Janeiro, 2014. Disponível em: <https://portomaravilha.com.br/continuities_and_changes>. Acesso em: 22 jan. 2018.

A realização das obras de infraestrutura e prestação de serviços urbanos foi entregue ao consórcio Porto Novo, formado por três construtoras: Odebrecht, OAS e Carioca. Enquanto cada uma das duas primeiras tem a participação de 37,5%, a última obrigou-se com os 25% restantes na consecução das intervenções na área[50].

Do ponto de vista imobiliário, o projeto mostrou-se, inicialmente, exitoso. Toda a região portuária passou, a partir de 2011, por um processo de intensa valorização financeira. Segundo a Associação dos Dirigentes de Empresas do Mercado Imobiliário do Rio de Janeiro, apenas as expectativas em torno da consecução do projeto Porto Maravilha levaram a uma valorização de 300% do metro quadrado dos imóveis da área[51]. Também a venda dos Cepacs seguiu, de certa maneira, o roteiro esperado. Em junho de 2011, a Caixa Econômica Federal, usando os recursos do fundo previdenciário dos trabalhadores brasileiros, o Fundo de Garantia do Tempo de Serviço (FGTS), adquiriu pelo valor mínimo de R$ 3,5 bilhões em leilão de lote único e indivisível todos os Cepacs ofertados. Após a venda, foi criado o Fundo de Investimento Imobiliário Porto Maravilha (FIIPM), cujos ativos são os terrenos para a construção e os Cepacs. O fundo é administrado pela Caixa. Para completar os valores necessários para realizar o conjunto das obras previstas no valor estimado de R$ 8 bilhões, a CDURP apostava na regularização fundiária e na venda de terrenos da área. A Caixa, por sua vez, esperava revender ou negociar os títulos com construtoras, recebendo unidades imobiliárias na região[52]. O então prefeito Eduardo Paes comemorou o sucesso do leilão:

A coisa de que mais tenho certeza é o poder transformador dessa PPP.[53]

O comentário do prefeito não revela, contudo, que se trata aqui de uma parceria público-privada muito *sui generis*. Afinal, o comprador dos títulos foi um

---

[50] Porto Novo, "Estrutura acionária", 2010. Disponível em: <http://www.portonovosa.com/pt-br/estrutura-acionaria>. Acesso em: 22 jan. 2018. Para uma análise detalhada da modelagem financeira do projeto Porto Maravilha, ver o cuidadoso trabalho de Isabel Cristina da Costa Cardoso, "O papel da Operação Urbana Consorciada do Porto do Rio de Janeiro na estruturação do espaço urbano: uma 'máquina de crescimento urbano'?", *O Social em Questão*, n. 29, 2013, p. 69-100. Para uma investigação aprofundada dos padrões de regulação urbanística que emergiram no respectivo projeto, ver a ampla pesquisa de Alvaro Luís dos Santos Pereira, *Intervenções em centros urbanos e conflitos distributivos: modelos regulatórios, circuitos de valorização e estratégias discursivas* (Tese de Doutorado em Direito, São Paulo, Faculdade de Direito/USP, 2015).

[51] ADEMIRJ, "Revitalização da zona portuária impulsiona mercado imobiliário", 2012. Disponível em: <http://www.ademi.org.br/article.php3?id_article=48381>. Acesso em: 22 jan. 2018.

[52] Isabel Cristina da Costa Cardoso, "O papel da Operação Urbana Consorciada do Porto do Rio de Janeiro na estruturação do espaço urbano", cit., p. 75 ss; e Italo Nogueira, "Caixa arremata por R$ 3,5 bi todos os títulos do porto do Rio", *Folha de S.Paulo*, 14 jun. 2011. Disponível em: < https://www1.folha.uol.com.br/fsp/mercado/me1406201107.htm>. Acesso em: 22 jan. 2018.

[53] Isabela Bastos, "Consórcio assume responsabilidade por serviços públicos em parte da Zona Portuária", *O Globo*, 13 jun. 2011. Disponível em: <https://oglobo.globo.com/rio/consorcio-assume-responsabilidade-por-servicos-publicos-em-parte-da-zona-portuaria-2876145>. Acesso em: 22 jan. 2018.

banco público usando fundos dos trabalhadores brasileiros[54]. Na verdade, a dinâmica do projeto Porto Maravilha tem confirmado uma das tendências do capitalismo financeiro: a utilização de provisões e garantias dos trabalhadores para fins especulativos. Trata-se, em outras palavras, de um mecanismo de transferência de riscos e apostas para classes populares que estão em situação de desigualdade na operação financeira e fora dela[55].

Em 2012, o clima ainda era de euforia entre os executivos da Caixa, que comemoravam a duplicação do valor unitário dos Cepacs[56]. Desde 2015, contudo, o projeto vem sofrendo uma série de reveses. De um lado, como veremos com detalhe no próximo capítulo, a continuada crise econômica enfrentada pelo Brasil atingiu em cheio as expectativas de lucro vinculadas ao empreendimento, freando a valorização imobiliária da região. Nesse contexto, as dificuldades de financiamento das obras e serviços se tornaram evidentes levando à suspensão parcial das atividades entre julho e novembro de 2017, por falta de pagamento à concessionária Porto Novo[57]. Os Cepacs adquiridos pela Caixa também encalharam. Até novembro de 2017, o banco havia conseguido vender apenas 8% deles, o interesse dos investidores privados pelos títulos e pela região era nulo[58].

De outro lado, as investigações do Ministério Público Federal, conduzidas no âmbito da Operação Lava Jato, mostraram o envolvimento em corrupção de alguns dos protagonistas do programa de reforma urbana. As três construtoras responsáveis pela execução das obras, Odebrecht, OAS e Carioca, foram indiciadas e tiveram diretores condenados e presos. Os próprios donos da construtora Carioca confessaram que o consórcio Porto Novo pagou R$ 52 milhões ao então presidente da Câmara dos Deputados e hoje condenado e preso Eduardo Cunha em troca de seu apoio nas negociações que permitiram a liberação de recursos do FGTS para investimentos na região portuária[59].

Além dessa denúncia de pagamento de propina já apresentada à Justiça, a rede ativista Meu Rio e o vereador Tarcísio Motta, do PSOL, desencadearam uma campanha para criar a CPI Porto Maravilha e apurar ao menos cinco outras supostas irregularidades no projeto, a saber: malversação de verbas pela CDURP; venda de terrenos públicos abaixo do valor de mercado ao FIIPM; descumprimento de lei que

---

[54] Isabel Cristina da Costa Cardoso, "O papel da Operação Urbana Consorciada do Porto do Rio de Janeiro na estruturação do espaço urbano", cit., p. 80.
[55] Susanne Soederberg, "Universalising financial inclusion and the securitisation of development", *Third World Quarterly*, v. 34, n. 4, 2013, p. 593-612.
[56] Porto Maravilha, "Entenda o negócio", 2013. Disponível em: <http://www.portomaravilha.com.br/noticiasdetalhe/3981>. Acesso em: 7 jan. 2018.
[57] Venceslau Borlina Filho, "Criado como PPP, Porto Maravilha 'encalha', e cofres públicos assumem custos", *Notícias UOL*, 7 jul. 2017. Disponível em: <https://noticias.uol.com.br/cotidiano/ultimas-noticias/2017/07/07/criado-como-ppp-porto-maravilha-agora-tera-limpeza-e-manutencao-pagos-pelos-cofres-publicos.htm>. Acesso em: 22 jan. 2018.
[58] Ediane Merola, "Concessionária Porto Novo reassume administração do Porto Maravilha", *O Globo*, 15 nov. 2017. Disponível em: <https://oglobo.globo.com/rio/concessionaria-porto-novo-reassume-administracao-do-porto-maravilha-22071277#ixzz54wEVbqtCstest>. Acesso em: 22 jan. 2018.
[59] "Após 11 meses de processo, Câmara cassa Eduardo Cunha por 450 votos a 10", *CartaCapital*, 13 set. 2016. Disponível em: <https://www.cartacapital.com.br/politica/apos-11-meses-de-processo-camara-cassa-eduardo-cunha-por-450-votos-a-10>. Acesso em: 22 jan. 2018.

prevê a provisão de terrenos para a construção de moradias com fins sociais; descumprimento de leis ambientais; alterações contratuais posteriores que restringem os benefícios sociais do projeto[60].

No próximo capítulo, analisaremos de que forma esses reveses tiveram um grande impacto no mercado de negociação dos Cepacs comprados com o fundo previdenciário dos trabalhadores brasileiros. Como veremos, os riscos para os fundos foram significativos, confirmando a estratégia especulativa com garantias sociais.

Por ora é importante notar que as práticas de expropriação são reatualizadas nos termos do capitalismo financeiro. O movimento observado aqui é duplo. Primeiro, no plano discursivo-simbólico e da própria dinâmica urbana constrói-se uma área geograficamente central, mas periférica do ponto de vista da acumulação, como um vazio demográfico, isolado da cidade capitalista. Ao mesmo tempo, a ocupação capitalista desse exterior, desintegrado da acumulação, exige investimentos de infraestrutura a serem realizados com recursos captados de investidores, que serão exatamente os únicos que poderão se apropriar do novo valor criado no espaço a ser reocupado. Os Cepacs são a materialização desse duplo movimento da acumulação entrelaçada, na medida em que permitem o Estado remodelar o espaço não mercantilizado para integrá-lo ao processo de acumulação e, simultaneamente, garantem o monopólio de exploração do novo espaço de acumulação a um seleto grupo previamente definido de investidores.

É irônico que os títulos sejam propriedade do fundo nacional previdenciário dos trabalhadores brasileiros, administrado por banco público. Se a tendência atual de queda das negociações, desencadeada com a crise econômica pós-2014, for revertida, o fundo previdenciário sai fortalecido. A venda com lucro implica, contudo, novas obras e remoção da população pobre e trabalhadora na região – exatamente como aconteceu no morro da Providência e nas ocupações Zumbi dos Palmares, Flor do Asfalto e Machado de Assis, no momento em que os investidores ainda demonstravam confiança no projeto. Se os títulos não forem vendidos e as obras na região não tiverem continuidade, as perdas financeiras para o fundo previdenciário dos trabalhadores seriam ainda mais colossais. Isto, todavia, não significaria necessariamente o fim das remoções. Ao contrário, a sobreacumulação de ativos passaria a exigir novas expropriações para permitir que o capital embarreirado pela financeirização possa fluir. Esta questão será desenvolvida em detalhe no capítulo seguinte. Antes, porém, uma última consideração relativa ao papel da cultura.

O papel contraditório da cultura

A cultura desempenha um papel ambivalente nesse processo. De um lado, museus e programas culturais criados na região e a ênfase na "exploração econômica dos

---

[60] CPI do Porto Maravilha. 2017. Disponível em: <https://cpiportomaravilha.com>. Acesso em: 22 jan. 2018.

patrimônios material e imaterial"[61] buscam incrementar o valor do espaço que está sendo, simbólica e fisicamente, recriado:

> O Porto Maravilha segue assim a tendência de projetos de revitalização em diversos países que buscam atrair um público de classes média e superior e desenvolver o turismo em bairros até então operários.[62]

Ao mesmo tempo, contudo, a ênfase dada à cultura, numa região marcada por uma longa história de produção cultural independente, cria novas oportunidades políticas para que a população local resista às tentativas de meramente instrumentalizar as manifestações culturais locais para agregar valor simbólico ao novo território de acumulação de capital. Isto é, a estilização dos movimentos culturais locais como territórios da autenticidade e da tradição ainda não penetrados pela acumulação capitalista cria possibilidades para articulação de sujeitos que resistem à incorporação de sua produção e sua memória como mecanismos de valorização de um capital que não lhes pertence.

Pelo que pode ser depreendido do trabalho de Vassallo[63], os embates entre os movimentos de resistência cultural e a parceria público-privada em favor da acumulação entrelaçada não têm um ganhador claro. Tanto é possível que os produtores culturais mantenham a autonomia da produção e comercialização dos bens culturais que produzem, quanto é possível que sejam plenamente incorporados ao Porto Maravilha como simples prestadores de serviços a empreendimentos imobiliários e de lazer que vão dominando os novos espaços de acumulação capitalista criados na zona portuária do Rio de Janeiro.

Algumas tendências e desenvolvimentos neste embate ainda indefinido podem, contudo, já ser bem observados. De um lado, a parceria público-privada materializada no projeto Porto Maravilha parece ter redefinido, de forma duradoura, suas estratégias discursivas. Diferentemente dos discursos modernizantes clássicos adotados no momento em que o projeto veio à tona, segundo os quais cabia preencher com progresso e sentido um vazio urbano, a ênfase agora é sobre a contribuição do projeto para recuperar a história e a memória da região. O caso das escavações na região do cais do Valongo é sintomático. Como mostram os arqueólogos responsáveis pelo projeto[64], elas foram, primeiramente, vistas pela municipalidade do Rio de Janeiro como problema e empecilho para o cumprimento do cronograma das obras. Porém, os achados realizados no local e a possibilidade, concretizada em 2017, de que o sítio

---

[61] Folder Porto Maravilha Cultural. Disponível em: <http://www.portomaravilha.com.br/images/pmcul.pdf>. Acesso em: 27 fev. 2020.
[62] Simone Pondé Vassallo, "Culturas em disputa", cit., p. 67.
[63] Ibidem.
[64] Tania Andrade Lima, Glaucia Malerba Sene e Marcos André Torres de Souza, "Em busca do Cais do Valongo, Rio de Janeiro, século XIX", *Anais do Museu Paulista: História e Cultura Material*, São Paulo, v. 24, n. 1, 2016, p. 317-8.

pudesse ser reconhecido como patrimônio mundial da humanidade fizeram mudar completamente a postura dos administradores. Agora, eles contabilizam como objetivo conscientemente perseguido e resultado do projeto Porto Maravilha revelar o patrimônio histórico da região. Isto fica claro em artigo do presidente da CDURP:

> O cais do Valongo/Imperatriz representa síntese tanto do processo de transformação como da riqueza deste novo lugar em construção. Para além do fato arqueológico em si, sob o ponto de vista urbanístico, histórico, político e simbólico, a incorporação do cais como memorial a céu aberto à praça Jornal do Comércio é um marco. Não por ser o primeiro caso, mas pelo que representa para o Porto Maravilha, para a cidade e para a história.[65]

A outra tendência importante que se consolidou foi a formação de articulações e redes entre as várias mobilizações e organizações que vêm acompanhando, criticamente, o desenvolvimento do projeto. A campanha do grupo Meu Rio pela CPI do projeto Porto Maravilha é um dos exemplos. O Fórum Comunitário do Porto, que reúne universidades, coletivos e parlamentares, é outro movimento importante. Este estrutura suas ações em torno de lutas contra as políticas de desenvolvimento desigual na região portuária, as expropriações de terras e moradias e as privatizações do espaço público, buscando, assim, enfrentar o modelo excludente de empresariamento da cidade. Todas essas mobilizações representam alternativas a essa nova fase de tomada da região portuária pela acumulação capitalista. Sua emergência mostra que uma história trágica, mesmo quando insiste em se repetir como farsa, pode ganhar rumos inesperados.

---

[65] Alberto Silva, "Porto Maravilha: onde passado e futuro se encontram", *Porto Maravilha*, Rio de Janeiro, abr. 2015. Disponível em: <https://portomaravilha.com.br/artigosdetalhes/cod/22>. Acesso em: 22 jan. 2018.

V

A CRISE ANCORADA NO PORTO

A paisagem da zona portuária modificou-se significativamente desde o término das Olimpíadas de 2016. Junto aos ícones do megaempreendimento Porto Maravilha, como o Museu do Amanhã, o Boulevard Olímpico ou as grandes torres, tem-se, ao mesmo tempo, a imagem de abandono e estagnação. Imóveis vazios, acúmulo de lixo, obras paralisadas, praças e jardins abandonados compõem o cenário dos que frequentam ou vivem na região[1]. Cada vez mais vai se generalizando a sensação de que existe já hoje um novo vazio demográfico, sobretudo nas áreas dos grandes empreendimentos imobiliários ali construídos. Isso significa que, não obstante a renovação urbana e os intensos influxos de valorização, o espaço adentrou em uma (nova) fase de desmercantilização.

Essa situação, profundamente contraditória, poderia ser mais um exemplo dos contrastes que caracterizam o que saudosistas da teoria da modernização chamam de "modernidade periférica", ou mesmo a confirmação de que, em países "atrasados", projetos sempre são interrompidos por má gestão, ineficiência ou conflitos de interesses. Nesse sentido, não causaria surpresa que nem mesmo a gentrificação – defendida em 2015 pelo ex-prefeito Paes ao falar do Porto Maravilha a partir de seu entendimento sobre intervenções urbanas em Londres, Nova York ou Berlim – conseguiu se realizar no lugar da maior operação urbanística consorciada do Rio de Janeiro e do Brasil[2].

Embora questões de colisão ou convergência de interesses entre atores e capitais locais que compõem a governança urbana sejam importantes para entender o sucesso

---

[1] Renan Rodrigues, "Concessionária deixa gestão do Porto Maravilha que sofre sem manutenção", *O Globo*, 27 jun. 2018. Disponível em: <https://oglobo.globo.com/rio/concessionaria-deixa-gestao-do-porto-maravilha-que-sofre-sem-manutencao-22826379/>. Acesso em: 10 mar. 2019.

[2] "Porto Maravilha: o fracasso de um projeto bilionário que excluiu os menos favorecidos", *Jornal do Brasil*, 2017. Disponível em: <https://www.observatoriodasmetropoles.net.br/porto-maravilha-o-fracasso-de-um-projeto-bilionario-que-excluiu-os-menos-favorecidos/>. Acesso em: 10 mar. 2018.

ou fracasso de grandes projetos urbanos[3], elas não podem ser analisadas de maneira desconectada dos circuitos globais de produção e circulação do valor. O Porto Maravilha tem sido afetado de maneira profunda pela crise econômica, política e social que atravessa o capitalismo mundial desde 2008 e atingiu o Brasil de maneira mais contundente a partir de 2014. De lá para cá, a situação tem se tornado cada vez mais crítica. Com a retração do mercado imobiliário, não há interesse pelos Cepacs para os fins de construção de prédios. Com isso, os objetivos da parceria público-privada não podem ser concretizados e os repasses para a concessionária Porto Novo, que administra a área, não são cumpridos[4]. A imagem e sensação são de abandono completo da área.

Evidentemente a crise que ancorou no porto não é isolada. E isso, obviamente, se refere menos ao fato de que nela é possível encontrar ingredientes da crise econômica mundial – como, por exemplo, sobreacumulação de títulos, oscilações do mercado imobiliário, especulação e financeirização de fundos de subsistência de trabalhadores –, mas muito mais porque as diversas crises contemporâneas são entrelaçadas. No caso da acumulação capitalista atual com dominância financeira, não se pode nem mesmo falar em alguma autonomia das economias nacionais. Ao mesmo tempo que é estimulada por bolhas de créditos e políticas monetárias baseadas na compra de títulos públicos e/ou emissão de papéis mobiliários que inundam o mercado com excesso de dinheiro, as chances de sucesso das estratégias de abertura da economia doméstica aos fluxos financeiros globais são fortemente dependentes e sensíveis às oscilações do mercado mundial[5].

Nesse sentido, alçado pela perda de capitais estrangeiros após a crise do Lehman Brothers e pela deterioração do cenário internacional com a crise do euro, pela fraca recuperação dos Estados Unidos e desaceleração da economia chinesa – com impacto sobre a pauta brasileira de exportações baseada em commodities –, o Brasil adentrou em uma fortíssima recessão com uma queda acumulada de 7,2% no PIB no biênio 2015-2016 – o pior desde 1948, quando o IBGE passou a registrar séries históricas – e taxas altíssimas de desemprego[6]. Instabilidades políticas e protestos, como os que já haviam irrompido em Portugal, na Espanha e na Grécia poucos anos antes, tornaram-se regra.

A recessão econômica brasileira atingiu de maneira mais intensa o estado do Rio de Janeiro, onde "a crise do país", costuma-se dizer, "se sente na pele". Para utilizar a

---

[3] Betina Sarue, "Quando grandes projetos urbanos acontecem? Uma análise a partir do Porto Maravilha no Rio de Janeiro", *Dados*, v. 61, n. 3, 2018, p. 581-616.

[4] Mariana da Gama e Silva Werneck, Patrícia Ramos Novaes e Orlando Alves dos Santos Junior, *A estagnação da dinâmica imobiliária e a crise da operação urbana do Porto Maravilha* (Rio de Janeiro, Informe Crítico/IPPUR-UFRJ, 2018), p. 6-7; Adriano Belisário, "Porto Maravilha corre o risco de parar novamente em 2018", *Pública*, 26 fev. 2018. Disponível em: <https://apublica.org/2018/02/porto-maravilha-corre-o-risco-de-parar-novamente-em-2018/>. Acesso em: 10 mar. 2018.

[5] François Chesnais, *Finance capital today: corporations and banks in the lasting global slump* (Leiden/Boston, Brill, 2016), p. 44 ss.

[6] Luiz Fernando de Paula e Manoel Pires, "Crise e perspectivas para a economia brasileira", *Estudos Avançados*, v. 31, n. 89, 2017, p. 127 ss.

metáfora de Lessa[7], o Rio se tornou o "espelho da nação". Na verdade sempre o foi, segundo o autor. Para ele, a região que abrigou a capital mais longeva do país e em cujas terras nasceu o café, expandido territorialmente e confundido com a riqueza da República, se tornou imagem síntese do Brasil. Forjou-se no Rio de Janeiro uma sociedade sem interesses regionais claros, que pouco participava das tensões federativas e que não logrou se transformar nem sequer em centro burocrático de peso após o fim da hegemonia econômica e a perda do status de capital. O Rio de Janeiro passou a reproduzir, repercutir e projetar a dinâmica do Estado brasileiro: "a República fez do Rio o espelho da nação como futuro feito presente"[8].

Se a dependência do fluxo do capital financeiro global já era alta desde o século XIX, o Brasil tem passado nas últimas décadas por um processo acelerado de desindustrialização precoce e reprimarização de sua economia. As razões para tal são múltiplas: carente de investimentos em inovação, a indústria nacional não vem logrando aumentar sua produtividade, o que leva à perda crescente de competitividade internacional. Ao mesmo tempo, a demanda aquecida por commodities no mercado internacional na primeira década do ano 2000 vinculada ao peso de forças políticas ligadas ao agronegócio nas últimas coalizões governamentais geraram um contexto favorável para investimentos no setor, bem como para a exploração mineral[9]. No governo atual de Jair Bolsonaro, as facilidades para o agronegócio e mineradoras foram levadas ao paroxismo através de medidas como a liberação da exploração mineral nas reservas indígenas e o sucateamento da estrutura de fiscalização ambiental para que parques e outras áreas de preservação possam ser ocupados, expropriados e integrados ao mercado de terras[10].

No Rio de Janeiro, a desindustrialização significou a consolidação de uma "estrutura produtiva oca", resultado do desmonte profundo do antes pujante setor secundário[11]. Sem indústria de transformação, a arrecadação tributária do estado ficou completamente à mercê das rendas do petróleo e do gás. Assim, quando os preços das commodities no mercado internacional começaram a cair a partir de 2009, o aumento do déficit público fez-se irremediável.

O Rio de Janeiro vem sofrendo de maneira muito mais intensa que as demais regiões do país os rebatimentos de qualquer crise mundial e nacional. Nesse sentido, vivenciou nos últimos anos taxas recordes de desemprego e desocupação, suspensão

---

[7] Carlos Lessa, *O Rio de todos os Brasis: uma reflexão em busca de autoestima* (Rio de Janeiro, Record, 2000).
[8] Ibidem, p. 13.
[9] Lena Lavinas e Guilherme Leite Gonçalves, "Brasil 2018: direitização das classes médias e polarização social", *Le Monde Diplomatique (Brasil)*, 4 out. 2018. Disponível em: <https://diplomatique.org.br/brasil-2018-direitizacao-das-classes-medias-e-polarizacao-social/>. Acesso em: 10 mar. 2019.
[10] Nirvia Ravena, "A política ambiental brasileira sob ataque: um palco de violências", *Nexo*, 11 jan. 2020. Disponível em: <https://www.nexojornal.com.br/ensaio/2020/A-pol%C3%ADtica-ambiental-brasileira-sob-ataque-um-palco-de-viol%C3%AAncias>. Acesso em: 10 fev. 2020.
[11] Bruno Leonardo Barth Sobral, "Crise no Estado do Rio de Janeiro: diagnóstico e perspectivas", *Revista Econômica*, Niterói, v. 19, n. 1, 2017, p. 10-1.

de prestação de serviços públicos e de pagamentos de servidores estaduais, cortes drásticos em gastos sociais e investimentos públicos. Aceitou um Regime de Recuperação Fiscal em troca de um plano de salvamento bancado pela União e baseado em empréstimos, o que exigiu medidas radicais de austeridade lembrando, de alguma forma, o desdobramento da crise da dívida grega a partir de 2010[12].

Ao mesmo tempo, o estado fluminense tem aumentado consideravelmente seu aparato repressivo e a violência política em diferentes níveis – da criminalização dos protestos ao assassinato da vereadora do PSOL, Marielle Franco; da intervenção federal na segurança pública do estado à sentença que condenou 23 ativistas das manifestações de junho de 2013 a penas de até sete anos de reclusão[13]. Essa onda conservadora é acompanhada da expansão de milícias paramilitares e sua atuação direta nos espaços políticos institucionais. Ao apagar as fronteiras entre lícito e ilícito, o Rio também se tornou o epicentro dos escândalos de corrupção. E, por fim, se, em 2016, a cidade do Rio de Janeiro elegeu para a prefeitura um bispo neopentecostal com tendências claramente reacionárias, nas eleições de 2018 escolheu um governador, Wilson Witzel, conservador e autoritário que não apenas defende, publicamente, o "abate" extrajudicial de suspeitos de crimes, mas vem transformando o extermínio de pessoas ("suspeitos" e inocentes) em marca registrada de seu governo. Nos primeiros seis meses de seu governo, a polícia fluminense já havia matado 881 pessoas em supostos combates. É sintomático que todos os homicídios cometidos pela polícia de Witzel tenham ocorrido em áreas consideradas como dominadas pelo tráfico de drogas. Nas áreas de influência das milícias, não foi registrada nenhuma morte atribuída à polícia[14].

O Rio de Janeiro também coroou o presidente de extrema direita eleito Jair Bolsonaro com nada menos que 70,8% do total de votos válidos no estado. Entre crise econômica e fiscal, violência estatal e corrupção, não há como evitar a conclusão de Carvalho[15] que, mais uma vez, nos remete ao já citado Lessa: "o Rio é o Brasil, e o futuro do Brasil está comprometido!".

Expropriações, violência e autoritarismo

As crises mundial, brasileira, carioca e da região portuária do Rio de Janeiro estão claramente entrelaçadas. Todas têm exigido um ciclo agressivo de expropriações de

---

[12] Gustavo Noronha, "Os caminhos cruzados da Grécia e do Rio de Janeiro", *CartaCapital:* Brasil Debate, 21 fev. 2017. Disponível em: <https://dev.cartacapital.com.br/blogs/brasil-debate/os-caminhos-cruzados-da-grecia-e-do-rio-de-janeiro/>. Acesso em: 10 mar. 2018.

[13] Guilherme Leite Gonçalves e Marta R. de Assis Machado, "Neoliberalismo autoritário em cinco atos: do salvamento de bancos à morte de Marielle", *Le Monde Diplomatique (Brasil)*, v. 11, n. 129, 2018, p. 22-4.

[14] Sérgio Ramalho, "Polícias mataram 881 pessoas em 6 meses no RJ. Nenhuma em área de milícia", *Notícias UOL*, 20 ago. 2019. Disponível em: <https://noticias.uol.com.br/cotidiano/ultimas-noticias/2019/08/20/policias-mataram-881-pessoas-em-6-meses-no-rj-nenhuma-em-area-de-milicia.htm>. Acesso em: 30 ago. 2019.

[15] Laura Carvalho, "Gabinete do crime", *Folha de S.Paulo*, 24 jan. 2019. Disponível em: <https://www1.folha.uol.com.br/colunas/laura-carvalho/2019/01/gabinete-do-crime.shtml>. Acesso em: 10 mar. 2019.

direitos, contratos, bens e serviços públicos e coletivos. A lógica é explorar o potencial de (re)mercantilização de espaços ainda não mercantilizados ou que tenham sido desmercantilizados de modo a compensar as situações de sobreacumulação de capital – de superprodução de títulos, supervalorização de papéis e bolhas imobiliárias.

Essas expropriações têm se mostrado profundamente violentas tanto física quanto simbolicamente. Enquanto atos de emprego explícito de coerção e força, trata-se de fórmula que não depende da anuência dos expropriados e que, portanto, aumenta o dissenso social. Na forma de tomada de direitos sociais, cercamento de terras comuns e privatização de bens e serviços coletivos, as expropriações forçadas têm se colocado cada vez mais em oposição a demandas populares[16]. Uma vez que, obviamente, o resultado é o risco de aumento de frustrações, desaprovação social e protestos, o ciclo expropriador das crises tem gerado distúrbios nas estruturas e regras institucionais e regulatórias dos sistemas políticos contemporâneos.

Pressionados pela natureza violenta das expropriações, esses sistemas têm produzido legislações autoritárias e ampliado os instrumentos repressivos do Estado. Por outro lado, como espécie de válvula de escape ao caráter antipopular das mesmas expropriações, esses sistemas têm apoiado a ascensão de discursos e atores que combinam retórica punitiva, culpabilização do outro e construção do inimigo[17]. Trata-se evidentemente do processo, paralelo às crises indicadas, de ascensão da extrema direita em diversas partes do mundo, permitindo o reenquadramento das tensões sociais a partir de uma matriz chauvinista que cria artificialmente responsáveis pela situação atual e, com isso, inimigos a serem combatidos: o estrangeiro, o homossexual, a mulher e o comunista[18]. Alimentam-se, assim, novas reivindicações por repressão.

O ciclo agressivo de expropriações presente nas crises contemporâneas desenvolve-se em um círculo vicioso em que o meio de alívio – ação de grupos e partidos de extrema direita – do efeito dissensual das expropriações fortalece os próprios aparatos repressivos de Estado e, com isso, autoriza a intensificação dos mecanismos violentos da própria expropriação. A necessidade da blindagem dos governos expropriadores os torna ainda mais expropriadores. Assim, a difusão das crises tem levado à expansão de uma autoridade autoritária.

Evidentemente, esse tipo de autoridade tem questionado as bases normativas do modelo até então hegemônico que se fundamentava na relação de distinção/mediação entre capitalismo e democracia[19]. De um lado, o prognóstico dos problemas de legitimação do capitalismo tardio não se confirmou, pois, no contexto de radicalização da acumulação financeira e neoliberal, as expropriações têm mobilizado novos recursos

---

[16] Guilherme Leite Gonçalves e Marta R. de Assis Machado, "Neoliberalismo autoritário em cinco atos", cit., p. 22.
[17] Ibidem, p. 22-3.
[18] Lena Lavinas e Guilherme Leite Gonçalves, "Brasil 2018", cit.
[19] Jürgen Habermas, *Legitimationsprobleme im Spätkapitalismus* (Frankfurt A M, Suhrkamp, 1973); e Claus Offe, "Competitive party democracy and the Keynesian welfare state: factors of stability and disorganization", *Policy Sciences*, n. 15, 1983, p. 225-46.

motivacionais e regulações[20], bem como empregado meios do Estado de direito para deixar fluir a especulação financeira[21]. Por outro lado, tampouco se pode manter o diagnóstico da crise ou erosão da autoridade em razão da perda de legitimidade dos sistemas políticos contemporâneos. A autoridade continua presente e é reivindicada. Tem-se, todavia, exigido um exercício de autoridade de outro *tipo*, que privilegia estratégias práticas para conseguir obediência, seja por meio da coerção pela força, seja pela mobilização de medos difusos.

Assim, é possível encontrar no atual ciclo de expropriações um modelo de autoridade bastante próximo ao apreendido por Araujo[22] em suas investigações inovadoras sobre as relações de dominação na sociedade chilena. De acordo com a autora, nesse caso, não há busca por obediência consentida ou conciliada, mas temor aos subordinados[23]. Tal temor também se encontra nas expropriações contemporâneas, sobretudo nas aspirações por ordem e segurança que as crises têm provocado. Essas aspirações não se orientam por valores democráticos ou pelo respeito aos procedimentos, mas reivindicam o exercício concreto, efetivo e eficiente da autoridade. Nesses contextos, como mostra[24], o medo aos subordinados é a sombra permanente do fracasso, cuja contrapartida exige comandos discricionários e fortes. Tal medo, sobretudo em condições de crise, atravessa a sociedade e ordena a gestão de múltiplas hierarquias sociais – na família, na escola, no trabalho, na política. Isso permite que o medo seja socialmente generalizado e vivenciado por todos na dupla realidade da autoridade, no mando e na obediência. Tem-se, com isso, a difusão do exercício de tipo de autoridade autoritário.

O medo aos subordinados também assombra a autoridade das práticas expropriatórias e, por conseguinte, seu próprio êxito. Esse medo, como visto, é um temor generalizado de que, se não for autoritário, é impossível fazer valer o comando[25]. Assim, embora espoliações, roubos ou fraudes unilaterais gerem desilusões e dissenso, são preenchidos de um receituário autoritário que constrói a certeza não apenas de que há autoridade, mas de que ela é eficaz. Algo que é fundamental sobretudo em tempos de crise. E mais: como o exercício concreto e, portanto, a confirmação dessa autoridade dependem do uso da força, ela pode se imunizar, inclusive fisicamente, contra as respectivas desilusões e dissenso gerados pelas expropriações.

Em contextos de crise, se essas expropriações aumentam a insegurança e a precariedade, as exigências pelo exercício autoritário da autoridade tornam-se cada vez maiores. Esse tipo de exercício desempenha dupla função: integrativa e repressiva. Quanto à primeira função, o uso de técnicas retóricas de culpabilização do outro gera divisões entre atingidos pelas crises, mas também cria um mínimo de

---

[20] Luc Boltanski e Eve Chiapello, *The new spirit of capitalism* (Londres, Verso, 2005).
[21] Sol Picciotto, *Regulating global corporate capitalism* (Cambridge, Cambridge University Press, 2011).
[22] Kathya Araujo, *El miedo a los subordinados: Una teoría de la autoridad* (Santiago, LoM ediciones, 2016).
[23] Ibidem, p. 24.
[24] Ibidem, p. 34.
[25] Ibidem, p. 83.

consenso social ao reposicionar o medo em relação aos subordinados, que são estigmatizados como "outro". Ao mesmo tempo, defende-se o reforço do aparato repressivo estatal como solução contra esse "outro" que poderia questionar a autoridade. A crise se torna, assim, um combustível de regimes expropriadores que fazem uso intenso do exercício autoritário da autoridade.

A seguir, veremos com maior detalhe cada uma dessas crises – global, nacional, local –, seus encadeamentos e entrelaçamentos, bem como as expropriações, violência estatal e regimes autoritários que as acompanham.

Crise global

Como visto no capítulo 1, a primeira década do século XXI viu emergir uma superprodução de ativos fictícios baseados no endividamento de famílias norte-americanas, sobretudo por meio de empréstimos hipotecários concedidos por bancos na forma de créditos de risco sem garantias (*subprimes*). Essa superprodução manifestou-se na criação de bolha financeira baseada em práticas de securitização. Isto é: para evitar iliquidez em razão do longo tempo de retorno das hipotecas, os bancos as excluíam de seu balanço, transformando essa massa de créditos em diferentes títulos e derivativos transacionáveis. Bem avaliados por agências de qualificação de riscos (*credit rating agency*), os títulos eram vendidos, sem grande dificuldade, com valor muito superior ao das dívidas originais. Como os bancos recuperavam facilmente os valores emprestados como hipotecas, podiam reiniciar a mesma operação com emissões de novos ativos fictícios[26].

Tem-se, então, o crescimento permanente de uma bolha que, todavia, possui, em princípio, um lastro real: o crescimento dos preços das residências e a consequente riqueza imobiliária que poderia mobilizar novos empréstimos[27]. Conforme Kotz[28]:

> Até o verão de 2007, os preços de imóveis residenciais, corrigidos pela inflação desde 1995, haviam aumentado em 70%. Em seu auge, em 2007, a bolha imobiliária criou uma estimativa de US$ 8 trilhões de nova riqueza imobiliária inflada de um total de US$ 20 trilhões em riqueza imobiliária. Isto é, a bolha consistia em 40% da riqueza imobiliária.

O preço dos imóveis e a riqueza imobiliária dependem do aumento do consumo das famílias, o qual havia, contudo, caído pela longa era neoliberal de estagnação dos

---

[26] Elmar Altvater, *Der große Krach: oder die Jahrhundertkrise von Wirtschaft und Finanzen von Politik und Natur* (Münster, Westfälisches Dampfboot, 2010).
[27] Alfredo Saad Filho, "Crisis *in* neoliberalism or crisis *of* neoliberalism", *Socialist Register*, v. 47, 2011, p. 247.
[28] David M. Kotz, "The financial and economic crisis of 2008", *Review of Radical Political Economics*, v. 41, n. 3, 2009, p. 311.

salários e cortes de gastos sociais, acompanhada do aumento da taxa de juros[29]. Cria-se, assim, uma situação insustentável: preços de imóveis subindo muito e renda das famílias que, supostamente, compram imóveis e alavancam os preços caindo. Quando os calotes começaram a aparecer, o contágio de toda a cadeia especulativa tornou-se inevitável. A bolha estourou. Iniciou-se, assim, aquela que é considerada, depois da quebra da bolsa de valores em 1929, a pior crise financeira da história do capitalismo.

Reconstruir cada um dos passos desta crise – que se desdobra em colapso de instituições financeiras, repercussões na "economia real" com a insolvência da General Motors etc. – extrapolaria os fins deste livro. Importante, no entanto, é constatar que a resposta adotada pelos governos e agentes econômicos tem sido baseada na regra do "salvamento do sistema financeiro e redistribuição do ônus para a população"[30]. O governo dos Estados Unidos, por exemplo, transferiu, entre dezembro de 2007 e junho de 2010, US$ 16 trilhões do Federal Reserve [Sistema de Reserva Federal] (FED) a bancos privados e agências de investimentos sob a modalidade de empréstimos com juros próximos a zero[31]. Essa reorientação do papel da dívida pública para a proteção do sistema financeiro ganhou contornos ainda mais claros quando a União Europeia, sob a liderança da Alemanha, impôs a redução de déficits públicos como medida anticrise para a Grécia[32].

A equação, na formulação certeira de Altvater[33], "encargos da dívida para muitos = benefícios para fluxos de rendimentos e de juros para créditos para poucos" tem acelerado e aumentado de forma significativa a escala dos processos expropriatórios em nível global. Essas expropriações manifestam-se de diversas maneiras. A mais imediata e evidente é a das próprias garantias do trabalho – e isso até mesmo em países que haviam consolidado regimes de bem-estar. Pense-se, por exemplo, que, como mostram Dörre e Holst[34], na Alemanha, "dos 64% da população pertencente à classe média, cerca de 20% agora vivem em uma *prosperidade precária*" e que "um quinto da força de trabalho já havia perdido o emprego uma ou duas vezes, com uma tendência ascendente".

O exemplo, todavia, mais contundente do receituário expropriatório aplicado desde a crise de 2008 foi o caso grego. Em 2015, os avalistas da negociação da dívida grega representados pela chamada Troika, formada pelo Banco Central Europeu (BCE), o Fundo Monetário Internacional (FMI) e a Comissão Europeia, impuseram de maneira unilateral um severo regime de austeridade em troca de programas de

---

[29] Alfredo Saad Filho, "Crisis *in* neoliberalism or crisis *of* neoliberalism", cit., p. 247-8.
[30] Guilherme Leite Gonçalves e Marta R. de Assis Machado, "Neoliberalismo autoritário em cinco atos", cit., p. 22.
[31] Bernie Sanders, "The Fed Audit US Senate", 2011. Disponível em: <https://www.sanders.senate.gov/newsroom/press-releases/sanders-supports-audit-the-fed-bill>. Acesso em: 18 jan. 2018.
[32] Guilherme Leite Gonçalves e Marta R. de Assis Machado, "Neoliberalismo autoritário em cinco atos", cit., p. 22.
[33] Elmar Altvater, *Der große Krach*, cit., p. 10.
[34] Klaus Dörre e Hajo Holst, "Einschätzungen zum Forschungsstand Prekarität", em *Beiträge zur Arbeitspolitik und Arbeitsforschung Handlungsfelder Forschungsstände Aufgaben* (Frankfurt am Main, IG Metall, 2010), p. 37.

resgate e ajuda financeira. A Grécia se viu, assim, obrigada, entre outras medidas, a adotar um sistema de cortes automáticos nas despesas (sem anuência do Parlamento) para assegurar o superávit primário combinado com o aumento do imposto sobre valor agregado (IVA) que incide sobre o consumo, por exemplo, de medicamentos, produtos alimentícios básicos, água e eletricidade. O país foi também obrigado a implementar um programa radical de privatizações, cujos ativos foram transferidos para um fundo que, ao rentabilizá-los, pagaria novos empréstimos e recapitalizaria bancos. Além disso, foi forçado a reformar amplamente o sistema previdenciário, aplicando, inclusive, a cláusula de déficit zero, e revisar a legislação trabalhista, com a inclusão de previsão legal para demissões coletivas[35].

O exemplo grego é o marco de um ciclo extremamente agressivo de expropriações de direitos, contratos, bens e serviços públicos e coletivos. Faz parte desse ciclo um ritmo vertiginoso de expropriações primárias do solo e de recursos naturais, que atinge em maior medida o Sul global. Até 2012, a demanda mundial por terra vinha crescendo exponencialmente, chegando a cifras astronômicas de transferências anuais de terras cultivadas ou cultiváveis na ordem de mais de 45 milhões de hectares[36]. Como a parte esmagadora dessa terra está na América Latina e na África, tem-se falado em um verdadeiro "banquete nos trópicos"[37]. A organização Grain, dedicada ao apoio a pequenos produtores rurais, vem detectando uma redução do ritmo de crescimento das transferências desde 2012. Isto não implica, contudo, que o problema se tornou menos agudo, uma vez que continuam prevalecendo a aquisição de terras por investidores provindos do mercado financeiro com mero fim especulativo, assim como a transferência de terras de pequenos produtores que garantem a segurança alimentar para as mãos do agronegócio exportador[38].

Esse ciclo tem evidentemente se confrontado com protestos das massas atingidas pelas crises e precarizadas pela solução adotada. Pense-se, por exemplo, em mobilizações como Occupy Wall Street e seu moto "*We are the 99 percent*", que se expandiu para lutas sociais de muitos outros países e que criticava abertamente o excesso de concentração de renda e poder do 1% mais rico do mundo. Essas mobilizações estão inseridas em um contexto global de indignações difusas contra o sistema político e financeiro que eclodiram logo após a crise financeira global de 2008[39]. Entre elas, tornaram-se particularmente conhecidos os protestos em 2011 no Sul da Europa, principalmente na Espanha, e as lutas pela gratuidade universitária no Chile. Uma nova onda de

---

[35] António José Avelãs Nunes, "Crónica em tempo de guerra", *Revista Fórum de Direito Financeiro e Económico*, v. 4, n. 7, 2015, p. 11-30.

[36] Sérgio Sauer e Sérgio Pereira Leite, "Agrarian structure foreign investment in land and land prices in Brazil", *The Journal of Peasant Studies*, v. 39, n. 3-4, 2012, p. 873.

[37] Cássio Arruda Boechat, Fábio Teixeira Pitta e Carlos de Almeida Toledo, "Land grabbing e crise do capital: possíveis intersecções dos debates", *GEOgraphia*, v. 19, n. 40, 2017, p. 76.

[38] Grain, "The global farmland grab in 2016: how big, how bad?", 14 jun. 2016. Disponível em: <https://www.grain.org/en/article/5492-the-global-farmland-grab-in-2016-how-big-how-bad>. Acesso em: 10 fev. 2020.

[39] Breno Bringel e Geoffrey Pleyers (orgs.), *Protesta e indignación global: Los movimientos sociales en el nuevo orden mundial* (Buenos Aires, Clacso/Rio de Janeiro, Faperj, 2017).

indignação eclodiu nos anos seguintes, em diversos lugares, entre outros, no mundo árabe ("Primavera Árabe"), na Turquia ("Parque Gezi"), no Brasil ("Jornadas de Junho de 2013") e mais recentemente na Colômbia ("Primavera Colombiana"), Chile ("Revolución de los 30 pesos") e Equador (2019).

Esses questionamentos indicam não apenas que as expropriações desencadeiam ampla desaprovação social, mas também que precisam desenvolver formas de imunização do protesto para garantir sua efetividade. Com isso, recorre-se à intensificação da violência estatal e fórmulas autoritárias capazes capazes de invisibilizar e bloquear demandas populares contrárias às políticas de ajuste e austeridade. Trata-se de uma estratégia de blindagem de medidas profundamente antissociais. O exemplo mais extremo é mais uma vez o caso grego. Contra o estado de indigência produzido por múltiplas expropriações de direitos, o povo grego organizou em 2015 vastas mobilizações e protestos que redundaram em um plebiscito em que a clara maioria (61,3%) rejeitou o projeto de salvamento dos credores internacionais. O protesto de nada adiantou: dada a crise de liquidez dos bancos gregos – motivada pela pressão dos grandes credores – e em virtude do medo das ameaças e consequências econômicas da saída da Grécia da zona do Euro, o partido de esquerda Syriza, então eleito para reverter os cortes sociais, aceitou o acordo com o FMI e a União Europeia, impondo mais cortes e expropriações à população grega.

Todas essas medidas autoritárias, indiferentes à soberania popular, têm sido reinterpretadas por Streeck[40] como um processo contínuo e gradual de degradação das relações entre capitalismo e democracia. Nesse sentido, a crise global estaria minando todos os mecanismos históricos de mediação – o regime social keynesiano, o princípio de representação política e o liberalismo jurídico – que, consolidados no pós-Segunda Guerra, teriam amortecido as irritações que a democracia produzia no capitalismo e vice-versa. A partir de uma distinção normativa e dicotômica entre "democracia igualitária" e "democracia conforme o mercado", o autor tem sustentado que a segunda estaria em completa conformidade com o hayekianismo neoliberal, criando uma hipermercantilização das decisões políticas[41].

É verdade que a abordagem de Streeck contém um certo viés idealista, eurocêntrico, de gênero e étnico que distorce sua percepção das condições materiais da democracia também no pós-guerra. Isto é, o elogio do balanço entre democracia e capitalismo no pós-guerra europeu ignora que, no âmbito da própria Europa ocidental, os arranjos estabelecidos reproduziam a desigualdade de gênero e a brutal diferença de tratamento e de direitos entre imigrantes e trabalhadores nacionais. Ignora também, no plano internacional, que o círculo virtuoso do capitalismo europeu é não apenas coetâneo mas funcionalmente entrelaçado com a espoliação colonial e imperial europeia e norte-americana no resto do mundo. Neste contexto,

---

[40] Wolfgang Streeck, *How will capitalism end?: essays on a failing system* (Londres/Nova York, Verso, 2016), p. 47-50.

[41] Idem, "Wie wird der Kapitalismus enden?", *Blätter für deutsche und internationale Politik*, n. 3, 2015, p. 105-6.

para citar apenas um exemplo mais próximo e mais óbvio, os bons negócios feitos entre empresas francesas ou alemãs com as ditaduras latino-americanas nos anos 1970 e 1980 são parte constitutiva e interdependente – e ignorada por Streeck – da equação entre democracia e capitalismo enaltecida pelo autor. Tendo-se devidamente em conta estas distorções de sorte a depurá-las da análise de Streeck, suas considerações ajudam a entender a extensão do autoritarismo que o atual ciclo agressivo de expropriações está exigindo. É essa demanda autoritária que alimenta e tem fortalecido cada vez mais atores, partidos e movimentos de extrema direita. Como visto, a crise tem reforçado desigualdades, privatizações e reduzido a oferta de serviços públicos, pressionado contingentes populacionais cada vez maiores a buscar satisfazer, no mercado, necessidades antes cobertas pelo Estado. Ao mesmo tempo, as classes médias e trabalhadoras vêm sentindo a redução de seu status, força política e econômica. A extrema direita reenquadrou esse rebaixamento social conforme as lentes xenofóbicas e chauvinistas da construção de barreiras a imigrantes e refugiados. Ao exigir exercícios autoritários da autoridade, o medo do outro tem possibilitado o crescimento de movimentos sociais de extrema direita, como indica o sucesso eleitoral em diversas partes do mundo de políticos que combinam a agenda econômica que fortalece a concentração de riqueza, a pauta conservadora de costumes e o autoritarismo político. É o caso, entre outros, de Donald Trump, Viktor Orbán, Andrzej Duda, Boris Johnson, Narendra Modi e Jair Bolsonaro.

Crise brasileira

Infelizmente, a profecia do ex-presidente Luiz Inácio Lula da Silva, segundo a qual a crise mundial de 2008 não atingiria o Brasil, não se realizou. A crise em forma de "tsunami nos Estados Unidos" chegou sim ao Brasil, e, quando o alcançou, fez a economia do país submergir num naufrágio que já dura seis anos[42]. A crise afetou profundamente as principais bases socioeconômicas do país e tem atingido patamares cada vez mais críticos, bem como se desdobrado em tensões políticas, sociais, institucionais, culturais. Não há dúvidas de que hoje pode-se falar em múltiplas crises, que entrelaçam espacial e temporalmente diferentes focos, causas e efeitos. Desindustrialização, queda abrupta dos preços das commodities, protestos em massa, déficit fiscal, superendividamento da população, partidarização da Justiça, colapso do sistema político, retrocessos dos programas sociais e a vitória eleitoral da extrema direita são manifestações de um estado crescente de desarticulação das bases sobre as

---

[42] Em 2008, quando da detonação da crise mundial, o ex-presidente afirmou que: "Lá [nos Estados Unidos], ela é um tsunami; aqui, se ela chegar, vai chegar uma marolinha que não dá nem para esquiar" (Ricardo Galhardo, "Lula: crise é tsunami nos EUA e se chegar ao Brasil será 'marolinha'", *O Globo*, 4 out. 2008. Disponível em: <https://oglobo.globo.com/economia/lula-crise-tsunami-nos-eua-se-chegar-ao-brasil-sera-marolinha-3827410>. Acesso em: 22 jan. 2018).

quais esteve assentada, até há pouco tempo, a convivência democrática nesta sociedade marcada por desigualdades abismais.

Entre 2003 e 2014, o sistema de poder denominado por André Singer[43] como lulismo, em referência ao período em que o Brasil esteve governado por Lula (2003--2009) e pela sucessora apoiada por ele, Dilma Rousseff (2010-2016), mostrou-se extremamente exitoso, tanto eleitoralmente quanto na promoção do crescimento econômico. Do ponto de vista social, o lulismo representou uma aliança de classes que, de um lado, promovia políticas econômicas ortodoxas, combinando juros altos, taxa de câmbio flutuante e orçamento público equilibrado, e, de outro, permitiu aumentar os gastos sociais e elevar o salário mínimo. No período entre 2003 e 2014, o salário mínimo real cresceu 75%, o percentual de pobres na população brasileira reduziu-se à metade e o índice de Gini referente à renda reduziu-se de 0,59 a 0,51, ainda que desde 2015 tenha voltado a crescer, chegando a 0,54 em 2018[44]. Ao mesmo tempo, os mais ricos foram particularmente beneficiados pelo crescimento de 64% do PIB no período. A estrutura tributária fundada na taxação da remuneração do trabalho e do consumo e na isenção de taxação dos ganhos de capital permitiu que os milionários brasileiros ampliassem, no período, a parcela que apropriam do total da renda de tal forma que o 1% mais rico, no Brasil, abocanhou 27,5% do total da renda em 2014, a maior concentração entre os países latino-americanos. Para efeito de comparação, no mesmo ano, o 1% mais rico no Uruguai ficou com 14% da renda[45]. Com respeito ao patrimônio, a concentração é ainda maior. Quatrocentos mil declarantes do imposto de renda, cerca de 0,2% da população brasileira, concentravam em 2012 48% de toda a riqueza declarada no país[46].

Do ponto de vista político-parlamentar, o lulismo manteve e ampliou a lógica de formação de maioria tradicionalmente vigente na política brasileira: a distribuição de espaços de poder no Estado – cargos, controle de empresas estatais, controle de orçamento de agências públicas e ministérios – para que os apoiadores do governo pudessem estabelecer acordos legais ou ilegais de negociação das vantagens com seus aliados e agentes econômicos. Assim, por exemplo, um partido que controlasse o Ministério dos Transportes garantia que seus deputados e senadores apoiassem os projetos apresentados pelo Executivo, ao mesmo tempo que concedia contratos superfaturados às empresas que construíam estradas ou controlavam aquelas privatizadas, para que parte do lucro extra extorquido do Estado pudesse retornar aos cofres partidários ou às contas particulares dos políticos[47].

---

[43] André Singer, *Os sentidos do lulismo: reforma gradual e pacto conservador* (São Paulo, Companhia das Letras, 2012).

[44] CEPAL, Panorama Social de América Latina (Santiago de Chile, Comisión Económica para América Latina y el Caribe , 2019), p. 42.

[45] Ibidem, p. 24.

[46] Fábio Avila de Castro, *Imposto de renda da pessoa física: comparações internacionais, medidas de progressividade e redistribuição* (Dissertação de Mestrado em Economia do Setor Público, Brasília, Universidade de Brasília, 2014).

[47] Sérgio Costa, "Estrutura social e crise política no Brasil", *Dados*, v. 61, n. 4, 2018, p. 499-533.

O lulismo funcionou enquanto a economia crescia a taxas expressivas e todos os segmentos sociais viam sua condição material melhorar. O PIB despencou, contudo, de 7,6% em 2010 para 0,1% em 2014, contraindo 3,5% em 2015 e 3,6% em 2016. Em 2017 e 2018, o PIB voltou a crescer, mas apenas 1,1% ao ano, muito abaixo das projeções iniciais[48]. A partir de 2015, endureceram-se também as investigações por corrupção, obstruindo os canais de acesso ao dinheiro público e às facilidades oferecidas pelo Estado aos grandes empresários, particularmente do setor financeiro, do agronegócio e da construção civil. Nesse momento, rompe-se a aliança de classes costurada pelo lulismo e as tensões acumuladas vêm à tona tanto nas manifestações de rua quanto na própria arena parlamentar, culminando com a deposição da presidente Dilma Rousseff em 2016, sob o argumento muito frágil de que ela havia manipulado as contas públicas.

O impeachment da presidente e sua substituição pelo vice-presidente Michel Temer, igualmente denunciado por corrupção, deram corpo ao esforço de reverter as perdas sofridas durante a crise por parte de alguns alguns setores econômicos. Assim, a agressiva política de privatizações e concessões feitas ao agronegócio, bem como o corte sistemático de direitos trabalhistas adotados durante o governo Temer (2016-2018), políticas seguidas e intensificadas pelo governo Bolsonaro, indicam claramente tanto o esforço de reabrir os canais de acesso aos recursos do Estado aos mais ricos quanto o empenho em reconfigurar o arranjo distributivo em favor do capital e contra os trabalhadores[49]. A suspensão de políticas voltadas à promoção da igualdade racial e de gênero, com o fechamento das agências responsáveis, iniciada por Temer e aprofundada por Bolsonaro, sinalizou a reação à redução – mesmo que mínima – das assimetrias materiais e de poder entre homens e mulheres e brancos e negros, promovida pelo lulismo[50].

A campanha do candidato eleito presidente em 2018, Jair Bolsonaro, assim como as primeiras medidas adotadas por ele alimentam a convicção de que seu governo veio para aprofundar a empreitada que Temer iniciou mas, pela absoluta falta de legitimidade e pelo peso das denúncias contra o último, não foi capaz de completar, qual seja, reverter os ganhos mínimos obtidos pelos pobres e minorias no período de vigência

---

[48] Darlan Alvarenga e Daniel Silveira, "PIB do Brasil cresce 1,1% em 2018 e ainda está no patamar de 2012", *G1*, 28 fev. 2019. Disponível em: <https://g1.globo.com/economia/noticia/2019/02/28/pib-do-brasil-cresce-11-em-2018.ghtml>. Acesso em: 10 mar. 2019.

[49] Sérgio Costa e Renata Motta, "Social classes and the far right in Brazil", em Conor Foley (org.), *In spite of you: Bolsonaro and the new Brazilian resistance* (Londres, OR Books, 2019), p. 103-16.

[50] A importância da questão de gênero como fonte de alimentação das reações ao lulismo e para a vitória eleitoral de Bolsonaro fica evidente na própria campanha eleitoral do candidato e seu combate à exaustão do que a direita global vem chamando de "ideologia de gênero", isto é, a afirmação de que os papéis de gênero não decorrem da natureza, mas são construções sociais. Também trabalhos qualitativos como os desenvolvidos por Pinheiro-Machado e Scalco mostram que, mesmo nos bairros mais pobres, "a explosão de meninas que se declararam feministas" motivou jovens do sexo masculino a aderir a Bolsonaro como resposta à "perda de protagonismo social e a sensação de desestabilização da masculinidade hegemônica" (Rosana Pinheiro-Machado e Lucia Mury Scalco, "Da esperança ao ódio: a juventude periférica bolsonarista", em Esther Solano Gallego (org.), *O ódio como política: a reinvenção das direitas no Brasil* (São Paulo, Boitempo, 2018), p. 57).

do lulismo e garantir, novamente, acesso pleno pelos mais ricos aos recursos do Estado. A desqualificação por Bolsonaro das medidas de promoção da igualdade racial e de gênero como "coitadismo", o orgulho com que declarava em sua campanha ter votado contra a legislação que concedeu aos trabalhadores domésticos direitos similares aos gozados pelos demais trabalhadores e a decisão, já como presidente, de corrigir o valor do salário mínimo abaixo do valor máximo previsto pela lei representam manifestações inequívocas de seu desinteresse por pobres e minorias. Ao mesmo tempo, a reforma tributária anunciada em seu programa de governo, ao reduzir a alíquota de imposto de renda das faixas mais altas de 27,5% para 20%[51], bem como as tentativas de reduzir as restrições impostas pelo direito ambiental à expansão das atividades econômicas e a meta de fazer a fronteira do agronegócio avançar sobre áreas indígenas ou protegidas são indicações claras de que o governo Bolsonaro quer ampliar os espaços econômicos e de poder dos mais ricos.

O próprio gabinete ministerial montado pelo presidente em exercício confirma esse objetivo duplo: desfazer os pequenos avanços no combate à desigualdade e assimetrias de poder observados durante o lulismo e suspender todas as barreiras legais e políticas ao avanço do capital sobre os recursos públicos, os bens comuns (como o meio ambiente) e a vida e os corpos da população trabalhadora. Assim, enquanto os ministérios da Economia, da Agricultura, da Infraestrutura e do Desenvolvimento Regional são ocupados por titulares com experiência no campo da ortodoxia econômica, os ministérios do Meio Ambiente e o da Mulher, Família e Direitos Humanos, juntamente com o Ministério das Relações Exteriores e o Ministério da Educação, ficam nas mãos de figuras caricatas e sem experiência de gestão. Sua função parece ser mais propriamente alimentar a luta ideológica contra as forças progressistas do que propriamente desenvolver um programa de trabalho ministerial consistente para o que lhes faltam competências básicas.

Até o momento em que este livro foi concluído, em fevereiro de 2020, não parecia evidente que o governo composto por fundamentalistas de mercado e ideólogos conservadores pouco preparados para a gestão pública poderia retirar o país da profunda crise política, econômica, social e institucional em que se encontrava mergulhado. A propalada intenção de Bolsonaro de governar sem negociar com os parlamentares dava sinais claros de inviabilidade. Da mesma forma, o processo de partidarização do Judiciário com suas decisões de investigar e punir claramente fundamentadas nas preferências políticas dos operadores da Justiça, não dava qualquer sinal de que pudesse ser revertido.

Crise enquanto calamidade pública: a falência do Rio de Janeiro

Ao tratar a crise do Rio de Janeiro, a imprensa tem frequentemente jogado com metáforas que aludem a uma trajetória do sucesso ao ocaso: do pódio à lama; da

---

[51] PSL, *Proposta de Plano de Governo: O caminho da prosperidade* (Brasília, Partido Social Liberal, 2018).

euforia à depressão; da lua de mel ao colapso[52]. Se essas imagens cumprem a função de apresentar reações à frustação de expectativas em contextos de crise, dizem, no entanto, pouco sobre as condicionantes, o caráter, a dinâmica e os efeitos da própria crise.

Em primeiro lugar, é preciso se perguntar sobre a fase de sucesso. Se, ao longo do século XX, a economia fluminense perdeu gradativamente seu dinamismo produtivo – por diversas razões, por exemplo, o fim da primazia econômica com o advento da indústria paulista e da centralidade nacional com a mudança da capital para Brasília –, a desindustrialização brasileira, desencadeada nas últimas décadas, consolidou o cenário de regressão. Enquanto, nesse período, a participação do Rio de Janeiro na indústria de transformação do país – onde estão empregos qualificados, maior renda e carteira de trabalho – foi bastante reduzida, o tamanho do seu setor petrolífero era maior que no resto do Brasil[53].

O Rio seguiu, assim, a tendência da economia nacional de ampliação de sua base extrativista, puxada pelo chamado "*boom* de commodities" do início do século XXI (2000-2014), que levou ao aumento significativo dos preços de mercadorias primárias (alimentos, metais, petróleo etc.). Contraditoriamente, isso não significou aumento do peso carioca no PIB brasileiro. Como mostra Sobral[54], o estado do Rio manteve participação baixa, em torno de 11%, no valor adicional bruto (que mede o valor total criado) do país entre 1995 e 2013.

Em face da estrutura econômica extremamente frágil do Rio de Janeiro, o impacto do colapso dos preços das commodities no estado foi devastador. Entre 2014 e 2016, conforme Sobral[55], "a retração da economia petrolífera significou uma perda de R$ 4,8 bilhões em receita pública"; só em 2015 o peso das rendas com royalties e participações especiais na receita total tinha caído quase a metade. Um pouco antes das Olimpíadas de 2016, no mês de junho, o governador interino, Francisco Dornelles, que substituía o titular, Luiz Fernando Pezão, decretava estado de

---

[52] María Martín, "Rio de Janeiro, da euforia à depressão", *El País*, 12 nov. 2016a. Disponível em: <https://brasil.elpais.com/brasil/2016/11/10/politica/1478799785_114849.html>. Acesso em: 10 mar. 2018; idem, "Em plena crise de segurança, policiais ameaçam colocar o Rio em xeque", *El País*, 9 nov. 2016b. Disponível em: <https://brasil.elpais.com/brasil/2016/11/09/politica/1478647673_736846.html>. Acesso em: 10 mar. 2018; idem, "A tragédia do Rio, do pódio à lama: 'Estamos sofrendo, mas continuaremos gritando'", *El País*, 17 jul. 2017. Disponível em: <https://brasil.elpais.com/brasil/2017/07/16/politica/1500222336_134535.html>. Acesso em: 10 mar. 2018.
[53] Lucianne Carneiro, "Rio é segunda maior economia, mas indústria é apenas sexta do Brasil", *O Globo*, 7 dez. 2015. Disponível em: <https://oglobo.globo.com/economia/rio-segunda-maior-economia-mas-industria-apenas-sexta-do-brasil-18233605>. Acesso em: 22 jan. 2018.
[54] Bruno Leonardo Barth Sobral, "O sentido histórico da formação econômica fluminense e desdobramentos para a crise de suas finanças públicas estaduais: desafios estruturais diante da estrutura produtiva oca", em Encontro Nacional de Economia Política da Sociedade Brasileira de Economia Política, 23., 2018, Niterói. *Anais* [...], Niterói, ENEP, 2018. Disponível em: <http://sep.org.br/anais/Trabalhos%20para%20o%20site/Area%207/108.pdf>. Acesso em: 18 jan. 2018.
[55] Ibidem, p. 9.

calamidade pública. Reconhecia-se que o Rio de Janeiro tinha um déficit orçamentário de R$ 19 bilhões[56].

Assim, o mesmo processo que acontecia em escala nacional e que, como visto, empurrou o país a uma profunda recessão econômica não apenas era sentido de maneira mais intensa, mas encontrava seu epicentro no Rio de Janeiro. O período que sucedeu à decretação de calamidade foi marcado pela suspensão de obras e investimentos públicos, diminuição ou até restrição de repasses para universidades, escolas, hospitais, projetos de moradia e de reformas urbanas, interrupção de políticas e serviços essenciais. O pagamento dos salários de servidores públicos estaduais de diversos setores (educação, saúde, ciência e tecnologia, segurança etc.) foi, primeiro, parcelado e, depois, completamente suspenso. Um cenário de devastação com a paralisação das atividades prioritárias, como, por exemplo, de instituições de ensino e postos de saúde[57]. O governo do estado aplicou, assim, uma política radical e intensa de expropriação por meio de medidas indiscriminadas de austeridade fiscal, que espoliavam direitos, bens coletivos e, sobretudo, os meios de subsistência de funcionários públicos ativos, inativos e pensionistas[58].

Apesar do consenso em torno do impacto da crise das commodities nas contas públicas fluminenses, as disputas em torno das soluções a entenderam como sintoma de algo mais profundo e estabeleceram uma controvérsia sobre aquilo que seria sua determinante estrutural: excesso de despesas ou falta de receitas. Em 2015, a queda de arrecadação fluminense com o Imposto sobre Circulação de Mercadorias e Serviços (ICMS), que costuma ser a principal fonte de receitas dos estados brasileiros, caiu 9%. Tal retração foi intensa no setor industrial (15,7%), cuja produção registrou queda de 4% em 2016[59], refletindo a pouca contribuição da indústria de transformação.

Além disso, com a justificativa da realização dos megaeventos, a Secretaria da Fazenda do Rio de Janeiro adotou explicitamente, por meio da Resolução 293/2010, uma política de renúncia fiscal, desonerando diversas operações do pagamento do ICMS. Somente entre 2008 e 2012, foram concedidos R$ 138,6 bilhões em isenções fiscais, beneficiando

---

[56] Fernando Caulyt, "Como o estado do Rio de Janeiro chegou à falência?", *DW Brasil*, 20 jun. 2016. Disponível em: <https://www.dw.com/pt-br/como-o-estado-do-rio-de-janeiro-chegou-%C3%A0-fal%C3%AAncia/a-19344065>. Acesso em: 10 mar. 2018; e Jefferson Puff, "4 motivos que levaram o Rio a decretar estado de calamidade pública", *BBC Brasil*, Rio de Janeiro, 18 jun. 2016a. Disponível em: <https://www.bbc.com/portuguese/brasil-36566996>. Acesso em: 10 mar. 2018.

[57] María Martín, "A tragédia do Rio, do pódio à lama", cit.

[58] A Universidade do Estado do Rio de Janeiro (UERJ) tornou-se um símbolo da precarização forçada pelos atos expropriatórios acima descritos. Entre 2014 e 2017, o governo contingenciou seu orçamento atrasando os repasses. Tal situação levou à paralisação dos serviços de manutenção e ao atraso sistemático de bolsas de estudo (inclusive de estudantes cotistas). Em 2017, os salários dos professores e funcionários técnico-administrativos chegaram a ficar cinco meses atrasados (Roberta Jansen, "Um símbolo da falência do Rio", *DW Brasil*, 31 jan. 2017. Disponível em: <https://www.dw.com/pt-br/um-s%C3%ADmbolo-da-fal%C3%AAncia-do-rio/a-37351577>. Acesso em: 10 mar. 2018).

[59] Guilherme Mercês e Nayara Freire, "Crise fiscal dos estados e o caso do Rio de Janeiro", *Geo UERJ*, v. 31, n. 1, 2017, p. 65.

empresas de petróleo, gás e do setor automotivo, concessionárias de transporte público e energia elétrica e até setores do consumo de luxo como serviços de beleza e joalherias[60]. Também receberam isenções as patrocinadoras dos Jogos Olímpicos, dentre elas, as empresas Coca-Cola, McDonald's e Rede Globo. A Nissan, por exemplo, deixou de recolher, em 2012 e 2013, cerca de R$ 35 milhões, e sua fábrica no Rio, instalada apenas em 2014 e que prometia gerar 2 mil empregos diretos e indiretos, colocou 1.100 trabalhadores em regime de férias coletivas no ano seguinte[61].

Apesar disso, o discurso do governo, tanto no âmbito estadual como federal, buscou relacionar o déficit público ao comprometimento do orçamento com despesa de pessoal, sobretudo por causa de suposto desequilíbrio previdenciário. Porém, visto comparativamente em proporção do PIB, renda domiciliar e receita (pública) corrente líquida, a despesa do pessoal ativo do governo fluminense é uma das menores do país[62]. Trata-se de um estado com práticas excessivas de terceirizações e cargos comissionados. Quanto à previdência, tem-se evidenciado que não há déficit estrutural. A administração do Rio de Janeiro possui dois planos de seguridade social: o "financeiro" (servidores civis ingressantes antes de 09/2013 e militares) e o "previdenciário" (servidores civis ingressantes depois de 09/2013). Como mostra Sobral[63], só o primeiro é deficitário e, ainda assim, por um período curto ou médio, a ser revertido pela própria transição. Obviamente que, se pensarmos em termos da seguridade social e da função de redistribuição, esses argumentos nem sequer deveriam ser apresentados, mas, diferentemente, deveria se falar dos mecanismos de arrecadação sobre fortunas, dividendos e lucros com os capitais concentrados.

Para além das evidências econômicas, o discurso oficial não conseguiu mobilizar suficientemente o consentimento popular para construir um mínimo de consenso para as medidas expropriatórias de austeridade que vinham sendo impostas. Evidentemente corroboraram para isso escândalos de corrupção nas últimas gestões que haviam assumido o governo do estado. Na introdução do presente livro, mencionou-se que o ex-governador Sérgio Cabral Filho (2006-2014) foi preso em novembro de 2016. Ele responde pelos crimes de corrupção ativa e passiva, lavagem de dinheiro, evasão de divisas, organização criminosa, formação de cartel e fraude à licitação. Já foi condenado nove vezes e sua pena é de quase duzentos anos de prisão. Já o ex-governador Luiz Fernando Pezão (2014-2018) foi preso em novembro de 2018. É acusado de receber mais de R$ 39 milhões por meio de esquemas de corrupção e integrar o núcleo político de uma organização criminosa que cometeu diversos crimes contra a administração pública. Por fim, Francisco Dornelles, o governador interino que decretou o estado

---

[60] Juliana Fiuza Cislaghi et al., "Crise do capital e suas consequências no Brasil: o caso do estado do Rio de Janeiro", em Congresso Brasileiro de Assistentes Sociais, 15., 2016, Olinda. *Anais* [...]. Olinda, 2016.
[61] Juliana Fiuza Cislaghi, "Apropriação privada de fundo público por meio do gasto tributário no estado do Rio de Janeiro", *Revista Advir*, v. 36, n.1, 2017, p. 155.
[62] Bruno Leonardo Barth Sobral, "O sentido histórico da formação econômica fluminense e desdobramentos para a crise de suas finanças públicas estaduais", cit., p. 19-20.
[63] Ibidem, p. 27-8.

de calamidade pública, foi acusado ao lado de Pezão por corrupção envolvendo justamente as isenções fiscais: ambos teriam dado mais de R$ 2 bilhões a empresas que doaram ilegalmente dinheiro para a campanha eleitoral de 2014[64].

Definitivamente, o consenso social se dirigia para o reconhecimento de que o desajuste nas contas públicas do Rio de Janeiro era um problema de receita, agravado por fraude e corrupção. E mais: estava cada vez mais claro que as expectativas e a euforia pela "cidade olímpica" de que o megaevento traria desenvolvimento não se realizaram. Ao contrário, a opção por altos investimentos dirigidos ao espetáculo (arenas e parques esportivos, boulevard, campo de golfe etc.) explicitava o contraste típico dos projetos de modernização, em que "o chamado 'moderno' cresce e se alimenta da existência do 'atrasado'" ou, para usar nossa terminologia, em que expropriações e, portanto, aprofundamento da desigualdade são condições para transformação do espaço físico em valor.

Quatro exemplos se tornaram marcos desses contrastes: o luxuoso parque olímpico ao lado das vinte casas restantes da comunidade Vila Autódromo após violenta remoção; o remodelamento do estádio Maracanã, vizinho da Universidade do Estado do Rio de Janeiro (UERJ), que se encontrava sem recursos e não funcionava, e do Museu Nacional que, sem recursos e condições básicas, foi destruído num incêndio; o Bus Rapid Transit (BRT) transolímpico, cujo corredor viário separa a pomposa Vila dos Atletas das famílias que restaram da expropriação da favela Vila União de Curicica e que foram deixadas sem saneamento básico, à mercê de esgoto a céu aberto; e, por fim, o Porto Maravilha e as favelas da região portuária, às quais retornaremos logo abaixo[65]. Havia um mal-estar generalizado que à época foi expresso por Lia Rocha, uma das principais lideranças da luta antiausteridade: "Cedemos nossa casa para a festa mas não fomos convidados"[66].

Esse mal-estar se ampliava quando confrontado com a recessão econômica e suas consequências medidas por indicadores sociais diversos, por exemplo, as taxas de desemprego e a qualidade da ocupação. Mesmo depois da leve recuperação econômica do país, persistia no Rio de Janeiro em 2019 o elevado patamar de desocupação, 14,5%, muito acima da média nacional. Entre os ocupados, a

---

[64] "Decisão do ministro Marco Aurélio Mello não afeta prisões de Cabral, Cunha e Pezão, dizem defesas", *G1*, 19 dez. 2018. Disponível em: <https://g1.globo.com/rj/rio-de-janeiro/noticia/2018/12/19/decisao-do-ministro-marco-aurelio-mello-nao-afeta-prisao-de-pezao-diz-defesa.ghtml>. Acesso em: 10 mar. 2019; "MPF diz que Pezão operava esquema de corrupção próprio e recebeu mais de R$ 39 milhões entre 2007 e 2015", *G1*, 29 nov. 2018. Disponível em: <https://g1.globo.com/rj/rio-de-janeiro/noticia/2018/11/29/mpf-diz-que-pezao-operava-esquema-de-corrupcao-proprio-e-recebeu-mais-de-r-25-milhoes-entre-2007-e-2015.ghtml>. Acesso em: 10 mar. 2019; "MP entra com ação contra Pezão e Dornelles por corrupção em isenções", *G1*, 19 dez. 2018. Disponível em: <https://g1.globo.com/rj/rio-de-janeiro/noticia/2018/12/19/mp-entra-com-acao-contra-pezao-e-dornelles-por-corrupcao-em-isencoes.ghtml>. Acesso em: 10 mar. 2019.
[65] Jefferson Puff, "'Cedemos casa para festa mas não fomos convidados': quatro contrastes no Rio da Olimpíada", *BBC Brasil*, 4 ago. 2016b. Disponível em: <https://www.bbc.com/portuguese/brasil-36975679>. Acesso em: 10 mar. 2018.
[66] Idem.

informalidade, em geral associada ao empregado precário e sem qualquer garantia trabalhista, atingia 39%[67].

Esse cenário de precarização social e violência se converteu em amplo apoio da população a paralisações, protestos e passeatas, sobretudo de servidores públicos, entre eles, professores, profissionais da saúde, bombeiros, policiais, agentes penitenciários. Em abril de 2016, trabalhadores do estado do Rio de 33 categorias entraram em greve[68]. O departamento de trânsito parou. Em novembro do mesmo ano, um grupo de manifestantes, sobretudo policiais, invadiu a Assembleia Legislativa do estado[69]. Parte significativa desses movimentos tinha como pauta, nos termos do balanço do DIEESE[70] sobre as greves brasileiras de 2016, o campo do imediato e do urgente: contra o atraso no pagamento dos salários. Por outro lado, esses movimentos também construíram ações de proteção de bens, instituições e serviços públicos. Algo que ficou ainda mais claro nas ocupações das escolas pelos estudantes secundaristas e nas reivindicações por repasses governamentais para a manutenção de infraestrutura[71].

A partir da lógica das expropriações capitalistas, as mobilizações criaram um cenário de tensões e polarizações, na medida em que se opunham claramente a um processo de compressão do espaço público que, por razões óbvias, não opera segundo a lógica estrita do mercado. Esse ciclo de protestos está ancorado em desaprovação social generalizada em relação ao governo fluminense e suas políticas. Os movimentos alcançaram êxitos parciais, mas importantes – e não apenas no que se refere à quitação de seus salários atrasados, o pagamento regular e a retomada dos repasses governamentais. Também lograram resguardar as instituições públicas, ao menos em parte, das constantes ameaças e propostas de privatização, eliminação da gratuidade da prestação do serviço e demissões em massa.

Por outro lado, não obstante a rejeição popular e luta social, negociações entre os governos federal e estadual levaram a políticas graduais de austeridade – por exemplo, lei para aumentar a taxa de contribuição previdenciária dos servidores de 11% para 14% – que resultaram no plano de resgate da dívida do Rio, em setembro de 2017[72]. Como visto, esse plano introduziu regime de ajuste fiscal semelhante à solução grega

---

[67] Daniel Silveira, "Desemprego fica estável no RJ, mas ainda atinge cerca de 1,3 milhão de pessoas, diz IBGE", *G1*, 19 nov. 2019. Disponível em: <https://g1.globo.com/rj/rio-de-janeiro/noticia/2019/11/19/desemprego-fica-estavel-no-rj-mas-ainda-atinge-cerca-de-13-milhao-de-pessoas-diz-ibge.ghtml>. Acesso em: 10 fev. 2020.

[68] "Servidores de 33 categorias do estado do RJ estão em greve", *G1*, 7 abr. 2016. Disponível em: <http://g1.globo.com/rio-de-janeiro/noticia/2016/04/servidores-de-33-categorias-do-estado-do-rj-estao-em-greve.html>. Acesso em: 10 mar. 2018.

[69] María Martín, "Em plena crise de segurança, policiais ameaçam colocar o Rio em xeque", cit.

[70] "Balanço das greves de 2016", *Estudos e Pesquisas*, São Paulo, DIEESE, n. 84, ago. 2017, p. 28. Disponível em: <https://www.dieese.org.br/balancodasgreves/2016/estPesq84balancogreves2016.html>. Acesso em: 22 jan. 2018.

[71] "Servidores de 33 categorias do estado do RJ estão em greve", cit.

[72] Gabriel Barreira e Alessandro Ferreira, "Alerj aprova aumento da contribuição previdenciária", *G1*, 24 maio 2017. Disponível em: <https://g1.globo.com/rio-de-janeiro/noticia/picciani-reaparece-na-alerj-em-dia-de-votacao-do-aumento-da-contribuicao-previdenciaria.ghtml>. Acesso em: 10 mar. 2018.

imposta no âmbito da crise mundial e nacional. O governo federal liberou empréstimos de R$ 1,11 bilhão e suspendeu o pagamento de 29,6 bilhões da dívida do Rio com a União, mas exigiu, em contrapartida, intenso corte de despesas e gastos sociais. Estes deveriam subir de R$ 350 milhões para R$ 2,8 bilhões durante a vigência do acordo – três anos, renováveis por mais três. Para o primeiro empréstimo de R$ 3,5 bilhões, o Rio de Janeiro deu como garantia ativos de sua Companhia Estadual de Águas e Esgotos (Cedae) com a obrigação de privatizá-la. Quanto aos demais, a garantia viria de títulos securitizados da própria dívida do estado[73].

Insensível às demandas populares e à necessidade de anuência dos afetados, o regime de recuperação fiscal opera em circunstâncias de elevado dissenso social, ainda mais se considerarmos que implica a aceleração de expropriações de direitos e meios de subsistência. Nesse sentido, foi acompanhado do aumento da violência e do aparato repressivo do Estado por meio de políticas de controle, criminalização dos protestos e da pobreza. As manifestações e greves dos servidores foram recebidas por ações truculentas da Polícia Militar que fez amplo uso de bombas de gás lacrimogêneo e efeito moral, disparos com balas de borracha e blindados antiprotestos para dispersar os manifestantes. Com o intuito de assegurar discussões e votações das medidas de austeridade, a Assembleia Legislativa do estado permaneceu rodeada por cordão de isolamento, formado por veículos armados, grades e cavalaria. Tornara-se costume os protestos do período terminarem com repressão e manifestantes feridos. Quando da votação do primeiro pacote de cortes de gastos sociais, por exemplo, a ação policial foi tão agressiva que o gás lacrimogêneo chegou até o plenário do parlamento e, ironicamente, os deputados aprovaram o pacote usando máscaras antigás[74].

A violência estatal tem seguido *pari passu* o aumento do regime de austeridade. Sincronizado às políticas repressivas adotadas pelo governo Temer após a votação das contrarreformas constitucionais mencionadas, o estado do Rio acionou o mesmo decreto de Garantia de Lei e Ordem que o governo federal usara contra protestos na capital no final de maio de 2017. Assim, ao mesmo tempo que se ampliava a presença de militares no núcleo governamental em Brasília, militarizava-se o Rio de Janeiro[75].

---

[73] Paula Quental, "A crise do Rio de Janeiro e o golpe de 2016", *CartaCapital*, 16 nov. 2017. Disponível em: <https://www.cartacapital.com.br/blogs/brasil-debate/a-crise-do-rio-e-o-golpe-de-2016>. Acesso em: 10 mar. 2018; Alexandro Martello, "Acordo da União com o RJ prevê ajuste fiscal de R$ 63 bilhões até 2020", *G1*, 5 set. 2017. Disponível em: <https://g1.globo.com/rio-de-janeiro/noticia/acordo-da-uniao-com-o-rj-preve-ajuste-de-r-63-bilhoes-ate-2020.ghtml>. Acesso em: 10 mar. 2018; e Silvio Cascione, "Governo fecha acordo para recuperação do Rio e ajuste fiscal será de R$ 63 bi até 2020", *Reuters*, 5 set. 2017. Disponível em: <https://br.reuters.com/article/topNews/idBRKCN1BG2NH-OBRTP>. Acesso em: 10 mar. 2018.

[74] Renan Rodrigues, "'São arruaceiros que querem o tumulto', afirma Pezão sobre protesto na Alerj", *O Globo*, 9 fev. 2017. Disponível em: <https://oglobo.globo.com/rio/sao-arruaceiros-que-querem-tumulto-afirma-pezao-sobre-protesto-na-alerj-20901413>. Acesso em: 22 jan. 2018.

[75] Guilherme Leite Gonçalves e Marta R. de Assis Machado, "Neoliberalismo autoritário em cinco atos", cit., p. 23.

Após o Carnaval de 2018, foi anunciada a intervenção federal na segurança pública do estado até o dia 31 de dezembro do mesmo ano, sob a responsabilidade de um interventor militar, o general Braga Netto. Com isso, o poder de polícia passou a ser exercido pelas Forças Armadas[76]. Conforme relatório do Observatório da Intervenção[77], a intervenção gerou claramente um aumento da letalidade policial. O número de chacinas – 54 durante a intervenção, levando a um total de 216 pessoas mortas – cresceu em 63,6%, quando comparado ao mesmo período de 2017. Entre as mais de 6 mil mortes violentas do período em todo o estado, 22,7% foram praticadas por policiais e militares, 33,6% acima do correspondente a 2017. Segundo a coordenadora do Observatório da Intervenção, Silvia Ramos, esse ciclo de violência foi conduzido por uma "omissão no comando das Forças Armadas em relação à brutalidade policial"[78]. Para ela, a soma desses fatores refletiu diretamente na chacina do morro Fallet-Fogueteiro, em 12 de janeiro de 2019, que terminou com quinze mortos – a pior chacina desde 2007[79].

A intervenção federal consolidou ataques a direitos, liberdades e garantias nas favelas cariocas. Agregou ao discurso punitivo a eficácia simbólica de valores como disciplina, honestidade e combate ao inimigo. Isso tem funcionado como mecanismo de estigmatização de um grupo social, caracterizando-o como um outro desviante que, no caso da intervenção federal no Rio, são os moradores da favela. Como desviantes, não precisam ser protegidos. Sinônimo de criminalidade e tráfico, reconfigurados como inimigos, os favelados podem ser, a qualquer momento e sem nenhum tipo de garantia, espoliados, presos, violentados, roubados e assassinados. O aumento do grau de autoritarismo do estado e o uso de discursos estigmatizantes abrem cada vez mais espaço para tendências fascistas que pregam a eliminação do outro[80].

Durante a intervenção federal, a vereadora negra, socialista, nascida e criada na favela da Maré, Marielle Franco, e seu motorista, Anderson Gomes, foram assassinados em 14 de março de 2018, um crime com clara conotação política. Crítica dos abusos das incursões policiais em favelas, Marielle foi indicada relatora da comissão da Câmara de Vereadores do Rio criada para acompanhar a respectiva intervenção. Apesar do longo tempo transcorrido desde os assassinatos, a investigação sobre as duas mortes havia chegado em setembro de 2019 aos supostos culpados sem, contudo, desvendar os laços entre os assassinos diretos e possíveis mandantes do crime. Já havia explicitado, no entanto, importantes deslocamentos políticos. Os fortes indícios da participação de milícias paramilitares nos assassinatos têm reafirmado a fluidez das fronteiras da

---

[76] Idem.
[77] Silvia Ramos (coord.), *Intervenção federal: um modelo para não copiar* (Rio de Janeiro, CESeC, fev. 2019). Disponível em: <https://drive.google.com/file/d/1UPulZi6XpsK8DQo6c5oVmwUFUhypkOpA/view>. Acesso em: 10 mar. 2019.
[78] Marina Lang, "Observatório destaca polícia letal em intervenção: 'modelo para não copiar'", *UOL*, 14 fev. 2019. Disponível em: <https://noticias.uol.com.br/cotidiano/ultimas-noticias/2019/02/14/observatorio-da-intervencao.htm>. Acesso em: 15 fev. 2019.
[79] Idem.
[80] Guilherme Leite Gonçalves e Marta R. de Assis Machado, "Neoliberalismo autoritário em cinco atos", cit.

violência estatal, em que o legal e o ilegal se confundem. Essa fluidez também diz respeito aos limites do estado do Rio: o atual senador Flávio Bolsonaro, filho do presidente da República, é objeto de investigação por suspeita de envolvimento nos dois assassinatos[81]. Mais uma vez, o Rio se torna o Brasil, "e o futuro do Brasil está comprometido!".

Em resumo, o regime de recuperação fiscal como resposta à crise fluminense refere-se a um triplo movimento. Em primeiro lugar, cria condições à mercantilização de espaços ainda pouco mercantilizados por meio de atos expropriatórios. Isso pode ser verificado quando parte da população do estado é empurrada para o mercado à medida que direitos sociais são tomados e serviços públicos, privatizados. Dependentes de prestações privadas (saúde, ensino, previdência), esses grupos precisam recorrer a dívidas bancárias para atender suas necessidades[82].

Em segundo, sem qualquer plano de reestruturação industrial ou política anticíclica de combate à recessão econômica, o regime de recuperação fiscal tem servido apenas para rolar a dívida pública[83]. Isso permitiu refuncionalizá-la para o capital financeiro por meio da ampliação de ativos que derivam de privatizações e securitizações, usados como garantia dos empréstimos. Evidentemente, o primeiro e o segundo movimentos convergem enquanto atos expropriatórios: ao retirar parte dos meios de subsistência de diferentes grupos sociais, o Estado os repassa ao capital por meio do pagamento de juros da dívida pública e outros instrumentos de privatização do fundo público[84].

E, finalmente, em terceiro lugar, diante dos riscos de desapontamento e dissenso social, a violência estatal e, sobretudo, a intervenção federal tornam-se essenciais. Como resposta populista aos anseios por segurança, ela é, ao mesmo tempo, fator de criação de mínimo consenso social e de aumento do aparato repressivo necessário à blindagem do governo fluminense para implementar medidas de austeridade socialmente desagregadoras[85]. Ao mobilizar sentimentos e medos difusos da população, a intervenção federal apresenta o aparato estatal repressivo como prática necessária em momento de crise. Paralelamente, ela funciona, como visto, como meio de estigmatização e culpabilização de um "outro" pela situação a que se chegou: o "bandido", o favelado. Tem-se, assim, a construção de um tipo de autoridade que não se encontra baseada em convencimento, mas no fortalecimento do próprio aparato repressivo.

---

[81] Juan Arias, "Marielle assombra Flávio Bolsonaro mais morta do que viva", *El País*, 25 jan. 2019. Disponível em: <https://brasil.elpais.com/brasil/2019/01/24/opinion/1548366291_877712.html>. Acesso em: 10 mar. 2019.

[82] Lena Lavinas e Guilherme Leite Gonçalves, "Brasil 2018", cit.

[83] Bruno Leonardo Barth Sobral, "O sentido histórico da formação econômica fluminense e desdobramentos para a crise de suas finanças públicas estaduais", cit., p. 21.

[84] Juliana Fiuza Cislaghi, "Apropriação privada de fundo público por meio do gasto tributário no estado do Rio de Janeiro", cit., p. 151.

[85] Guilherme Leite Gonçalves e Marta R. de Assis Machado, "Neoliberalismo autoritário em cinco atos", cit.

Esse tipo de autoridade, como afirmou Ramos[86] no âmbito do relatório do Observatório da Intervenção, "permitiu o acordo de empréstimo da União ao governo do Estado, essencial para a superação da crise financeira em que o Rio se encontrava desde 2016". Ela consolidou as condições de realização de um padrão de acumulação que possibilitou novamente a mobilidade do capital. Trata-se de uma couraça que facilita as expropriações pela sujeição dos expropriados, as protege de protestos e absorve sua insatisfação pela responsabilização de um suposto outro, o favelado. Essa combinação tem levado a um fortalecimento e aceitação gradual da autoridade autoritária.

A violência estatal e a autoridade autoritária são fatores-chave para garantir o avanço da acumulação no Rio de Janeiro. Eliminam os obstáculos de um projeto de salvamento financeiro por práticas espoliativas que, por meio de diferentes formas de privatização, podem rearticular a interação entre grandes investidores, órgãos governamentais, concessionárias privadas, incorporadores imobiliários e empreiteiras. Essas pressões por rearticulação se tornaram particularmente visíveis no momento em que a crise atracou na região portuária do Rio de Janeiro.

Crise do porto

Como visto no capítulo anterior, o período inicial do projeto Porto Maravilha foi marcado por grande euforia do capital financeiro, imobiliário, comercial, de empreiteiras, atores governamentais e da grande mídia. A grandeza da intervenção urbana – "a maior parceria público-privada do Brasil" – parecia justificar as grandes expectativas do agentes econômicos e os prognósticos favoráveis dos economistas. O metro quadrado de toda a região se valorizou intensamente logo nos primeiros meses do projeto, todos os Cepacs foram comprados em leilão de lote único pela CEF e seu preço unitário cresceu rapidamente. A euforia, no entanto, durou pouco. O impacto da recessão econômica brasileira e da crise fluminense foi avassalador na região portuária.

É verdade que, antes das respectivas crises, já existiam sinais de desconfiança com o projeto. O site especializado em economia, Relatório Reservado[87], já questionava em outubro de 2012 se a Caixa Econômica Federal tinha feito um bom negócio, pois até então não havia entrado um único centavo no Fundo de Investimento Imobiliário Porto Maravilha (FIIPM). Perguntava-se assim se os Cepacs não eram "uma nota furada" ou um "título sem fundo". Por outro lado, a alta dos preços do petróleo aqueceu o mercado imobiliário do Rio de Janeiro, sobretudo em 2011[88]. Os preços

---

[86] Silvia Ramos, "O que aprendemos com a intervenção", em *Intervenção federal: um modelo para não copiar* (Rio de Janeiro, CESeC/Observatório da Intervenção, fev. 2019), p. 32.
[87] Relatório Reservado, "Título sem fundo", 2012. Disponível em: <https://relatorioreservado.com.br/assunto/porto-maravilha/>. Acesso em: 10 mar. 2018.
[88] "Porto Maravilha", cit.

dos imóveis de diferentes bairros dispararam. Com a zona portuária não foi diferente. No capítulo anterior, vimos que seu metro quadrado foi valorizado em 300%. Diversos empreendimentos e companhias começaram a manifestar interesse pela região, o que, por sua vez, reforçava as expectativas financeiras de investimentos criadas pelo projeto Porto Maravilha. Em 2012, diversas empresas anunciaram investimentos na área. Segundo a imprensa da época, a Oi, a GVT e o Banco Central do Brasil pretendiam mudar suas sedes para a região e, para isso, aportariam altas somas para a reforma de prédios[89]. Do mesmo modo, a Microsoft anunciou a cessão de R$ 200 milhões para revitalização de um edifício histórico que abrigaria uma aceleradora de negócios, um laboratório avançado de tecnologia e um centro de desenvolvimento de sua plataforma de busca[90].

Quanto às construtoras, a CHL declarava investir R$ 100 milhões e a Sandria, R$ 150 milhões na construção de edifícios comerciais[91]. Em maio de 2013, uma das mais relevantes incorporadoras do mundo, a norte-americana Tishman Speyer, concluiu um acordo para a construção de quatro torres comerciais de alto padrão com investimento acima de R$ 1 bilhão[92]. Em agosto do mesmo ano, o empresário Donald Trump anunciava a compra de dois grandes terrenos[93]. No início de 2014, era a vez da espanhola Salamanca Group declarar interesse na região[94].

Mesmo que a desconfiança ainda permanecesse, como mostram as sucessivas recusas da Petros em investir em empreendimentos imobiliários no local e a desistência de Trump em construir as duas torres que havia planejado, a aposta na valorização financeira do espaço continuava alta[95]. A própria Caixa decidiu, em janeiro de 2014, se juntar a investidores do setor imobiliário como sócia de projeto de cinco prédios comerciais na área[96]. E mesmo a desistência de Trump não levou ao abandono de sua proposta: a companhia búlgara MRP Internacional, juntamente com a Salamanca

---

[89] Gabriela Murno, "Investimento de R$ 7 bilhões muda a face do Porto do Rio", *Brasil Econômico*, 13 nov. 2012. Disponível em: <http://www.ademi.org.br/article.php3?id_article=51030>. Acesso em: 10 mar. 2018.

[90] Idem.

[91] Gelsom Rozentino de Almeida, "Uma maravilha de capital", em Simpósio Nacional de História, 27., 2013, Natal. *Anais* [...]. Natal, ANPUH, 2013.

[92] Relatório Reservado, "Tishman Speyer finca suas pilastras no Porto do Rio", 2013a. Disponível em: <https://relatorioreservado.coM br/assunto/tishman-speyer/>. Acesso em: 10 mar. 2018.

[93] Relatório Reservado, "Trump in Rio", 2013b. Disponível em: <https://relatorioreservado.com.br/assunto/porto-maravilha/>. Acesso em: 10 mar. 2018.

[94] Relatório Reservado, "Salamanca", 2014a. Disponível em: <https://relatorioreservado.com.br/assunto/porto-maravilha/>. Acesso em: 10 mar. 2018.

[95] Relatório Reservado, "Maravilha?", 2013c. Disponível em: <https://relatorioreservado.com.br/assunto/porto-maravilha/>. Acesso em: 10 mar. 2018; e Relatório Reservado, "Trump Towers balançam antes mesmo de sair do chão", 2014b. Disponível em: <https://relatorioreservado.com.br/assunto/porto-maravilha/>. Acesso em: 10 mar. 2018.

[96] Relatório Reservado, "Caixa Maravilha", 2014c. Disponível em: <https://relatorioreservado.com.br/assunto/porto-maravilha/>. Acesso em: 10 mar. 2018.

Group e a construtora Even, resolveram investir R$ 5 bilhões para erguer os dois arranha-céus previstos e sublocar o nome do magnata pelo apelo comercial[97].

Ao lado do aquecimento do mercado imobiliário, os Cepacs experimentavam tendência de supervalorização[98]. Na época de aquisição do estoque, em 2011, eles haviam sido comprados pela Caixa pelo preço unitário de R$ 545. Em dezembro de 2013, a comercialização de cada título girava em torno de R$ 1.280. Como mostra Neto[99], os Cepacs haviam alcançado uma "expressiva alta de 135% no período de 28 meses". Ainda que, como visto, a venda dos Cepacs já estivesse muito aquém do esperado, de 2011 a 2014 o FIIPM conseguiu manter o fluxo de repasses da parceria público-privada, o que permitiu que as empreiteiras que compõem a Concessionária Porto Novo, responsável pela administração da área, mantivessem a realização das obras previstas[100].

Conforme mostrado no capítulo anterior, em razão da parceria público-privada, a respectiva concessionária é remunerada pela companhia municipal (CDURP) que obtém recursos junto ao FIIPM. No momento da euforia do mercado, essa operação parecia funcionar bem. O projeto Porto Maravilha construía, assim, a imagem de alta consistência e dinamismo, em que o interesse das companhias imobiliárias na região portuária, o número de títulos ofertados no mercado, a confiança do setor privado e a ação do Estado convergiam, permitindo o fluxo de diferentes capitais por meio da adesão a um projeto de reestruturação e mercantilização de toda a área.

Evidentemente que essas expectativas de valorização dos Cepacs e do mercado imobiliário foram criadas, precedidas e se formavam paralelamente a intervenções estatais violentas que reestruturavam toda a zona portuária. Como visto, essa reestruturação dependeu de um processo extremamente agressivo de remoções que expropriavam meios de subsistência básicos – as casas – de antigos moradores da região. De 2009 a 2016, 675 famílias foram expulsas de suas comunidades por causa do projeto Porto Maravilha. Na ocupação Zumbi dos Palmares, que se situava em prédio abandonado do Instituto Nacional de Seguro Social, 133 famílias foram removidas em 2011. No mesmo ano, trinta famílias da ocupação Flor do Asfalto tiveram o mesmo destino. Em 2012, a remoção da ocupação Machado de Assis foi inteiramente concluída. Totalmente removidas também foram as famílias das ocupações Boa Vista (35 famílias), Carlos Marighela (47 famílias) e Casarão Azul (70 famílias). Até novembro de 2015, 140 famílias haviam sido removidas e 692 encontravam-se sob ameaça de remoção no morro da Providência em razão de suposta

---

[97] Relatório Reservado, "Búlgaros tiram Trump Towers da prancheta", 2015a. Disponível em: <https://relatorioreservado.com.br/assunto/porto-maravilha/>. Acesso em: 10 mar. 2018.
[98] Alfredo Neto, "Os Cepacs deram certo?", *Infraestrutura Urbana*, n. 33, dez. 2013. Disponível em: <http://infraestruturaurbana17.pini.coM br/solucoes-tecnicas/33/os-Cepacs-deram-certo-rio-avanca-em-projetos-financiados-301395-1.aspx>. Acesso em: 10 mar. 2018.
[99] Idem.
[100] "Em nota oficial, Prefeitura do Rio confirma reportagem do 'JB' sobre Porto Maravilha", *Jornal do Brasil*, 27 jun. 2017. Disponível em: <https://www.jb.com.br/index.php?id=/acervo/materia.php&cd_matia=924239&dinamico=1&preview=1>. Acesso em: 10 mar. 2018.

situação de risco da área, bem como da implantação de teleférico turístico e um plano inclinado. Por fim, a ocupação Quilombo das Guerreiras foi completamente extinta com a remoção de suas setenta famílias. Seu terreno foi oferecido ao projeto Trump Towers Rio[101].

Até 2015 a zona portuária experimentou um processo acelerado de valorização de diferentes capitais (financeiro, imobiliário, comercial, produtivo), movido pela expropriação violenta de espaços ainda não propriamente mercantilizados. Esse processo se esgotou com o colapso do preço internacional do petróleo e o impacto da recessão econômica brasileira, quando a crise chegou ao Rio de Janeiro. Em termos gerais, ela reproduziu entre atores e estruturas locais, envolvidos na operação Porto Maravilha, os mesmos mecanismos de instabilidade impostos pela financeirização global, associados à superprodução de ativos fictícios incapazes de serem absorvidos e realizados no tempo e espaço socioeconômicos existentes.

No porto do Rio, essa dinâmica se apresentou como uma crise de sobreacumulação dos Cepacs, em um contexto recessivo de retração do mercado imobiliário na região. A crise propriamente dita operou na zona portuária processos de desmercantilização, marcados por ameaças e queda real da lucratividade dos atores privados envolvidos, induzindo-os a retirar investimentos da área. Esses processos vão exigir rearranjos e recombinações dos diferentes capitais implicados com o poder público no interior do projeto Porto Maravilha para possibilitar nova onda de mercantilização por meio de expropriações como solução da respectiva crise. Vejamos cada um desses momentos.

Segundo relatório da Fundação Getulio Vargas (FGV)[102], os preços do Cepac triplicaram desde 2011. A cada ano o valor vem aumentando, passando a unidade de R$ 545, em 2011, a R$ 1.706, em 2016. O mesmo relatório ressalta que, se esses valores tivessem sido reajustados pelos índices usuais de correção monetária, o aumento de valor não poderia superar 55%. Essa supervalorização é, por si só, indício de que os títulos estão sendo empregados para especulação financeira[103].

Ao lado da supervalorização, se dava a retração do mercado imobiliário. Em 2015, a própria Caixa deu indícios de que reveria o financiamento de empreendimentos em que havia entrado como sócia. Se, de um lado, essa postura reafirmava o uso especulativo dos Cepacs, de outro, colocava as companhias imobiliárias que já haviam feito investimentos em sinal de alerta. A nota do Relatório Reservado[104] sobre a atitude da

---

[101] "Olimpíada Rio 2016, os jogos da exclusão", em *Dossiê Megaeventos e violações dos direitos humanos no Rio de Janeiro* (Rio de Janeiro, Comitê Popular da Copa e Olimpíadas do Rio de Janeiro, nov. 2015); e Julia Ziesche et al., *Mapa das remoções no Rio de Janeiro* (Rio de Janeiro, Heinrich Böll Stiftung, 2014). Disponível em: <https://br.boell.org/pt-br/2014/07/03/mapa-das-remocoes-no-rio-de-janeiro>. Acesso em: 30 jun. 2018.

[102] Marco Aurélio Ruediger (coord.), *O Rio em perspectiva: um diagnóstico de escolhas públicas* (Rio de Janeiro, FGV/DAAP, 2017), p. 44.

[103] Ibidem, p. 46.

[104] Relatório Reservado, "Caixa Econômica", 2015b. Disponível em: <https://relatorioreservado.com.br/assunto/porto-maravilha/>. Acesso em: 10 mar. 2018.

Caixa começava a questionar o que de maravilha havia de fato no projeto. As notas seguintes são verdadeiros epítetos da crise: "Salas Vazias", "Porto Depressão", "Cidade-Fantasma", "Porto-Fantasma", "Legado Olímpico" e "Rio de Janeiro cobra seu preço". Todas elas focalizavam as dificuldades que uma das incorporadoras que mais investiu na região portuária, a Tishman Speyer, enfrentava. Ela construía na região duas grandes Torres, a Aqwa Corporate e o Port Corporate. Em novembro de 2016, declarou não conseguir alugar os escritórios do Port Corporate: o "encalhe estava na casa dos 80%"[105]. Em fevereiro de 2017, quando já se falava em "a outrora badalada região do Porto Maravilha", a Tishman Speyer resolveu baixar o preço dos aluguéis: até 40% menor que o valor inicial[106]. Em março de 2017, a decisão foi ainda mais radical: a incorporadora suspendeu novos investimentos e desmobilizou toda a equipe que trabalhava nos projetos[107]. Em julho do mesmo ano, o Porto-Fantasma passou a assombrar o Aqwa Corporate: a três meses da data prevista para a conclusão da obra, a incorporadora não havia conseguido ainda fechar nenhum contrato de aluguel[108]. Em novembro de 2017, ela já havia igualmente baixado o valor da locação do Aqwa Corporate em 40% e, mesmo assim, 70% do prédio continuava vazio[109]. Por fim, em junho de 2018, tinha-se um retrato das perdas: em ambos os prédios, Aqwa Corporate e Port Corporate, o valor da locação que, em 2009, começara em R$ 160 por metro quadrado já havia sido reduzido para R$ 60 por metro quadrado[110].

Nos últimos anos, o cenário do mercado imobiliário no porto do Rio era de completa contração. Em julho de 2017, o índice de imóveis comerciais vazios atingiu 89%[111]. Uma taxa de vacância que decretava praticamente a ruína do projeto Porto Maravilha na sua impossibilidade de consecução de seus próprios fins. Poucas grandes empresas continuavam a apostar ali. Além da permanência da Tishman Speyer, a Odebrecht havia construído o conjunto Porto Atlântico e o edifício Novo Cais. Ainda existia algum grau de participação da L'Oréal, Granado e do Grupo AquaRio[112]. Nada mais.

---

[105] Relatório Reservado, "Salas vazias", 2016. Disponível em: <https://relatorioreservado.com.br/assunto/porto-maravilha/>. Acesso em: 10 mar. 2018.
[106] Relatório Reservado, "Porto depressão", 2017a. Disponível em: <https://relatorioreservado.com.br/assunto/porto-maravilha/>. Acesso em: 10 mar. 2018.
[107] Relatório Reservado, "Cidade-fantasma", 2017b. Disponível em: <https://relatorioreservado.com.br/assunto/porto-maravilha/>. Acesso em: 10 mar. 2018.
[108] Relatório Reservado, "Porto fantasma", 2017c. Disponível em: <https://relatorioreservado.com.br/assunto/tishman-speyer/>. Acesso em: 10 mar. 2018.
[109] Relatório Reservado, "Legado olímpico", 2017d. Disponível em: <https://relatorioreservado.com.br/assunto/tishman-speyer/>. Acesso em: 10 mar. 2018.
[110] Relatório Reservado, "O Rio de Janeiro cobra seu preço", 2018a. Disponível em: <https://relatorioreservado.com.br/assunto/tishman-speyer/>. Acesso em: 10 mar. 2018.
[111] "Porto Maravilha", cit.; e Relatório Reservado, "Porto fantasma", 2017c. Disponível em: <https://relatorioreservado.com.br/assunto/tishman-speyer/>. Acesso em: 10 mar. 2018.
[112] "Porto Maravilha", cit.

Werneck, Novaes e Santos Junior[113] nos oferecem um quadro impressionante do impacto da crise político-econômica brasileira e fluminense no mercado imobiliário da zona portuária. De 2009 até dezembro de 2017, foram identificados 77 empreendimentos, 35 referentes a novas construções e 35 a reformas de imóveis existentes. Dos 35 primeiros, 23 nem sequer foram iniciados e apenas 7 estavam concluídos e em funcionamento. No caso das reformas, 14 não foram iniciadas e apenas 13 conseguiram ser concluídas e estavam em funcionamento[114]. A estagnação do desenvolvimento imobiliário do Porto Maravilha fica ainda mais clara quando se olha para os dados dos últimos anos. Ainda de acordo com Werneck, Novaes e Santos Junior[115], em 2015, só houve três pedidos de licenciamento de empreendimentos junto à Prefeitura, um quinto do número registrado em 2013, e dos 52 empreendimentos inscritos entre 2009 e 2015, 26 não tinham sido iniciados.

A evidente retração do grau de mercantilização anterior abriu espaço para a mudança do porte de construções na área. Conforme Werneck, Novaes e Santos Junior[116], em 2016, catorze empreendimentos pediram licenciamento à prefeitura: "prevaleceram as reformas de pequenos espaços comerciais". As permissões para construção de prédios mais altos que o permitido na legislação não encontraram compradores[117]. Apesar dessa alteração significativa, mesmo essas obras menores não foram concluídas; na verdade, nem mesmo iniciadas[118]. Em 2017, houve uma nova queda no número de licenciamentos protocolados na prefeitura: apenas quatro reformas foram solicitadas, mas, sem aprovação, os imóveis permaneceram como estavam[119].

Esse quadro tem corroído o mecanismo de financiamento do Porto Maravilha. Como visto, os Cepacs alimentam a parceria público-privada, garantindo que os recursos captados pelo CDURP junto ao FIIPM sejam repassados às empreiteiras da Consórcio Porto Novo, de modo que este último mantenha a execução de obras e prestação de serviços (limpeza, manutenção de praças, jardins e vias públicas etc.) em toda a zona portuária. Evidentemente que, quanto menos Cepacs vendidos para fins de empreendimento imobiliário, menos recursos há para remunerar o consórcio. Esse processo se agravou com o passar do tempo e o aprofundamento da crise.

Primeiro, quanto aos Cepacs, de 2015 a dezembro de 2017 nenhuma permissão de construção com consumo desses títulos foi vendida[120]. No período anterior, entre 2010 e 2015, quando o processo de mercantilização estava em fase de expansão,

---

[113] Mariana da Gama e Silva Werneck, Patrícia Ramos Novaes e Orlando Alves dos Santos Junior, *A estagnação da dinâmica imobiliária e a crise da operação urbana do Porto Maravilha*, cit.
[114] Ibidem, p. 3.
[115] Ibidem, p. 5.
[116] Ibidem, p. 6-7.
[117] Adriano Belisário, "Porto Maravilha corre o risco de parar novamente em 2018", cit.
[118] Mariana da Gama e Silva Werneck, Patrícia Ramos Novaes e Orlando Alves dos Santos Junior, *A estagnação da dinâmica imobiliária e a crise da operação urbana do Porto Maravilha*, cit., p. 7.
[119] Idem.
[120] Ibidem, p. 5-6.

somente doze dos 52 projetos com licenciamento registrados previam a compra do respectivo título, o que correspondia a apenas 9,38% do estoque de Cepacs existente[121]. Por causa da crise, esse cenário não se alterou: até agora menos de 10% do estoque de Cepacs foi negociado, e dos comprados, poucos empreendimentos foram concluídos[122].

Isso levou a Caixa a reconhecer que esses títulos estavam encalhados e que o FIIPM, que está sob seu controle, encontrava-se sem liquidez[123], o que evidentemente não a exonerou do acordo de assegurar os desembolsos periódicos para garantir a parceria público-privada e remunerar a concessionária. Para cumprir essa obrigação, em 2015, a Caixa recorreu mais uma vez ao FGTS e utilizou mais de R$ 1,5 bilhão do respectivo fundo público de propriedade dos trabalhadores para socorrer o FIIPM[124].

O problema evidentemente não se resolveu. Em maio de 2016, o FIIPM tinha disponível apenas R$ 217,7 milhões, mas precisava disponibilizar pelo menos R$ 1,2 bilhão para a sexta etapa de obras na região[125]. Dessa vez, a declaração de falta de liquidez foi mais drástica e a Caixa suspendeu os pagamentos até junho de 2018. A prefeitura, por sua vez, decidiu continuar as obras com os fundos disponíveis, reduzindo o ritmo. Para solucionar o problema, mais uma vez o jeito foi apelar para os fundos públicos. O ex-prefeito Eduardo Paes assinou dois termos aditivos no contrato da parceria público-privada entre o CDURP e a concessionária Porto Novo. A três dias do término de seu mandato, o município comprou R$ 62,5 milhões de Cepacs para quitar dívidas com a concessionária, concordou em receber R$ 725,9 milhões em Cepacs como garantia para quitar débitos futuros e determinou pagamentos de até R$ 219,6 milhões à respectiva concessionária com seus próprios recursos[126].

Na medida em que a gestão do prefeito Marcelo Crivella suspendeu as transferências, a dívida com a concessionária Porto Novo começou a crescer. Em maio de 2017, já estava em R$ 40 milhões[127]. Os repasses não eram feitos desde janeiro. Em junho, a concessionária interrompeu os serviços, levando ao acúmulo de lixo, degradação de

---

[121] Ibidem, p. 5.
[122] Ibidem, p. 5-6.
[123] Vinícius Lisboa, "Concessionária suspende serviços na zona portuária do Rio por falta de pagamento", *Agência Brasil*, 4 jul. 2017. Disponível em: <http://agenciabrasil.ebc.com.br/geral/noticia/2017-07/concessionaria-suspende-servicos-na-zona-portuaria-do-rio-por-falta-de>. Acesso em: 8 fev. 2018; e "Porto Maravilha em crise: o futuro nas mãos da Caixa", *Diário do Porto*, 7 jun. 2018. Disponível em: <https://diariodoporto.com.br/porto-maravilha-em-crise-o-futuro-nas-maos-da-caixa/>. Acesso em: 10 mar. 2019.
[124] "Porto Maravilha em crise", cit.; e "Zona portuária do Rio de Janeiro vive nó financeiro", *Jornal do Comércio*, 4 maio 2017. Disponível em: <https://www.jornaldocomercio.com/_conteudo/2017/04/cadernos/jc_logistica/559477-zona-portuaria-do-rio-de-janeiro-vive-no-financeiro.html>. Acesso em: 10 mar. 2019.
[125] Vinícius Lisboa, "Concessionária suspende serviços na zona portuária do Rio por falta de pagamento", cit.; e "Zona portuária do Rio de Janeiro vive nó financeiro", cit.
[126] "Em nota oficial Prefeitura do Rio confirma reportagem do 'JB' sobre Porto Maravilha", cit.; e "Zona portuária do Rio de Janeiro vive nó financeiro", cit.
[127] "Zona portuária do Rio de Janeiro vive nó financeiro", cit.

praças, ruas e jardins[128]. Dessa vez, a prefeitura assumiu diretamente a gestão da área e assim permaneceu por quatro meses (de julho a novembro de 2017). Também aportou R$ 198 milhões para a concessionária retomar as atividades[129].

Esperava-se que em junho de 2018, depois de dois anos de capitalização, o FIIPM retomaria os desembolsos periódicos obrigatórios. No entanto, em maio do respectivo ano, a Caixa enviou ofício à CDURP, comunicando falta de recursos[130]. Nessa ocasião, o FIIPM devia R$ 198 milhões à prefeitura referente a compromissos com o projeto Porto Maravilha[131]. Em junho, a concessionária Porto Novo interrompeu novamente os serviços e as obras, o que aumentou a sensação de abandono[132].

A solução veio apenas em agosto, quando Caixa e prefeitura firmaram um acordo, segundo o qual o FIIPM repassaria R$ 147 milhões à parceria público-privada, valor bem inferior aos R$ 429 milhões devidos, conforme o contrato. A Caixa também traria recursos advindos da venda de um dos edifícios comerciais da região do qual era sócia, levantando R$ 50 milhões[133]. Com montantes aquém do esperado, a concessionária Porto Novo diminuiria o ritmo de suas atividades. O resultado evidentemente seria o não cumprimento dos prazos do projeto Porto Maravilha com um longo atraso nas obras e demora na prestação de serviços.

Os últimos anos, tomados pela crise brasileira e fluminense, têm evidenciado a incapacidade de realização dos fins dos Cepacs, conforme previsto oficialmente desde o lançamento do projeto Porto Maravilha. Em resumo, a quantidade de títulos que foram revertidos em licenciamento de obras na zona portuária é bastante inferior ao planejado[134]. Isso não se trata de uma disfuncionalidade. O padrão de acumulação financeira tende a colocar o capital financeiro no centro das relações econômicas e sociais. Ele ocupa uma posição externa aos outros capitais e se impõe sobre a lógica dos demais. Essa imposição significa concentração/centralização, mas também que toda a dinâmica capitalista se orienta conforme a maximização do valor acionário[135].

No caso do projeto Porto Maravilha, a própria retração do mercado imobiliário na zona portuária tem reafirmado o processo de supervalorização dos Cepacs. Note-se que seus preços não param de subir; nesse sentido, não oscilam conforme a oferta e demanda do mercado imobiliário. Ao contrário, à medida que os Cepacs não

---

[128] Vinícius Lisboa, "Concessionária suspende serviços na zona portuária do Rio por falta de pagamento", cit.
[129] "Porto Maravilha em crise", cit.
[130] Idem.
[131] Relatório Reservado, "Caixa busca solução para um porto nada maravilha", 2018b. Disponível em: <https://relatorioreservado.com.br/caixa-busca-uma-solucao-para-um-porto-nada-maravilha/>. Acesso em: 10 mar. 2018.
[132] Renan Rodrigues, "Concessionária deixa gestão do Porto Maravilha que sofre sem manutenção", cit.
[133] "Com acordo entre Caixa e prefeitura concessionária volta a gerir Porto Maravilha", *IstoÉ Dinheiro*, 22 ago. 2018. Disponível em: <https://www.istoedinheiro.com.br/com-acordo-entre-caixa-e-prefeitura-concessionaria-volta-a-gerir-porto-maravilha/>. Acesso em: 10 mar. 2019.
[134] Marco Aurélio Ruediger (coord.), *O Rio em perspectiva*, cit., p. 46.
[135] François Chesnais, *Finance capital today*, cit., p. 67 ss.

encontram compradores para executar obras e empreendimentos – acima, como visto, da licença permitida –, eles reforçam sua função na acumulação financeira. O projeto Porto Maravilha opera, assim, em condições extremamente contraditórias: quanto menor o interesse real em Cepacs e, portanto, quanto mais regressiva a dinâmica transformadora do capital imobiliário, comercial e produtivo, maior seu valor acionário. É óbvio que essa contradição se manifesta no uso difuso dos Cepacs para especulação financeira[136].

Ocorre assim um ciclo vicioso. O baixo consumo de Cepacs para licenciamento de obras e a contração do mercado imobiliário empurram cada vez mais os títulos para operações especulativas. Sem recursos para viabilizar a parceria público-privada, a concessionária Porto Novo interrompe suas atividades. Obras que poderiam revalorizar o espaço não são executadas; serviços básicos de limpeza e preservação são suspensos. Aumenta-se o abandono da região agravando-se ainda mais a desvalorização dos imóveis. Note-se que, na economia real, a crise do porto impulsiona uma forma de desmercantilização do espaço. Ao mesmo tempo, o valor unitário dos ativos fictícios não para de aumentar. A crise do porto é, assim, uma crise de sobreacumulação de Cepacs, resultado dos efeitos contraditórios dos mecanismos do capital financeiro na determinação da dinâmica dos outros capitais.

Como, no entanto, nesse tipo de crise há produção de excedente, a própria supervalorização atinge um limite em que seu potencial e abundância não podem ser realizados sem perdas. Nesse momento, o excesso de Cepacs torna-se disfuncional para o fundo de investimento e seus proprietários e para o mercado no qual eles são negociados. Quando a crise atinge esse ponto, é preciso deixar o excedente fluir, iniciando-se, assim, um novo ciclo de valorização. Essa abertura depende da capacidade de conferir novamente liquidez ao fundo de investimento. Trata-se de um mecanismo de absorção do excedente por meio do reaquecimento, ao mesmo tempo, das intervenções urbanas e do mercado imobiliário. Esse processo, por sua vez, só pode ser concluído por meio de novas expropriações, que operam a remercantilização dos espaços desmercantilizados pela própria crise. Retoma-se, assim, a violência do ato originário do Porto Maravilha.

Ainda não se tem notícias de novas remoções, mas o prefeito Crivella defendeu em dezembro de 2018 a instalação de um grande cassino na região[137]. Cassinos foram proibidos no Brasil em 1946 pelo então presidente Eurico Gaspar Dutra. Atribui-se tal proibição à primeira-dama, Carmela Teles Leite Dutra, uma religiosa devota da moral e dos bons costumes. Os tempos mudaram. Crivella, evangélico e vinculado à Igreja Universal do Reino de Deus, já requereu ao presidente Jair Bolsonaro ajuda para aprovar no Congresso Nacional uma lei que permita a abertura de um cassino

---

[136] Marco Aurélio Ruediger (coord.), *O Rio em perspectiva*, cit., p. 46.
[137] Gustavo Goulart, "Crivella sobre cassino no Porto: 'Sou contra o vício, mas contra a miséria e o desemprego'", *O Globo*, 17 dez. 2018. Disponível em: <https://oglobo.globo.com/rio/crivella-sobre-cassino-no-porto-sou-contra-vicio-mas-contra-miseria-o-desemprego-23310481>. Acesso em: 10 mar. 2019.

do magnata norte-americano Sheldon Adelson na região do porto do Rio; um empreendimento bilionário do porte do que Adelson construiu em Singapura[138]. Igualmente moralistas, conservadores e religiosos, o prefeito e o presidente parecem não se importar com os valores que afirmam defender. Também não se importam com a violência física, simbólica, cultural, política e estética que o projeto poderia desencadear. Ao contrário, como visto, essa violência autoritária tem sido a marca de suas gestões.

---

[138] Idem.

CONSIDERAÇÕES FINAIS

A zona portuária do Rio de Janeiro representa uma espécie de espaço-síntese no interior do qual as diversas fases do capitalismo no Brasil, assim como formas variadas de integração da economia brasileira à economia mundial e diferentes formatos de acumulações entrelaçadas, aparecem refletidas e concretizadas. A dinâmica de integração, desconexão e reconexão de espaços físicos e esferas sociais à economia capitalista se materializa não apenas no desempenho das funções e atividades tipicamente portuárias, mas na interação do porto com seu entorno.

Do ponto de vista do capitalismo mercantil, o porto do Rio de Janeiro possui uma relevância histórica singular enquanto um dos principais – por alguns séculos, o principal – entroncamentos de escoamento de produtos internos preponderantemente de base primária e do ingresso de bens manufaturados importados e africanas e africanos escravizados. Não se resume, porém, apenas a isso. Trata-se, muito mais, de um espaço que sempre proporcionou relações sociais de troca – de experiências, pessoas e utilidades – entre o capitalismo mundial e o Brasil enquanto região (pós-)colonial marcada por laços, muitas vezes, não capitalistas. Essa posição nodular nos processos de tomada de espaços não mercantilizados pela expansão capitalista irradia-se ao longo de sua história com impactos contínuos na própria região portuária, cuja propriedade direta de seus terrenos e terras contíguas é sempre expropriada ou abandonada ao ritmo dos interesses da acumulação mundial. Dessa perspectiva, em seus diferentes períodos, o porto do Rio de Janeiro não apenas é um meio das expropriações e acumulações entrelaçadas capitalistas no Brasil, mas também sua própria região converte-se em um espaço onde essas acumulações se reproduzem intensa e permanentemente.

Criado ainda no século XVI, o porto permitiu a saída de bens primários da colônia e a entrada de produtos industrializados da metrópole e de um contingente – ainda incomensurável em sua totalidade – de africanas e africanos aprisionados, escravizados e comercializados. O porto não funcionava apenas como porta de entrada e saída de mercadorias e pessoas. O espaço do porto serviu também como cemitério de africanas e africanos recém-chegados ao Brasil, mercado de escravos e lugar da prestação de serviços variados.

O espaço adjacente ao porto, a zona portuária, vai mudando suas funções no processo de acumulação capitalista. Num primeiro momento, esse espaço concentra atividades essenciais para integrar a economia colonial ao capitalismo mundial. Paulatinamente, o entorno do porto passa a ser visto como lugar degradado no âmbito da cidade que cresce e se adensa em áreas afastadas. A ocupação das adjacências do porto vai se dando, cada vez mais, pela população pobre, formada por negros alforriados e depois libertos, além de migrantes despossuídos de outras regiões do país, principalmente o Nordeste.

Na segunda metade do século XX, como resultado de um movimento à desmercantilização impulsionado pelo redirecionamento do capital industrial, a zona portuária já se encontrava como um ambiente urbano precário e degradado, desconectado da acumulação capitalista. O projeto Porto Maravilha representou, assim, no início do século XXI, um esforço articulado de grandes interesses e corporações em incorporar esse território, central mas então integrado de forma débil à produção de valor, à dinâmica do capitalismo financeiro.

Durante a crise política e econômica em que o Brasil entrou desde 2014, as dinâmicas de acumulação observadas no Rio de Janeiro, e especificamente na área portuária, mais uma vez ilustram e levam ao paroxismo os processos que ocorrem em todo o país. Em primeiro lugar, como também observado no âmbito federal, os efeitos negativos da crise sobre os lucros capitalistas levaram os governos locais a criar novos canais legais – e também ilegais – de acesso de investidores aos recursos do Estado. Isso vai de par com outras formas de expropriações, como a utilização dos fundos de pensões dos trabalhadores, o FGTS, para fins especulativos, a redução dos direitos dos trabalhadores e as remoções. Para conter e reprimir as reações contra essas expropriações, o governo do Rio de Janeiro e o governo federal ampliaram legislações repressivas e fortaleceram o aparelho de controle do Estado. Esses mecanismos de desarticulação de protestos e opositores foram reforçados e legitimados por um discurso político que cria inimigos fictícios ("comunistas", "gays", "marginais") e dissemina ressentimentos e novas clivagens sociais. Essa estratégia tem sido extremamente bem-sucedida até agora – pense-se, por exemplo, na eleição de políticos de extrema direita para ocupar a Presidência do Brasil e o governo do Rio de Janeiro. Uma vez no poder, esses políticos têm trabalhado continuamente em ambos os níveis, tanto na expansão de espaços dentro do Estado para o capital, quanto na desarticulação das resistências contra essa expansão.

A trajetória do porto, em seus quatro séculos de história, corporifica as dinâmicas da acumulação capitalista entrelaçada nos termos descritos aqui. Em primeiro lugar, os fluxos de entrada e saída de pessoas e mercadorias indicam as interconexões entre a acumulação capitalista local e global, iniciada, na época colonial, com a exportação de açúcar e o tráfico de pessoas escravizadas. Juntam-se a esses fluxos, mais tarde, a exportação de ouro, café e a importação de produtos manufaturados.

Quando o porto, já no século XX, perde sua importância como corredor de entrada e saída de mercadorias e pessoas, os vínculos entre a acumulação local e global se esgarçam, sendo retomados apenas no século XXI, quando o projeto Porto Maravilha busca reintegrar o espaço físico portuário às rotas do turismo mundial e aos canais pelos quais circulam o capital financeiro global.

Esses diferentes padrões históricos de incorporar espaços não mercantilizados ao processo de acumulação convivem nas diferentes fases. Assim, por exemplo, já a primeira ordem legal de 1618, ao inviabilizar o trabalho autônomo na prestação de serviços portuários, garante o papel da escravidão na acumulação primitiva, tal como descrito por Marx. O monopólio da prestação desses serviços é entregue a um concessionário, proprietário de escravos. Na medida em que os serviços portuários se prestavam à exportação de produtos coloniais, cujo excedente incorporado era apropriado na metrópole e no âmbito dos fluxos comerciais entre esta e outros países europeus, a acumulação viabilizada pelo porto é também aquela descrita por Luxemburgo, que, como reconstruída anteriormente, insistia no desacoplamento entre os espaços de produção e os de realização do mais-valor.

Ao longo da história do porto, um conjunto de intervenções regulatórias associadas aos processos de mercantilização do espaço portuário nos três níveis discutidos, isto é, em suas funções-fins, atividades-meio e interações com a cidade, dá respaldo às parcerias entre atores públicos e privados, bem como à repressão e disciplinamento da força de trabalho, antes escrava e depois livre.

Parcerias público-privadas em sentido amplo, seguindo o padrão de expropriações, acompanham toda a história do porto, como se dá, por exemplo, na ordem legal de 1618, provavelmente a primeira parceria público-privada da história brasileira; na concessão do lazareto em 1810 aos três principais traficantes de escravos do período; na outorga da administração do Cemitério dos Pretos Novos à Igreja; ou, mais recentemente, no projeto Porto Maravilha. Essas parcerias envolveram múltiplas associações entre decisões políticas e interesses econômicos, criando um ambiente favorável para a obtenção de privilégios, monopólios privados e aferição de vantagens indevidas na forma de corrupção. Nesse caso, a acumulação entrelaçada interconecta o lícito e o ilícito e, por meio de legislações de diversos tipos, permite desde o favorecimento do irmão do governador-geral na prestação de serviços de estiva (1618), passando pelo oligopólio dos três traficantes na oferta de cuidados médicos na quarentena dos escravos recém-chegados, até o favorecimento de empreiteiros e políticos, hoje encarcerados por desvio de dinheiro público na parceria público-privada destinada à consecução das obras do Porto Maravilha. Ao lado dessas parcerias, o direito penal atua em todas essas fases com o fim de ajustar a população local e sua força de trabalho, por meio de técnicas repressivas violentas, à nova situação mercantilizada.

Além disso, a história do porto representa uma grande continuidade no que diz respeito à combinação de políticas públicas, instrumentos regulatórios e a mobilização da cultura e de recursos discursivos como forma de incorporar espaços não mercantilizados ao processo de acumulação. O Estado e o direito se prestaram, desde o século XVII, por meio de obras públicas e dos regimes de concessão e de propriedade privada, a garantir a apropriação de excedentes com serviços portuários e adjacentes. Nesse caso, os diferentes planos de mecanização e modernização da estrutura do porto, com destaque para a reforma Rodrigues Alves, sempre tiveram um impacto contraditório: ao mesmo tempo que ampliavam a movimentação de mercadorias e o fluxo turístico, destruíam o ambiente – aterros, desaparecimento de praias e morros – e precarizavam as condições de trabalho e de moradia da população local.

Pelos mesmos mecanismos, mas também por medidas sanitaristas, o Estado havia configurado, e o faz ainda hoje, as dinâmicas de integração da zona portuária como espaço de acumulação do capital imobiliário. Isso pode ser visto de modo ainda mais evidente tanto na reforma Pereira Passos quanto no projeto Porto Maravilha. Tem-se, nesses casos, reestruturações urbanas que, orientadas por um pressuposto estético de limpeza e segurança, buscam "embelezar" a região, de modo a torná-la atrativa para residência e diversão de grupos sociais abastados.

No caso da reforma Pereira Passos, essas intervenções, baseadas em justificativas sanitaristas, implicaram a repressão violenta da população local, principalmente a de afrodescendentes, cujos modos de vida destoavam do modelo civilizatório adotado. No caso do Porto Maravilha, o processo tornou-se gradativamente mais complexo, na medida em que, após a tentativa inicial de invisibilização da história e da herança cultural que marcam o espaço portuário, buscou-se atribuir valor às tradições locais, tornando-as parte do roteiro publicitário que procura agregar valor ao solo e aos imóveis da região.

Note-se que a acumulação do capital imobiliário na região está atrelada a ações de expropriação da cultura local. Ao menos desde o final do século XIX, a cultura funciona de maneira dupla. Naquela ocasião, as manifestações culturais afro-brasileiras concentradas na zona portuária eram apresentadas como expressão da deterioração moral da área e pretexto para a intervenção sanitarista e disciplinadora do Estado. No contexto contemporâneo, as mesmas manifestações servem como argumento publicitário para estimular a integração da área ao mercado imobiliário financeirizado.

Em ambos os casos, a integração da região portuária à acumulação capitalista levou à remoção e expulsão da população local. Ainda que os números não se refiram exclusivamente à respectiva região, mas a toda a cidade, no âmbito da prefeitura do Rio de Janeiro, Pereira Passos só não removeu mais famílias que Eduardo Paes, o "campeão olímpico" de remoções. Enquanto o primeiro, entre 1902 e 1906, expulsou 20 mil famílias, o segundo, entre janeiro de 2009 e dezembro de 2013, já havia removido 20.299 famílias. Na metade de seu segundo mandato, o número de removidos pela gestão Eduardo Paes já ultrapassava os 70 mil[1].

---

[1] Felipe Betim, "Remoções na Vila Autódromo expõem o lado B das Olimpíadas do Rio", *El País*, Rio de Janeiro, 5 ago. 2015. Disponível em: <https://brasil.elpais.com/brasil/2015/06/20/politica/1434753946_363539.html>. Acesso em: 22 jan. 2018; e Lucas Faulhaber e Lena Azevedo, *SMH 2016: remoções no Rio de Janeiro Olímpico* (Rio de Janeiro, Mórula, 2015), p. 16.

Se, nesses casos, a contribuição do Estado se coloca no sentido de mercantilizar o solo da zona portuária, em outros momentos, ele atuou para desmercantilizá-lo, por meio da construção de vias de circulação que degradam o espaço local e de investimentos em outras áreas da cidade, deslocando, assim, os interesses do mercado imobiliário e de serviços. Esse processo foi particularmente marcante no transcorrer do século XX com a construção de grandes obras viárias, como a avenida Presidente Vargas, e viadutos, como o elevado Perimetral, nas décadas de 1940-50, que, destinados aos fluxo rápido de veículos, isolaram a região portuária do resto da cidade.

Entre a mercantilização e a desmercantilização, o Estado também se vale do discurso do "vazio" e das "áreas degradadas", em todos os períodos históricos, para desvalorizar a região, de modo a permitir sua conseguinte incorporação à acumulação com custos baixos. Esses discursos são portadores de violências simbólicas, pois desencadeiam ações de ocultamento e apagamento da memória inscrita no espaço. Trata-se de um processo de invisibilização de pessoas, movimentos de resistências, práticas e experiências sociais com o fim de desvalorizá-las e, portanto, torná-las objeto de fácil expropriação. Se, no século XIX, a construção do cais da Imperatriz foi o marco de soterramento do cais do Valongo para não deixá-lo à vista da rainha das Duas Sicílias, a nova imperatriz do Brasil, o Museu do Amanhã, com sua proposta de *explorar* o futuro, choca qualquer sentido imanente ou transcendente contido na história da região, que é tanto a síntese da história brasileira quanto uma miniatura da história da acumulação capitalista global.

Por fim, no que diz respeito à acumulação entrelaçada e à interseção de categorizações sociais, fica evidente que a integração do espaço não capitalista da colônia à dinâmica global do capitalismo é concomitante com a construção do conceito de raça e com a escravização de pessoas negras capturadas na África. O porto funcionava ao mesmo tempo como porta de entrada de negros escravizados e como elo fundamental da longa cadeia que transformava a vida humana do escravizado em mercadoria. Se, nos portos africanos, os escravizados eram negociados em troca de mercadorias, no porto do Rio de Janeiro eles eram trocados por dinheiro, dando forma e materialidade ao excedente obtido pelo traficante. Antes de serem comercializados eles eram, como se viu, classificados, *polidos* e expostos. Após a proibição do tráfico de africanos escravizados e, finalmente, com a abolição da escravidão em 1888, uma pequena parte dos ex-escravos é incorporada aos serviços portuários como classe de trabalhadores assalariados. Boa parte não é integrada ao mercado de trabalho ou só o é muito precariamente. De todo modo, é evidente que para a nova massa de trabalhadores, sejam eles mais ou menos precarizados, não apenas as adscrições raciais pesam. Também categorizações referentes à classe, gênero e outras contribuem para definir os contornos de sua condição e posição social desprivilegiada. É desse lugar social que as pessoas que encontraram, nos arredores do porto, o solo desvalorizado no qual buscaram se assentar, vêm resistindo às remoções e violências econômicas ou políticas, passadas e presentes.

REFERÊNCIAS BIBLIOGRÁFICAS

ABRATEC. Estatísticas. 2016. Disponível em: <http://www.abratec.terminais.org.br/estatisticas>. Acesso em: 9 abr. 2020.
ADEMIRJ. Revitalização da zona portuária impulsiona mercado imobiliário. 2012. Disponível em: <http://www.ademi.org.br/article.php3?id_article=48381>. Acesso em: 22 jan. 2018.
ALENCASTRO, Luiz Felipe de. Vida privada e ordem privada no Império. In: _____ (org.). *História da vida privada no Brasil*. São Paulo, Companhia das Letras, 1997. v. 2, p. 11-94.
ALMEIDA, Gelsom Rozentino de. Uma maravilha de capital. In: SIMPÓSIO NACIONAL DE HISTÓRIA, 27., 2013, Natal. *Anais* [...]. Natal, ANPUH, 2013.
ALTVATER, Elmar. *Der große Krach*: oder die Jahrhundertkrise von Wirtschaft und Finanzen von Politik und Natur. Münster, Westfälisches Dampfboot, 2010.
ALVARENGA, Darlan; SILVEIRA, Daniel. PIB do Brasil cresce 1,1% em 2018 e ainda está no patamar de 2012. *G1*, 28 fev. 2019. Disponível em: <https://g1.globo.com/economia/noticia/2019/02/28/pib-do-brasil-cresce-11-em-2018.ghtml>. Acesso em: 10 mar. 2019.
ANDREATTA, Verena; VALLEJO, Manuel Herce. Rio de Janeiro y las Olimpiadas de 2016: la revitalización del centro urbano sobre la conjugación de los proyectos "Porto Maravilha" y "Porto Olimpico". *Cuaderno Urbano*, v. 10, n. 10, 2011, p. 127-55.
APÓS 11 meses de processo, Câmara cassa Eduardo Cunha por 450 votos a 10. *CartaCapital*, 13 set. 2016. Disponível em: <https://www.cartacapital.com.br/politica/apos-11-meses-de-processo-camara-cassa-eduardo-cunha-por-450-votos-a-10>. Acesso em: 22 jan. 2018.
ARAÚJO, Carlos Eduardo Moreira de. O duplo cativeiro: escravos e prisões na Corte joanina (Rio de Janeiro, ca. 1790-1821). *Revista do Arquivo Geral da Cidade do Rio de Janeiro*, n. 2, 2008, p. 81-101.
ARAUJO, Kathya. *El miedo a los subordinados*: Una teoría de la autoridade. Santiago, LoM ediciones, 2016.
ARIAS, Juan. Marielle assombra Flávio Bolsonaro mais morta do que viva. *El País*, 25 jan. 2019. Disponível em: <https://brasil.elpais.com/brasil/2019/01/24/opinion/1548366291_877712.html>. Acesso em: 10 mar. 2019.

ARRAES, Jorge; SILVA, Alberto. Porto Maravilha: Continuities and changes. Porto Maravilha, Rio de Janeiro, 2014. Disponível em: <https://portomaravilha.com.br/continuities_and_changes>. Acesso em: 22 jan. 2018.

ASSUMPÇÃO, Erick Araujo de; SCHRAMM, Fermin Roland. Bioética e habitação: leitura ética sobre as ocupações urbanas no centro do Rio de Janeiro. *Revista Bioética*, v. 21, n. 1, 2013, p. 96-105.

AZEVEDO, André Nunes de. A reforma Pereira Passos: uma tentativa de integração urbana. *Revista Rio de Janeiro*, n. 10, 2003, p. 33-79.

BACKHOUSE, Maria. *Grüne Landnahme*: Palmölexpansion und Landkonflikte in Amazonien. Münster, Westfälisches Dampfboot, 2015.

BACKHOUSE, Maria; MELO, Jairo Baquero; COSTA, Sérgio. Between rights and power asymmetries: contemporary struggles for land in Brazil and Colombia. In: FISCHER-LESCANO, Andreas; MÖLLER, Kolja (orgs.). *Transnationalisation of social rights*. Cambridge/Antwerpen/Portland, Intersentia, 2016. p. 239-64.

BALANÇO das greves de 2016. *Estudos e Pesquisas*, São Paulo, DIEESE, n. 84, ago. 2017. Disponível em: <https://www.dieese.org.br/balancodasgreves/2016/estPesq84balancogreves2016.html>. Acesso em: 22 jan. 2018.

BARREIRA, Gabriel; FERREIRA, Alessandro. Alerj aprova aumento da contribuição previdenciária. *G1*, 24 maio 2017. Disponível em: <https://g1.globo.com/rio-de-janeiro/noticia/picciani-reaparece-na-alerj-em-dia-de-votacao-do-aumento-da-contribuicao-previdenciaria.ghtml>. Acesso em: 10 mar. 2018.

BASTOS, Isabela. Consórcio assume responsabilidade por serviços públicos em parte da Zona Portuária. *O Globo*, 13 jun. 2011. Disponível em: <https://oglobo.globo.com/rio/consorcio-assume-responsabilidade-por-servicos-publicos-em-parte-da-zona-portuaria-2876145>. Acesso em: 22 jan. 2018.

BELISÁRIO, Adriano. Porto Maravilha corre o risco de parar novamente em 2018. *Pública*, 26 fev. 2018. Disponível em: <https://apublica.org/2018/02/porto-maravilha-corre-o-risco-de-parar-novamente-em-2018/>. Acesso em: 10 mar. 2018.

BENCHIMOL, Jaime Larry. *Pereira Passos*: um Haussmann tropical. Rio de Janeiro, Prefeitura da Cidade do Rio de Janeiro, 1992.

BETIM, Felipe. Remoções na Vila Autódromo expõem o lado B das Olimpíadas do Rio. *El País*, 5 ago. 2015. Disponível em: <https://brasil.elpais.com/brasil/2015/06/20/politica/1434753946_363539.html>. Acesso em: 22 jan. 2018.

BICALHO, Maria Fernanda. *O Rio de Janeiro*: uma capital entre dois impérios. Rio de Janeiro, Arquivo Geral da Cidade do Rio de Janeiro, 2007.

BIRD, James. *The geography of the Port of London*. Londres, Hutchinson University library, 1957.

BLACKBURN, Robin. *The overthrow of colonial slavery, 1776-1848*. Londres, Verso, 1988.

_____. *The making of New World slavery*: from the Baroque to the Modern 1492-1800. Londres, Verso, 1997.

BM&FBOVESPA. Certificado de Potencial Adicional de Construção. 2015. Disponível em: <http://www.bmfbovespa.com.br/pt-br/mercados/fundos/Cepacs/Cepacs.aspx?idioma=pt-br>. Acesso em: 8 fev. 2016.

BOECHAT, Cássio Arruda; PITTA, Fábio Teixeira; TOLEDO, Carlos de Almeida. Land Grabbing e crise do capital: possíveis intersecções dos debates. *GEOgraphia*, v. 19, n. 40, 2017, p. 75-91.

BOLTANSKI, Luc; CHIAPELLO, Eve. *The new spirit of capitalism*. Londres, Verso, 2005.

BORLINA FILHO, Venceslau. Criado como PPP, Porto Maravilha "encalha", e cofres públicos assumem custos. *Notícias UOL*, 7 jul. 2017. Disponível em: <https://noticias.uol.com.br/cotidiano/ultimasnoticias/2017/07/07/criado-como-ppp-porto-maravilha-agora-tera-limpeza-e-manutencao-pagospelos-cofres-publicos.htm>. Acesso em: 22 jan. 2018.

BORRAS JR., Saturnino M. et al. Land grabbing and global capitalist accumulation: key features in Latin America. *Canadian Journal of Development Studies / Revue canadienne d'études du développement*, v. 33, n. 4, 2012, p. 402-16.

BOYER, Robert; SAILLARD, Yves (orgs.). *Regulation theory*: the state of the art. Londres, Routledge, 2005.

BRASIL. Lei nº 581, de 4 de setembro de 1850. Estabelece medidas para a repressão do trafico de africanos neste Imperio. Disponível em: <http://www.planalto.gov.br/ccivil_03/leis/lim/lim581.htm>. Acesso em: 22 jan. 2018 e 10 mar. 2018.

BRINGEL, Breno; PLEYERS, Geoffrey (orgs.). *Protesta e indignación global*: los movimientos sociales en el nuevo orden mundial. Buenos Aires, Clacso/Rio de Janeiro, Faperj, 2017.

BURBANK, Matthew J.; ANDRANOVICH, Gregory D.; HEYING, Charles H. *Olympic dreams*: the impact of mega-events on local politics. Londres, Lynne Rienner, 2001.

CALDEIRA, Jorge. O processo econômico. In: SILVA, Alberto da Costa e (org.). *Crise colonial e independência 1808-1830*. Madri, Fundación Mapfre/Rio de Janeiro, Objetiva, 2011. p. 161-204.

CALLINICOS, Alex. *Imperialism and global political economy*. Cambridge, Polity, 2009.

CANO, Wilson. Crise e industrialização no Brasil entre 1929 e 1954: a reconstrução do Estado Nacional e a política nacional de desenvolvimento. *Revista de Economia Política*, v. 35, n. 3, 2015, p. 444-60.

_____. Brasil – construção e desconstrução do desenvolvimento. *Economia e Sociedade*, v. 26, n. 2, 2017, p. 265-302.

CARDOSO, Elizabeth Dezouzart et al. *História dos bairros*: Saúde, Gamboa, Santo Cristo. Rio de Janeiro: Index, 1987.

CARDOSO, Isabel Cristina da Costa. O papel da Operação Urbana Consorciada do Porto do Rio de Janeiro na estruturação do espaço urbano: uma "máquina de crescimento urbano"? *O Social em Questão*, n. 29, 2013, p. 69-100.

CARDOSO, Rafael. Do Valongo à favela: a primeira periferia do Brasil. In: DINIZ, Clarissa; CARDOSO, Rafael (orgs.). *Do Valongo à favela*: imaginário e periferia. Rio de Janeiro, Instituto Odeon, 2015. p. 12-37.

CARNEIRO, Lucianne. Rio é segunda maior economia, mas indústria é apenas sexta do Brasil. *O Globo*, 7 dez. 2015. Disponível em: <https://oglobo.globo.com/economia/rio-segunda-maior-economia-mas-industria-apenas-sexta-do-brasil-18233605>. Acesso em: 22 jan. 2018.

CARVALHO, José Murilo de. Prefácio. In: PEREIRA, Júlio César Medeiros da Silva. *À flor da terra*: o Cemitério dos Pretos Novos no Rio de Janeiro. Rio de Janeiro, Garamond/IPHAN, 2007.

CARVALHO, Laura. Gabinete do crime. *Folha de S.Paulo*, 24 jan. 2019. Disponível em: <https://www1.folha.uol.com.br/colunas/laura-carvalho/2019/01/gabinete-do-crime.shtml>. Acesso em: 10 mar. 2019.

CASCIONE, Silvio. Governo fecha acordo para recuperação do Rio e ajuste fiscal será de R$63 bi até 2020. *Reuters*, 5 set. 2017. Disponível em: <https://br.reuters.com/article/topNews/idBRKCN1BG2NH-OBRTP>. Acesso em: 10 mar. 2018.

CASTRO, Fábio Avila de. *Imposto de renda da pessoa física*: comparações internacionais, medidas de progressividade e redistribuição. 2014. Dissertação (Mestrado em Economia do Setor Público) – Universidade de Brasília, Brasília, 2014.

CAULYT, Fernando. Como o estado do Rio de Janeiro chegou à falência?. *DW Brasil*, 20 jun. 2016. Disponível em: <https://www.dw.com/pt-br/como-o-estado-do-rio-de-janeiro-chegou-%C3%A0-fal%C3%AAncia/a-19344065>. Acesso em: 10 mar. 2018.

CEPAL. Panorama Social de América Latina 2018. Santiago, Comisión Económica para América Latina y el Caribe, 2019.

CHALHOUB, Sidney. *Cidade febril*: cortiços e epidemias na Corte Imperial. São Paulo, Companhia das Letras, 1996.

CHESNAIS, François. *Finance capital today*: corporations and banks in the lasting global slump. Leiden/Boston, Brill, 2016.

CISLAGHI, Juliana Fiuza. Apropriação privada de fundo público por meio do gasto tributário no estado do Rio de Janeiro. *Revista Advir*, v. 36, n.1, 2017, p. 149-58.

_____ et al. Crise do capital e suas consequências no Brasil: o caso do estado do Rio de Janeiro. In: CONGRESSO BRASILEIRO DE ASSISTENTES SOCIAIS, 15., 2016, Olinda. *Anais* [...]. Olinda, 2016.

COM ACORDO entre Caixa e prefeitura concessionária volta a gerir Porto Maravilha. *IstoÉ Dinheiro*, 22 ago. 2018. Disponível em: <https://www.istoedinheiro.com.br/com-acordo-entre-caixa-e-prefeitura-concessionaria-volta-a-gerir-porto-maravilha/>. Acesso em: 10 mar. 2019.

Comitê Popular da Copa e Olímpiadas do Rio de Janeiro. OLIMPÍADA Rio 2016, os jogos da exclusão. In: *Dossiê Megaeventos e violações dos direitos humanos no Rio de Janeiro*. Rio de Janeiro, nov. 2015.

CONRAD, Sebastian; RANDERIA, Shalini. Einleitung. Geteilte Geschichten. Europa in einer postkolonialenWelt. In: _____ (orgs.). *Jenseits des Eurozentrismus. Postkoloniale Perspektiven in den Geschichts- und Kulturwissenschaften*. Frankfurt am Main, Campus, 2002. p. 9-49.

COSTA, Haroldo. *100 anos de Carnaval no Rio de Janeiro*. São Paulo, Irmãos Vitale, 2000.

COSTA, Sérgio. Desigualdades, interdependências e afrodescendentes na América Latina. *Tempo Social*, v. 24, n. 2, 2012, p. 123-45. Disponível em: <https://doi.org/10.1590/S0103-20702012000200007>. Acesso em: 30 ago. 2019.

_____; MOTTA, Renata. Social classes and the far right in Brazil. In: FOLEY, Conor (org.). *In spite of you*: Bolsonaro and the new Brazilian resistance. Londres, OR Books, 2019.

COUPER, Alastair D. *The geography of sea transport*. Londres, Hutchinson, 1972.

CPI do Porto Maravilha. 2017. Disponível em: <https://cpiportomaravilha.com/>. Acesso em: 22 jan. 2018.

DARWIN, Charles. *The voyage of the Beagle*. Tadworth, The Press of Kingswood. 1959 [1913]).

DECISÃO do ministro Marco Aurélio Mello não afeta prisões de Cabral, Cunha e Pezão, dizem defesas. *G1*, 19 dez. 2018. Disponível em: <https://g1.globo.com/rj/rio-de-janeiro/noticia/2018/12/19/decisao-do-ministro-marco-aurelio-mello-nao-afeta-prisao-de-pezao-diz-defesa.ghtml>. Acesso em: 10 mar. 2019.

DÖRRE, Klaus. Die neue Landnahme. Dynamiken und Grenzen des Finanzmarktkapitalismus. In: DÖRRE, Klaus et al. (orgs.). *Soziologie - Kapitalismus - Kritik: eine Debatte.* Frankfurt, Suhrkamp, 2012. p. 21-86.

_____; HOLST, Hajo. Einschätzungen zum Forschungsstand Prekarität. In: *Beiträge zur Arbeitspolitik und Arbeitsforschung Handlungsfelder Forschungsstände Aufgaben.* Frankfurt am Main, IG Metall, 2010. p. 32-43.

DUCRUET, César. Dynamiques scalaires et temporelles des villes-ports: typologie mondiale de 330 trajectoires urbano-portuaires, 1990-2000. *Actes des Rencontres de Theoquant,* 2006. Disponível em: <http://thema.univ-fcomte.fr/theoq/pdf/2005/TQ2005%20 ARTICLE%206.pdf>. Acesso em: 22 jan. 2018.

EKMAN, Mattias. Understanding accumulation: the relevance of Marx's theory of primitive accumulation in media and communication studies. *Triple C, Communication, Capitalism & Critique,* v. 10, n. 2, 2012, p. 156-70.

EM NOTA oficial, Prefeitura do Rio confirma reportagem do "JB" sobre Porto Maravilha. *Jornal do Brasil,* 27 jun. 2017. Disponível em: <https://www.jb.com.br/index.php?id=/acervo/materia.php&cd_matia=924239&dinamico=1&preview=1>. Acesso em: 10 mar. 2018.

FAIRWEATHER, Chris. The sharing economy as primitive accumulation: locating the political-economic position of the capital-extractive sharing economy. *HPS: The Journal of History & Political Science,* v. 5, 2017, p. 51-63.

FAULHABER, Lucas; AZEVEDO, Lena. *SMH 2016:* remoções no Rio de Janeiro Olímpico. Rio de Janeiro, Mórula, 2015.

FIGUEIREDO, Claudio. *O porto e a cidade:* o Rio de Janeiro entre 1565 e 1910. Rio de Janeiro, Casa da Palavra, 2005.

FINE, Ben. Locating financialisation. *Historical Materialism,* v. 18, n. 2, 2010, p. 97-116.

FLORENTINO, Manolo. *Em costas negras:* uma história do tráfico de escravos entre a África e o Rio de Janeiro (séculos XVIII e XIX). São Paulo, Editora Unesp, 2014.

FONSECA, Pedro Cezar Dutra; SALOMÃO, Ivan Colangelo. Industrialização brasileira: notas sobre o debate historiográfico. *Tempo,* v. 23, n. 1, 2017, p. 86-104.

FONSECA, Ricardo Marcelo. A Lei de Terras e o advento da propriedade moderna no Brasil. *Anuario Mexicano de Historia del Derecho,* v. 17, 2005, p. 97-112.

FONTES, Virgínia. *O Brasil e o capital-imperialismo:* teoria e história. Rio de Janeiro, Editora UFRJ, 2010.

_____. David Harvey: Dispossession or expropriation? Does capital have an "outside"?. *Revista Direito e Práxis,* v. 8, n. 3, 2017, p. 2199-211.

FRANCO, Maria Sylvia de Carvalho. *Homens livres na ordem escravocrata.* São Paulo, Editora Unesp, 1999[1969]).

FRANK, André Gunder. *World accumulation, 1492-1789.* Basingstoke, Palgrave Macmillan, 1978.

FRIDMAN, Fania. *Donos do Rio em Nome do Rei:* uma história fundiária da cidade do Rio de Janeiro. Rio de Janeiro, Zahar/Garamond, 1999.

FURTADO, Celso. *Formação econômica do Brasil.* 7. ed. São Paulo, Cia. Ed. Nacional, 1967[1959].

GAFFNEY, Christopher. Mega-events and socio-spatial dynamics in Rio de Janeiro, 1919--2016. *Journal of Latin American Geography,* v. 9, n. 1, 2010, p. 7-29.

GALHARDO, Ricardo. Lula: crise é tsunami nos EUA e se chegar ao Brasil será "marolinha". *O Globo*, 4 out. 2008. Disponível em: <https://oglobo.globo.com/economia/lula-crise-tsunami-nos-eua-se-chegar-ao-brasil-sera-marolinha-3827410>. Acesso em: 22 jan. 2018.

GERSTENBERGER, Debora. Europe in the tropics? The transfer of the Portuguese Royal Court to Brazil (1807/08) and the adaptation of European ideals in the new imperial capital. *Comparativ*, v. 25, n. 3-4, 2015, p. 36-50.

GILENO, Carlos Henrique. A legislação indígena: ambiguidades na formação do Estado-nação no Brasil. *Caderno CRH*, v. 20, n. 49, 2007, p. 123-33.

GONÇALVES, Guilherme Leite. Kapitalistische Landnahme: Eine Erweiterung der kritischen Rechtssoziologie. Working Paper der *DFG-Kollegforscher_innengruppe Postwachstumsgesellschaften*, n. 4, 2017, p. 1-35.

_____. Capitalist landnahme. A new marxist approach to law. *Global Dialogue*: Magazine of the International Sociological Association, v. 8, n. 1, 2018, p. 40-2.

_____; MACHADO, Marta R. de Assis. Neoliberalismo autoritário em cinco atos: do salvamento de bancos à morte de Marielle. *Le Monde Diplomatique (Brasil)*, v. 11, n. 129, 2018, p. 22-4.

GÓNGORA-MERA, Manuel. Transregional articulations of law and race in Latin America: a legal genealogy of inequality. In: JELIN, Elizabeth; MOTTA, Renata; COSTA, Sérgio (orgs.). *Global entangled inequalities*: conceptual debates and evidence from Latin America. Abingdon, Routledge, 2017. p. 42-58.

GORENDER, Jacob. *O escravismo colonial*. São Paulo, Ática, 1978.

GOULART, Gustavo. Crivella sobre cassino no Porto: "Sou contra o vício, mas contra a miséria e o desemprego". *O Globo*, 17 dez. 2018. Disponível em: <https://oglobo.globo.com/rio/crivella-sobre-cassino-no-porto-sou-contra-vicio-mas-contra-miseria-o-desemprego-23310481>. Acesso em: 10 mar. 2019.

GRAHAM, Maria. *Journal of a Voyage to Brazil, and Residence There During Parts of the Years 1821, 1822, 1823*, Cambridge, Cambridge Univ. Press, 2010 [1824].

GRAIN. The global farmland grab in 2016: how big, how bad?, 14 jun. 2016. Disponível em: <https://www.grain.org/en/article/5492-the-global-farmland-grab-in-2016-how-big-how-bad>. Acesso em: 10 fev. 2020.

HAAG, Carlos. Os ossos que falam. *Revista Pesquisa FAPESP*, n.190, 2011, p. 24-9.

HABERMAS, Jürgen. *Legitimationsprobleme im Spätkapitalismus*. Frankfurt A M, Suhrkamp, 1973.

HARVEY, David. The geography of capitalist accumulation: a reconstruction of the marxian theory. *Antipode*, v. 7, n. 2, 1975, p. 9-21.

_____. The geopolitics of capitalism. In: GREGORY, Derek; URRY, John (orgs.). *Social relations and spatial structures*. Londres, Macmillan, 1985. p. 128-63.

_____. From managerialism to entrepreneurialism: the transformation in urban governance in late capitalism. *Geografiska Annaler*, v. 71, n. 1, 1989, p. 3-17.

_____. The art of rent: globalization, monopoly and the commodification of culture. *Socialist Register*, n. 38, 2002, p. 93-110.

_____. *Der neue Imperialismus*. Hamburgo, VSA, 2005.

_____. Neoliberalism as creative destruction. *Geografiska Annaler*, Serie B, v. 88, n. 2, 2006, p. 145-58.

_____. The "new imperialism": accumulation by dispossession. *Socialist Register*, v. 40, 2009, p. 63-87.

HAUBNER, Tine. Der Proletarier ist tot, es lebe die Hausfrau? *Marxistischer Feminismus*, n. 34, 2015. Disponível em: <http://kritisch- lesen.de/c/1241>. Acesso em: 11 abr. 2016.

HILF, Sebastian. *Unternehmerische Stadtpolitik in Rio de Janeiro – untersucht am Beispiel des Hafenrevitalisierungsprojekts Porto Maravilha*. Viena, Universidade de Viena, 2012.

HILLING, David. Socio-economic change in the maritime quarter: the demise of sailortown. In: HOYLE, Brian Stuart; PINDER, David A.; HUSAIN, M. Sohail (orgs.). *Revitalising the waterfront*: international dimensions of dockland redevelopment. Londres, Belhaven Press, 1988.

HONORATO, Cláudio de Paula. Controle sanitário dos negros novos no Valongo. In: ENCONTRO REGIONAL DE HISTÓRIA, 12., 2006, Rio de Janeiro. Anais [...]. Rio de Janeiro, ANPUH, 2006.

_____. *Valongo*: o mercado de escravos do Rio de Janeiro, 1758-1831. 2008. Dissertação (Mestrado em História) – ICHF, Universidade Federal Fluminense, Rio de Janeiro, 2008.

INNIS, Harold A. *Essays in Canadian economic history*. Toronto, University of Toronto Press, 1956.

JANSEN, Roberta. Um símbolo da falência do Rio. *DW Brasil*, 31 jan. 2017. Disponível em: <https://www.dw.com/pt-br/um-s%C3%ADmbolo-da-fal%C3%AAncia-do-rio/a-37351577>. Acesso em: 10 mar. 2018.

JOHNSON, Adriana Michele Campos. *Sentencing Canudos*: subalternity in the backlands of Brazil. Pittsburgh, University of Pittsburgh Press, 2010.

KNOX, Robert. Race, war and international law. *Cambridge Review of International Affairs*, v. 26, n. 1, 2013, p. 111-32.

KOTZ, David M. The financial and economic crisis of 2008. *Review of Radical Political Economics*, v. 41, n. 3, 2009, p. 305-17.

LAMARÃO, Sérgio Tadeu de Niemeyer. *Dos trapiches ao porto*: um estudo sobre a área portuária do Rio de Janeiro. 2. ed. Rio de Janeiro, Secretaria Municipal das Culturas, 2006.

LANG, Marina. Observatório destaca polícia letal em intervenção: "modelo para não copiar". *UOL*, 14 fev. 2019. Disponível em: <https://noticias.uol.com.br/cotidiano/ultimas-noticias/2019/02/14/observatorio-da-intervencao.htm>. Acesso em: 15 fev. 2019.

LAPAVITSAS, Costas. *Profiting without producing*: how finance exploits us all. Londres/New York, Verso, 2014.

LAVINAS, Lena. *The takeover of social policy by financialization*: the Brazilian paradox. Hampshire, Palgrave Macmillan, 2017.

_____; GONÇALVES, Guilherme Leite. Brasil 2018: direitização das classes médias e polarização social. *Le Monde Diplomatique (Brasil)*, 4 out. 2018. Disponível em: <https://diplomatique.org.br/brasil-2018-direitizacao-das-classes-medias-e-polarizacao-social/>. Acesso em: 10 mar. 2019.

LEOPOLDI, Maria Antonieta P. *Política e interesses na industrialização brasileira*. São Paulo, Paz e Terra, 2000.

LESSA, Carlos. *O Rio de todos os Brasis*: uma reflexão em busca de autoestima. Rio de Janeiro, Record, 2000.

LIMA, Tania Andrade; SENE, Glaucia Malerba; SOUZA, Marcos André Torres de. Em busca do Cais do Valongo, Rio de Janeiro, século XIX. *Anais do Museu Paulista: História e Cultura Material*, São Paulo, v. 24, n. 1, 2016, p. 299-391.

LISBOA, Vinícius. Concessionária suspende serviços na zona portuária do Rio por falta de pagamento. *Agência Brasil*, 4 jul. 2017. Disponível em: <http://agenciabrasil.ebc.com.br/

geral/noticia/2017-07/concessionaria-suspende-servicos-na-zona-portuaria-do-rio-por-falta-de>. Acesso em: 8 fev. 2018.

LONDOÑO, Ernesto. Brazil's gateway for slaves, now a world heritage site. *The New York Times*, 15 jul. 2017. Disponível em: <https://www.nytimes.com/2017/07/15/world/americas/brazil-slaves-unesco-world-heritage-site.html>. Acesso em: 10 mar. 2018.

LUXEMBURGO, Rosa. Die Akkumulation des Kapitals. In: *Gesammelte Werke*. Berlim, Institut für Marxismus-Leninismus, 1975[1913]). v. 5.

MAGALHÃES, Luiz Ernesto. Paes quer que árbitros e jornalistas fiquem na Barra nos Jogos de 2016. *O Globo*, 14 mar. 2014. Disponível em: <http://oglobo.globo.com/rio/paes-quer-que-arbitros-jornalistas-fiquem-na-barra-nos-jogos-de-2016-11877405>. Acesso em: 12 fev. 2016.

MARINI, Ruy Mauro. *Subdesarrollo y revolución*. México, Siglo XXI, 1969.

MARTELLO, Alexandro. Acordo da União com o RJ prevê ajuste fiscal de R$ 63 bilhões até 2020. *G1*, 5 set. 2017. Disponível em: <https://g1.globo.com/rio-de-janeiro/noticia/acordo-da-uniao-com-o-rj-preve-ajuste-de-r-63-bilhoes-ate-2020.ghtml>. Acesso em: 10 mar. 2018.

MARTÍN, María. Rio de Janeiro, da euforia à depressão. *El País*, 12 nov. 2016a. Disponível em: <https://brasil.elpais.com/brasil/2016/11/10/politica/1478799785_114849.html>. Acesso em: 10 mar. 2018.

_____. Em plena crise de segurança, policiais ameaçam colocar o Rio em xeque. *El País*, 9 nov. 2016b. Disponível em: <https://brasil.elpais.com/brasil/2016/11/09/politica/1478647673_736846.html>. Acesso em: 10 mar. 2018.

_____. A tragédia do Rio, do pódio à lama: "Estamos sofrendo, mas continuaremos gritando". *El País*, 17 jul. 2017. Disponível em: <https://brasil.elpais.com/brasil/2017/07/16/politica/1500222336_134535.html>. Acesso em: 10 mar. 2018.

MARX, Karl. *Das Kapital*: Kritik der politischen Oekonomie. Berlim, Dietz, 2013[1890]. v. 1.

MEGALE, Graciliano Rocha Bela. "Vitrine" de Paes, Porto Maravilha teve propina, indicam e-mails. *Folha de S.Paulo*, 22 mar. 2016. Disponível em: <http://www1.folha.uol.com.br/esporte/olimpiada-no-rio/2016/03/1752753-vitrine-de-paes-porto-maravilha-teve-propina-indicam-e-mails.shtml>. Acesso em: 7 jan. 2018.

MELLO, Fernando Fernandes de. *A zona portuária do Rio de Janeiro*: antecedentes e perspectivas. 2003. Dissertação (Mestrado em Planejamento Urbano e Regional) – IPPUR, Universidade Federal do Rio de Janeiro, Rio de Janeiro, 2003.

MERCÊS, Guilherme; FREIRE, Nayara. Crise fiscal dos estados e o caso do Rio de Janeiro. *Geo UERJ*, v. 31, n. 1, 2017, p. 64-80.

MEROLA, Ediane. Concessionária Porto Novo reassume administração do Porto Maravilha. *O Globo*, 15 nov. 2017. Disponível em: <https://oglobo.globo.com/rio/concessionaria-porto-novo-reassume-administracao-do-porto-maravilha-22071277#ixzz54wEVbqtCstest>. Acesso em: 22 jan. 2018.

MOREIRA, Clarissa da Costa. *A cidade contemporânea entre a tábula rasa e a preservação*. São Paulo, Editora Unesp, 2004.

MOURA, Roberto. *Tia Ciata e a Pequena África no Rio de Janeiro*. Rio de Janeiro, Secretaria Municipal de Cultura, 1995.

MP entra com ação contra Pezão e Dornelles por corrupção em isenções. *G1*, 19 dez. 2018. Disponível em: <https://g1.globo.com/rj/rio-de-janeiro/noticia/2018/12/19/

mp-entra-com-acao-contra-pezao-e-dornelles-por-corrupcao-em-isencoes.ghtml>. Acesso em: 10 mar. 2019.

MPF diz que Pezão operava esquema de corrupção próprio e recebeu mais de R$ 39 milhões entre 2007 e 2015. *G1*, 29 nov. 2018. Disponível em: <https://g1.globo.com/rj/rio-de-janeiro/noticia/2018/11/29/mpf-diz-que-pezao-operava-esquema-de-corrupcao-proprio-e-recebeu-mais-de-r-25-milhoes-entre-2007-e-2015.ghtml>. Acesso em: 10 mar. 2019.

MURNO, Gabriela. Investimento de R$ 7 bilhões muda a face do Porto do Rio. *Brasil Econômico*, 13 nov. 2012. Disponível em: <http://www.ademi.org.br/article.php3?id_article=51030>. Acesso em: 10 mar. 2018.

MUSEU do Amanhã. Sobre o museu. 2015. Disponível em: <https://museudoamanha.org.br/en/about-the-museum>. Acesso em: 22 jan. 2018.

NASCIMENTO, Álvaro Pereira do. *Cidadania, cor e disciplina na Revolta dos Marinheiros de 1910*. Rio de Janeiro, Mauad, 2008.

NETO, Alfredo. Os Cepacs deram certo?. *Infraestrutura Urbana*, n. 33, dez. 2013. Disponível em: <http://infraestruturaurbana17.pini.coM br/solucoes-tecnicas/33/os-Cepacs-deram-certo-rio-avanca-em-projetos-financiados-301395-1.aspx>. Acesso em: 10 mar. 2018.

NOGUEIRA, Italo. Caixa arremata por R$ 3,5 bi todos os títulos do porto do Rio. *Folha de S.Paulo*, 14 jun. 2011. Disponível em: <https://www1.folha.uol.com.br/fsp/mercado/me1406201107.htm>. Acesso em: 22 jan. 2018.

NORCLIFFE Glen; BASSET, Keith; HOARE, Tony. The emergence of postmodernism on the urban waterfront. Geographical perspectives on changing relationships. *Journal of Transport Geography*, v. 4, n. 2, 1996, p. 123-34.

NORONHA, Gustavo. Os caminhos cruzados da Grécia e do Rio de Janeiro. *CartaCapital*: Brasil Debate, 21 fev. 2017. Disponível em: <https://www.cartacapital.com.br/blogs/brasil-debate/os-caminhos-cruzados-da-grecia-e-do-rio-de-janeiro/>. Acesso em: 10 mar. 2018.

NUNES, António José Avelãs. Crónica em tempo de guerra. *Revista Fórum de Direito Financeiro e Econômico*, v. 4, n. 7, 2015, p. 11-30.

O'ROURKE, Kevin H.; WILLIAMSON, Jeffrey G. *Globalization and history*: the evolution of a nineteenth-century Atlantic economy. Cambridge, MIT Press, 1999.

OFFE, Claus. Competitive party democracy and the Keynesian welfare state: factors of stability and disorganization. *Policy Sciences*, n. 15, 1983, p. 225-46.

OLIVEIRA, Alberto; RODRIGUES, Adrianno O. Industrialização na periferia metropolitana do Rio de Janeiro: novos paradigmas para velhos problemas. *Semestre Económico*, v. 12, n. 24 (Edición especial), 2009, p. 127-43.

OLIVEIRA, Francisco de. A economia brasileira: crítica à razão dualista. *Estudos Cebrap*, São Paulo, n. 2, 1972, p. 4-82.

PAES, Eduardo. De volta ao centro. *Porto Maravilha*, Rio de Janeiro, n. 18, 2015, p. 2.

PAULA, Luiz Fernando de; PIRES, Manoel. Crise e perspectivas para a economia brasileira. *Estudos Avançados*, v. 31, n. 89, 2017, p. 125-44.

PEREIRA, Alvaro Luís dos Santos. *Intervenções em centros urbanos e conflitos distributivos*: modelos regulatórios, circuitos de valorização e estratégias discursivas. 2015. Tese (Doutorado em Direito) – Faculdade de Direito, Universidade de São Paulo, São Paulo, 2015.

PEREIRA, Júlio César Medeiros da Silva. *À flor da terra*: o Cemitério dos Pretos Novos no Rio de Janeiro. Rio de Janeiro, Garamond/IPHAN, 2007.

_____. Revisitando o Valongo: mercado de almas, lazareto e cemitério de africanos no portal do Atlântico (a cidade do Rio de Janeiro, no século XIX). *Revista de História Comparada*, Rio de Janeiro, v. 7, n. 1, 2013, p. 218-43.

PEREIRA, Leonardo A. de Miranda. *As barricadas da saúde*: vacina e protesto popular no Rio de Janeiro da Primeira República. São Paulo, Fundação Perseu Abramo, 2002.

PICCIOTTO, Sol. *Regulating global corporate capitalism*. Cambridge, Cambridge University Press, 2011.

PIJNING, Ernst. Contrabando, ilegalidade e medidas políticas no Rio de Janeiro do século XVII. *Revista Brasileira de História*, São Paulo, v. 21, n. 42, 2001, p. 397.

PINHEIRO-MACHADO, Rosana; SCALCO, Lucia Mury. Da esperança ao ódio: a juventude periférica bolsonarista. In: GALLEGO, Esther Solano (org.). *O ódio como política*: a reinvenção das direitas no Brasil. São Paulo, Boitempo, 2018. p. 53-60.

PINHEIRO, Augusto I. F.; RABHA, Nina M. C. E. *Porto do Rio de Janeiro*: construindo a modernidade. Rio de Janeiro, Andrea Jacobsson Estúdio, 2004.

PORTO Maravilha. Porto Maravilha. 2011. Disponível em: <http://portomaravilha.com.br/portomaravilha>. Acesso em: 22 jan. 2018.

_____. Entenda o negócio. 2013. Disponível em: <http://www.portomaravilha.com.br/noticiasdetalhe/3981>. Acesso em: 7 jan. 2018.

_____. Boulevard Olímpico – cerimônia de abertura. 2016. Disponível em: <http://www.portomaravilha.com.br/eventosdetalhe/cod/541>. Acesso em: 22 jan. 2018.

_____. Folder Porto Cultural. 2018. Disponível em: <http://www.portomaravilha.com.br/images/pmcul.pdf>. Acesso em: 30 jan. 2018.

PORTO Maravilha: o fracasso de um projeto bilionário que excluiu os menos favorecidos. *Jornal do Brasil*, 2017. Disponível em: <https://www.observatoriodasmetropoles.net.br/porto-maravilha-ofracasso-de-um-projeto-bilionario-que-excluiu-os-menos-favorecidos/>. Acesso em: 10 mar. 2018.

PORTO Maravilha em crise: o futuro nas mãos da Caixa. *Diário do Porto*, 7 jun. 2018. Disponível em: <https://diariodoporto.coM br/porto-maravilha-em-crise-o-futuro-nas-maos-da-caixa/>. Acesso em: 10 mar. 2018.

PORTO Novo. Estrutura acionária. 2010. Disponível em: <http://www.portonovosa.com/pt-br/estrutura-acionaria>. Acesso em: 22 jan. 2018.

PRADELLA, Lucia. *Globalization and the critique of political economy*: new insights from Marx's writings. Londres, Routledge, 2014.

_____. Marx and the global south: connecting history and value theory. *Sociology*, v. 51, n. 1, 2017, p. 146-61.

PRADO JÚNIOR, Caio. *História econômica do Brasil*. 33. ed. São Paulo, Brasiliense, 1986[1945].

PSL. *Proposta de Plano de Governo*: O caminho da prosperidade. Brasília, Partido Social Liberal, 2018.

PUFF, Jefferson. 4 motivos que levaram o Rio a decretar estado de calamidade pública. *BBC Brasil*, Rio de Janeiro, 18 jun. 2016a. Disponível em: <https://www.bbc.com/portuguese/brasil-36566996>. Acesso em: 10 mar. 2018.

_____. "Cedemos casa para festa mas não fomos convidados": quatro contrastes no Rio da Olimpíada. *BBC Brasil*, Rio de Janeiro, 4 ago. 2016b. Disponível em: <https://www.bbc.com/portuguese/brasil-36975679>. Acesso em: 10 mar. 2018.

QUENTAL, Paula. A crise do Rio de Janeiro e o golpe de 2016. *CartaCapital*, 16 nov. 2017. Disponível em: <https://www.cartacapital.com.br/blogs/brasil-debate/a-crise-do-rio-e-o-golpe-de-2016>. Acesso em: 10 mar. 2018.

RAINHA, Felipe Andrade; FONSECA, Priscila Rodrigues. Morro da Providência e Porto Maravilha: caminhando entre a realidade e a ilegalidade jurídica. In: ENCONTRO DA ASSOCIAÇÃO NACIONAL DE PÓS-GRADUAÇÃO E PESQUISA EM PLANEJAMENTO URBANO E REGIONAL, 15., 2013, Recife. *Anais* [...], Recife, ANPUR, 2013.

RAMALHO, Sérgio. Polícias mataram 881 pessoas em 6 meses no RJ. Nenhuma em área de milícia. *Notícias UOL*, 20 ago. 2019. Disponível em: <https://noticias.uol.com.br/cotidiano/ultimas-noticias/2019/08/20/policias-mataram-881-pessoas-em-6-meses-no-rj-nenhuma-em-area-de-milicia.htm>. Acesso em: 30 ago. 2019.

RAMOS, Silvia (coord.). *Intervenção federal*: um modelo para não copiar. Rio de Janeiro, CESeC, fev. 2019. Disponível em: <https://drive.google.com/file/d/1UPulZi6XpsK8DQo6c5oVmwUFUhypkOpA/view>. Acesso em 10 mar. 2019.

_____. O que aprendemos com a intervenção. In: _____ (coord.). *Intervenção federal*: um modelo para não copiar. Rio de Janeiro, CESeC/Observatório da Intervenção, fev. 2019. p. 32-5.

RAVENA, Nirvia. A política ambiental brasileira sob ataque: um palco de violências. *Nexo*, 11 jan. de 2020. Disponível em: <https://www.nexojornal.com.br/ensaio/2020/A-pol%C3%ADtica-ambiental-brasileira-sob-ataque-um-palco-de-viol%C3%AAncias>. Acesso em: 10 fev. 2020.

REDIKER, Marcus. *The slave ship*: a human history. Londres, John Murray, 2007.

Relatório Reservado. Título sem fundo. 2012. Disponível em: <https://relatorioreservado.com.br/assunto/porto-maravilha/>. Acesso em: 10 mar. 2018.

Relatório Reservado. Tishman Speyer finca suas pilastras no Porto do Rio. 2013a. Disponível em: <https://relatorioreservado.com.br/assunto/tishman-speyer/>. Acesso em: 10 mar. 2018.

Relatório Reservado. Trump in Rio. 2013b. Disponível em: <https://relatorioreservado.com.br/assunto/porto-maravilha/>. Acesso em: 10 mar. 2018.

Relatório Reservado. Maravilha?. 2013c. Disponível em: <https://relatorioreservado.com.br/assunto/porto-maravilha/>. Acesso em: 10 mar. 2018.

Relatório Reservado. Salamanca. 2014a. Disponível em: <https://relatorioreservado.com.br/assunto/porto-maravilha/>. Acesso em: 10 mar. 2018.

Relatório Reservado. Trump Towers balançam antes mesmo de sair do chão. 2014b. Disponível em: <https://relatorioreservado.com.br/assunto/porto-maravilha/>. Acesso em: 10 mar. 2018.

Relatório Reservado. Caixa Maravilha. 2014c. Disponível em: <https://relatorioreservado.com.br/assunto/porto-maravilha/>. Acesso em: 10 mar. 2018.

Relatório Reservado. Búlgaros tiram Trump Towers da prancheta. 2015a. Disponível em: <https://relatorioreservado.com.br/assunto/porto-maravilha/>. Acesso em: 10 mar. 2018.

Relatório Reservado. Caixa Econômica. 2015b. Disponível em: <https://relatorioreservado.com.br/assunto/porto-maravilha/>. Acesso em: 10 mar. 2018.

Relatório Reservado. Salas vazias. 2016. Disponível em: <https://relatorioreservado.com.br/assunto/porto-maravilha/>. Acesso em: 10 mar. 2018.

Relatório Reservado. Porto depressão. 2017a. Disponível em: <https://relatorioreservado.com.br/assunto/porto-maravilha/>. Acesso em: 10 mar. 2018.

Relatório Reservado. Cidade-fantasma. 2017b. Disponível em: <https://relatorioreservado.com.br/assunto/porto-maravilha/>. Acesso em: 10 mar. 2018.

Relatório Reservado. Porto fantasma. 2017c. Disponível em: <https://relatorioreservado.com.br/assunto/tishman-speyer/>. Acesso em: 10 mar. 2018.

Relatório Reservado. Legado olímpico. 2017d. Disponível em: <https://relatorioreservado.com.br/assunto/tishman-speyer/>. Acesso em: 10 mar. 2018.

Relatório Reservado. O Rio de Janeiro cobra seu preço. 2018a. Disponível em: <https://relatorioreservado.com.br/assunto/tishman-speyer/>. Acesso em: 10 mar. 2018.

Relatório Reservado. Caixa busca solução para um porto nada maravilha. 2018b. Disponível em: <https://relatorioreservado.com.br/caixa-busca-uma-solucao-para-um-porto-nada-maravilha/>. Acesso em: 10 mar. 2018.

RIO terá Boulevard Olímpico com eventos e transmissões de jogos. *G1*, 12 jun. 2015. Disponível em: <http://g1.globo.com/rio-de-janeiro/noticia/2015/06/rio-tera-boulevard-olimpico-com-eventos-e-transmissoes-dos-jogos.html>. Acesso em: 12 fev. 2016.

ROBERTS, William Clare. What was primitive accumulation? Reconstructing the origin of a critical concept. *European Journal of Political Theory*, 11 out. 2017. Disponível em: <https://doi.org/10.1177/1474885117735961>.

ROCHE, Maurice. *Mega-events and modernity*: olympics and expos in the growth of global culture. Nova York, Routledge, 2000.

RODRIGUES, Renan. "São arruaceiros que querem o tumulto", afirma Pezão sobre protesto na Alerj. *O Globo*, 9 fev. 2017. Disponível em: <https://oglobo.globo.com/rio/sao-arruaceiros-que-querem-tumulto-afirma-pezao-sobre-protesto-na-alerj-20901413>. Acesso em: 22 jan. 2018.

_____. Concessionária deixa gestão do Porto Maravilha que sofre sem manutenção. *O Globo*, 27 jun. 2018. Disponível em: <https://oglobo.globo.com/rio/concessionaria-deixa-gestao-do-porto-maravilha-que-sofre-sem-manutencao-22826379>. Acesso em: 10 mar. 2019.

RUEDIGER, Marco Aurélio (coord.). *O Rio em perspectiva*: um diagnóstico de escolhas públicas. Rio de Janeiro, FGV/DAAP, 2017.

SAAD FILHO, Alfredo. Crisis *in* neoliberalism or crisis *of* neoliberalism. *Socialist Register*, v. 47, 2011, p. 242-59.

SACHSE, Christian. Verschleierte Zwangsarbeit für westliche Firmen. *Bundesstiftung für politische Bildung*, 7 out. 2016. Disponível em: <https://www.bpb.de/geschichte/deutsche-geschichte/stasi/234183/zwangsarbeit>. Acesso em: 30 ago. 2019.

SANDERS, Bernie. The Fed Audit US Senate. 2011. Disponível em: <https://www.sanders.senate.gov/newsroom/press-releases/sanders-supports-audit-the-fed-bill>. Acesso em: 18 jan. 2018.

SANTOS, Francisco Agenor de Noronha. *As freguesias do Rio antigo vistas por Noronha Santos*. Rio de Janeiro, O Cruzeiro, 1965. p. 257-68.

SARUE, Betina. Quando grandes projetos urbanos acontecem? Uma análise a partir do Porto Maravilha no Rio de Janeiro. *Dados*, v. 61, n. 3, 2018, p. 581-616.

SAUER, Sérgio; LEITE, Sérgio Pereira. Agrarian structure foreign investment in land and land prices in Brazil. *The Journal of Peasant Studies*, v. 39, n. 3-4, 2012, p. 873-98.
SCHWARCZ, Lilia Moritz. *A longa viagem da biblioteca dos reis*: do terremoto de Lisboa à independência do Brasil. São Paulo, Companhia das Letras, 2012.
SENA, Yala. Vamos acabar com coitadismo de nordestino, de gay, de negro e de mulher, diz Bolsonaro. *Folha de S.Paulo*, 23 out. 2018.
SERVIDORES de 33 categorias do estado do RJ estão em greve. *G1*, 7 abr. 2016. Disponível em: <http://g1.globo.com/rio-de-janeiro/noticia/2016/04/servidores-de-33-categorias-do-estado-do-rj-estao-em-greve.html>. Acesso em: 10 mar. 2018.
SILVA, Alberto. Porto Maravilha: onde passado e futuro se encontram. *Porto Maravilha*, Rio de Janeiro, abr. 2015. Disponível em: <https://portomaravilha.com.br/artigosdetalhes/cod/22>. Acesso em: 22 jan. 2018.
SILVA, Alberto da Costa e. As marcas do período. In: _____ (org.). *Crise colonial e independência 1808-1830*. Madri, Fundación Mapfre/Rio de Janeiro, Objetiva, 2011. p. 23-34.
_____. População e sociedade. In: _____ (org.). *Crise colonial e independência 1808--1830*. Madri, Fundación Mapfre/Rio de Janeiro, Objetiva, 2011. p. 35-74.
SILVA, Daniel Afonso da. *O enigma da capital*: a mudança do vice-reinado para o Rio de Janeiro em 1763. 2012.Tese (Doutorado em História Social) – FFLCH, Universidade de São Paulo, São Paulo, 2012.
SILVA, Lúcia. *História do urbanismo no Rio de Janeiro*: administração municipal, engenharia e arquitetura dos anos 1920 à ditadura Vargas. Rio de Janeiro, E-Papers Serviços Editoriais Ltda., 2003.
SILVEIRA, Daniel. Desemprego fica estável no RJ, mas ainda atinge cerca de 1,3 milhão de pessoas, diz IBGE. *G1*, 19 nov. 2019. Disponível em: <https://g1.globo.com/rj/rio-de-janeiro/noticia/2019/11/19/desemprego-fica-estavel-no-rj-mas-ainda-atinge-cerca-de-13-milhao-de-pessoas-diz-ibge.ghtml>. Acesso em: 10 fev. 2020.
SINGER, André. *Os sentidos do lulismo*: reforma gradual e pacto conservador. São Paulo, Companhia das Letras, 2012.
SOARES, Eliana Miranda Araújo da Silva; MOREIRA, Fernando Diniz. Preservação do patrimônio cultural e reabilitação urbana: o caso da zona portuária da cidade do Rio de Janeiro. *Da Vinci*, Curitiba, v. 4, n. 1, 2007, p. 101-20.
SOARES, Paulo Roberto Rodrigues. Megaeventos esportivos e o urbano: a copa do mundo de 2014 e seus impactos nas cidades brasileiras. *Revista FSA*, Teresina, v. 10, n. 4, 2013, p. 195-214.
SOBRAL, Bruno Leonardo Barth. Crise no Estado do Rio de Janeiro: diagnóstico e perspectivas. *Revista Econômica*, Niterói, v. 19, n. 1, 2017, p. 7-34.
_____. O sentido histórico da formação econômica fluminense e desdobramentos para a crise de suas finanças públicas estaduais: desafios estruturais diante da estrutura produtiva oca. In: ENCONTRO NACIONAL DE ECONOMIA POLÍTICA DA SOCIEDADE BRASILEIRA DE ECONOMIA POLÍTICA, 23., 2018, Niterói. *Anais* [...], Niterói, ENEP, 2018. Disponível em: <http://sep.org.br/anais/Trabalhos%20para%20o%20site/Area%207/108.pdf>. Acesso em: 18 jan. 2018.
SOEDERBERG, Susanne. Universalising financial inclusion and the securitisation of development. *Third World Quarterly*, v. 34, n. 4, 2013, p. 593-612.

SOUZA, Laura de Mello e. *Norma e conflito*: aspectos da história de Minas no século XVIII. Belo Horizonte, Ed. UFMG, 1999.

STREECK, Wolfgang. Wie wird der Kapitalismus enden? *Blätter für deutsche und internationale Politik*, n. 3, 2015, p. 99-111.

_____. *How will capitalism end?*: essays on a failing system. Londres/Nova York, Verso, 2016. p. 47-50.

TAVARES, Reinaldo Bernardes. *Cemitério dos Pretos Novos, Rio de Janeiro, século XIX*: uma tentativa de delimitação espacial. 2012. Dissertação (Mestrado em Arquitetura) — Universidade Federal do Rio de Janeiro/Museu Nacional, Rio de Janeiro, 2012. p. 48 ss.

VASSALLO, Simone Pondé. Culturas em disputa: a criação do programa Porto Maravilha Cultural no projeto de revitalização da região portuária do Rio de Janeiro. In: PONTES JR., Geraldo; CASTRO, Mauricio B. de; SANTOS, Myrian Sepúlveda dos (orgs.). *Diálogos interdisciplinares*: literatura e políticas culturais. Rio de Janeiro, Ed. UERJ, 2015. p. 57-82.

VOYAGES – The Trans-Atlantic Slave Trade Database. Disponível em: <http://www.slavevoyages.org/>. Acesso em: 7 jan. 2018.

WATTS, Jonathan. Operation car wash: is this the biggest corruption scandal in history? *The Guardian*, 1 jun. 2017. Disponível em: <https://www.theguardian.com/world/2017/jun/01/brazil-operation-car-wash-is-this-the-biggest-corruption-scandal-in-history>. Acesso em: 1 jun. 2018.

WERNECK, Mariana da Gama e Silva; NOVAES, Patrícia Ramos; SANTOS JUNIOR, Orlando Alves dos. *A estagnação da dinâmica imobiliária e a crise da operação urbana do Porto Maravilha*. Rio de Janeiro, Informe Crítico/IPPUR-UFRJ, 2018.

WHITSON, David; HORNE, John. The glocal politics of sports mega-events: underestimated costs and overestimated benefits? Comparing the outcomes of sports mega-events in Canada and Japan. *The Sociological Review*, v. 54, 2006, p. 71-89.

WILLIAMS, Daryle; CHAZKEL, Amy; MENDONÇA, Paulo Knauss de (orgs.). *The Rio de Janeiro reader*: history, culture, politics. Durham/Londres, Duke University Press, 2016.

WILLIAMS, Eric. *Capitalism and slavery*. Londres, Andre Deutsch, 1983 [1944]).

WITHERICK, Michael. Port developments, port-city linkages and prospects for maritime industry: a case study of Southampton. In: HOYLE, Brian Stuart; PINDER, David A. (orgs.). *Cityport industrialization and regional development*. Oxford, Pergamon, 1981. p. 113-32.

ZIESCHE, Julia et al. *Mapa das remoções no Rio de Janeiro*. Rio de Janeiro, Heinrich Böll Stiftung, 2014. Disponível em: <https://br.boell.org/pt-br/2014/07/03/mapa-das-remocoes-no-rio-de-janeiro>. Acesso em: 30 jun. 2018.

ZONA portuária do Rio de Janeiro vive nó financeiro. *Jornal do Comércio*, 4 maio 2017. Disponível em: <https://www.jornaldocomercio.com/_conteudo/2017/04/cadernos/jc_logistica/559477-zona-portuaria-do-rio-de-janeiro-vive-no-financeiro.html>. Acesso em: 10 mar. 2018.

SOBRE OS AUTORES

Guilherme Leite Gonçalves é professor de sociologia do direito da Universidade do Estado do Rio de Janeiro (UERJ) e pesquisador do Conselho Nacional de Desenvolvimento Científico e Tecnológico (CNPq). Foi *visiting fellow* na Freie Universität Berlin, Universität Bremen, Friedrich-Schiller-Universität Jena e Universität Kassel. É autor, entre outros livros, de *A port in global capitalism* (Routledge, 2019, com Sérgio Costa), *Il rifugio delle aspettative* (Pensa, 2013) e *Direito entre certeza e incerteza* (Saraiva, 2013).

Sérgio Costa é professor titular de sociologia da Freie Universität Berlin e diretor do Instituto de Estudos Latino-Americanos (LAI) da mesma universidade. Entre seus livros, incluem-se *A port in global capitalism* (Routledge, 2019, com Guilherme Leite Gonçalves), *Entre el Atlántico y el Pacífico Negro: afrodescendencia y regímenes de desigualdad en Sudamérica* (Vervuert, 2019, coautor), *Global entangled inequalities* (Routledge, 2018, coeditor), *Dois Atlânticos: teoria social, antirracismo, cosmopolitismo* (Ed. UFMG, 2006).

OUTRAS PUBLICAÇÕES DA BOITEMPO

BelHell
Edyr Augusto
Orelha de **Franssinete Florenzano**
Quarta capa de **Fernando Meirelles**

Capitalismo em debate
Nancy Fraser e Rahel Jaeggi
Edição de **Brian Milstein**
Tradução de **Nathalie Bressiani**
Orelha de **Pedro Paulo Zahluth Bastos**

Brasil à parte
Perry Anderson
Tradução de **Alexandre Barbosa de Souza, Bruno Costa, Fernando Pureza, Jayme da Costa Pinto e SatBhagat Rogério Bettoni**

Os sentidos do mundo
David Harvey
Tradução de **Artur Renzo**
Prefácio de **John Davey**
Orelha de **Raquel Rolnik**

Universidade pública e democracia
João Carlos Salles
Prefácio de **Fernando Cássio**
Orelha de **Vladimir Safatle**

ARSENAL LÊNIN

Conselho editorial **Antonio Carlos Mazzeo, Antonio Rago, Augusto Buonicore, Ivana Jinkings, Marcos Del Roio, Marly Vianna, Milton Pinheiro e Slavoj Žižek**

O que fazer?
Vladímir Ilitch Lênin
Tradução de **Edições Avante!**
Revisão da tradução de **Paula Vaz de Almeida**
Prefácio de **Valério Arcary**
Orelha de **Virgínia Fontes**

ESCRITOS GRAMSCIANOS

Odeio os indiferentes: escritos de 1917
Antonio Gramsci
Seleção, tradução e aparato crítico de **Daniela Mussi e Alvaro Bianchi**
Orelha de **Guido Liguori**

ESTADO DE SÍTIO

Coordenação de **Paulo Arantes**

A escola não é uma empresa
Christian Laval
Tradução de **Mariana Echalar**
Orelha de **Afrânio Catani**

MARX-ENGELS

Últimos escritos econômicos
Karl Marx
Organização de **Sávio Cavalcante e Hyury Pinheiro**
Tradução e notas de **Hyury Pinheiro**
Apresentação de **Sávio Cavalcante**
Orelha de **Edmilson Costa**

MUNDO DO TRABALHO

Coordenação de **Ricardo Antunes**
Conselho editorial **Graça Druck, Luci Praun, Marco Aurélio Santana, Murillo van der Laan, Ricardo Festi e Ruy Braga**

O privilégio da servidão: o novo proletariado de serviços na era digital
Ricardo Antunes
Orelha de **Michael Löwy**
Quarta capa de **Ursula Huws e Pietro Basso**

PANDEMIA CAPITAL

Pandemia: covid-19 e a reinvenção do comunismo
Slavoj Žižek
Tradução de **Artur Renzo**
Prefácio de **Christian Ingo Lenz Dunker**

SELO BOITATÁ

Fala baixinho
Janaina Tokitaka

Leotolda
Olga de Dios
Tradução de **Monica Stahel**

Adhemar Ferreira da Silva com a medalha de
ouro, em Melbourne, Austrália, em 1956.

Este livro foi publicado em junho de 2020, 68 anos após Adhemar Ferreira da Silva conquistar sua primeira medalha de ouro olímpica em Helsinque, Finlândia, na categoria salto triplo. Quatro anos mais tarde subiria novamente ao pódio, em Melbourne, Austrália, tornando-se o primeiro bicampeão olímpico brasileiro. Negro, filho de um ferroviário e de uma lavadeira, treinava nas horas livres entre o trabalho e os estudos. Nunca fez fortuna com a prática esportiva.

Neste ano, os Jogos Olímpicos, a serem realizados em Tóquio, no Japão, foram cancelados por causa da pandemia de covid-19.

Composto em Adobe Garamond Pro, corpo 10,5/12,6, e impresso em papel Avena 80 g/m² pela Rettec, para a Boitempo, com tiragem de 2.000 exemplares.